업무능력향상을 위한

보고행정업무 운영의 실제

이재용 · 정재필

창지사

머리말

오늘날 조직은 구성원의 다양한 요구에 대응하기 위해 지역의 조직들과 공조하면서 사업을 추진하는 데 전력하고 있다. 경제발전으로 인해 사회변화에 적응하지 못하는 사람들이 증가한 것도 요인이지만 결핍된 욕구를 해결하지 못하는 개인들의 상황이 심각해지고 있기 때문이다. 또 다른 요인은 구성원들이 처해 있는 현실이 조직 자체적인 지원만으로는 해결하기 어려울 정도로 심각하고 복잡하기 때문이다. 조직이 직면한 문제해결을 위해 관련된 지역의 인사들과 상시적으로 협조하면서 전력해야 할 상황이다.

그래서인지 조직은 다양한 사회변화에 대응하면서 타 조직과 경쟁적으로 성과를 높여야 할 상황이다. 직원의 업무능력을 강화하기 위해 전력해야 하고, 성공적인 직장생활에 대한 바람을 조직에 녹아내기 위해 직원들의 역량 강화를 위해 많은 투자가 필요한 상황이다.

본서의 집필 목적은 이러한 현실을 감안하여 조직의 상황에 적합한 보고업무 방식을 찾는 것이다. 직원들을 격려하고, 힘듦을 위로하는 등 정신적인 부담을 조금이라도 덜어 주면서 역량을 발휘할 수 있는 기회를 찾기 위한 안내서로 충분해야 한다는 것이다. 또 한 가지는 직원의 업무현실을 반영하여 성장대안을 제시할 수 있어야 한다는 것이다. 업무상황에 따라 질 높은 정보가 담긴 보고, 부서와 동료의 업무역량을 높이는 최적의 보고를 위한 방법을 모색하기 위해 조직을 조망하고, 조직의 업무처리 절차를 준수하면서 직원의 업무에 초점을 두었다.

직원의 입장에서 보면 성공적인 사회생활은 어느 조직에 소속되는가에 따라, 또한 조직의 위상이 사회 내에서 얼마나 높은가에 따라 달라진다. 개인의 처우 또한 마찬가지다. 조직은 사람들이 일생동안 몸담아야 할 제2의 가정이라는 점에서 보고행정업무에 관한 철저한 관리를 통해 내실 있는 조직으로 거듭나야 할 필요가 있다.

행정업무에 관한 규정은 1991년 「업무관리규정」 제정 시 문서를 중심으로 표준화와 능률화에 중점을 두고 이해하려 하였다. 이후, 2011년에 「행정업무의 효율적 운영 규정」으로 개정되었고, 2016년에 다시 「행정 효율과 협업 촉진에 관한 규정」으로 개정되었으며, 2017년 10월 17일 내용이 일부 개정되어 현재까지 활용하고 있다.

이번 「행정 효율과 협업 촉진에 관한 규정」의 개정은 기존의 '능률성' 중심의 행정에서 나아가 '사무' 대신 '업무'라는 개념을 도입하고 업무의 성과를 높일 수 있는 '효과성'까지 포괄하여 행정업무의 '효율성'을 향상시키는 데 초점을 맞추고 있다. 그리고 행정업무뿐만 아니라 행정기관 상호 간의 기능을 연계하거나 시설·정보를 공동으로 활용하는 등 행정협업의 원활한 수행과 지식행정을 활성화하는 데 중점을 두었다.

특히 관공서 및 민간기업 등과의 원활한 협업 수행, 업무 공간 혁신 등의 조직문화 조성사업 추진, 행정기관의 공문서 쉽고 바르게 쓰기 추진, 행정용어 순화 사용, 공동기안 활성화, 업무의 인계·인수 실시 등 관련 규정을 작성하였다.

조직은 목적을 갖고 운영되는 유능한 사람들의 집합체다. 누가 더 유능한가에 따라 승진하고, 결재받을 구성원으로 남는다. 그렇다면 직원의 보고가 조직에 기여하고 본인의 성장에 영향을 미쳐야 할 것은 당연하다. 상시적으로 업무를 수행하고 수행한 것들을 평가받는다는 점에서 보고업무는 경력직원들과 상급자에게도 부담이다. 대개 보고과정에서 직원의 업무능력이 판단되기 때문에 어느 직원의 보고를 칭찬하고 격려할 것인가는 보고받는 상급자의 몫이고 결정권한이다. 그래서 상급자는 정확하고 정보의 질이 높은 보고를 기대한다. 현재의 상황보다 미래를 예측하고 비전이 담겨 있으며, 조직의 성과달성에 기여할 수 있는 실행 가능한 보고를 선택한다. 이러한 선택을 통해 직원의 업무역량을 평가하고 판단하는 것이다.

이 책을 통해 매일이 바쁘고 하루가 어떻게 지나가는지도 모를 정도로 업무에 충실한 독자의 역량 강화에 도움이 되기를 기원하며, 조직의 운영에 헌신하는 독자를 비롯하여 보고업무에 대한 이해를 갖기를 원하는 모든 분들에게 도움이 되기를 기대한다.

출판을 허락하여 주신 창지사 김기섭 사장님께 감사드리고 교정에 최선을 다해 주신 편집부 선생님께도 감사드린다.

2019년 8월

저자 이재용·정재필 올림

차례

PART 02_ 공문서 관리 등 행정업무처리 실무

PART 03 조직과 보고행정업무

PART 01

보고행정업무 운영의 이해

본문에서 '영'은 「행정 효율과 협업 촉진에 관한 규정」을, '규칙'은 「행정 효율과 협업 촉진에 관한 규정 시행규칙」을 의미함

1장

보고행정업무 운영 개요

학습목표

1. 행정업무의 개념과 요소를 이해하고 효율적 운영사항을 설명할 수 있다.
2. 보고업무의 개념을 이해하고 행정업무절차를 준수하면서 보고업무 관리방법을 설명할 수 있다.
3. 보고업무의 목적과 원칙을 통해 행정업무기능을 확장하기 위한 보고원칙을 설명할 수 있다.

1. 행정업무의 이해

1) 업무의 의의

(1) 업무의 개념

① 고전적 개념: 사무 중심

종래에는 '업무'의 본질을 종이를 사용한 기록·활용 및 보존이라는 '사무'의

범위 내로 좁게 인식하였고, 이에 따라 '업무'의 개념도 사무실에서 이루어지는 서류의 생산·유통·보존 등 서류에 관한 작업(paper work, desk work)으로 한정하여 파악하였다.[1)]

② 현대적 개념: 사무를 포함한 모든 일

현대에는 고도 정보화 사회가 되어 감에 따라 정보의 가치가 중요해지면서 '업무'의 개념에 행정목적을 달성하기 위한 정보의 수집·가공·저장·활용 등 일련의 정보처리과정을 포함시켰다. 또한 행정업무의 국민에 대한 성과를 강조함에 따라 사무실에서 이루어지는 일뿐만 아니라 국민과의 접점에서 이루어지는 일련의 행정과정까지 포괄하는 것으로 업무의 개념이 확대되었다.

(2) 업무의 종류

① 업무의 목적에 의한 분류

가. 본래업무

본래업무란 조직의 목적 달성을 위하여 직접적으로 수행하고 있는 업무를 말한다. 정부의 경우 국가의 유지·발전과 공공의 복리증진이라는 목적 달성에 직접적으로 기여할 수 있도록 기능별로 분화된 각 행정조직의 고유 업무를 말한다. 그 예로 국토의 균형개발과 국민의 주거환경 개선이라는 행정목적 달성을 위하여 행하는 각종 행정처분(건축허가 등)과 건설사업 등을 들 수 있다.

---

1) 학자들은 업무와 직무를 구분하고 있다. 통상적으로 업무는 매일 수행해야 하는 일을 의미하고, 직무는 직업적으로 수행하는 일을 말한다. 따라서 직업은 생계유지 등을 위해 수행하는 일을 말하고, 그 일을 매일 수행하는 경우에 업무라고 한다. 본서에서는 직무와 업무를 구별하지 않고 업무로 통일하여 사용하겠다.

나. 지원업무

본래업무가 조직의 본래 목적을 달성하기 위하여 행하는 사무인 데 반하여 지원업무란 개개의 목적영역에 공통적으로 존재하며, 조직목적을 위하여 간접적으로 수행하는 업무로서 본래업무를 수행하는 데 필요한 수단적 성질을 갖는다. 예를 들면 건축허가에 필요한 각종 문서의 작성과 수발, 건설사업 추진을 위한 출장비 지급 등을 말한다.

② 업무의 성격에 따른 분류

가. 판단업무

판단업무란 전문적 지식과 경험을 필요로 하는 업무로서 주로 관리층에서 담당한다. 예를 들면 의사결정, 기획, 조정, 심사, 평가업무 등이다.

나. 작업업무

작업업무란 전문적인 지식 내지 능력이 요구되지 않는 업무로서 숙련을 요하는 것부터 전혀 숙련되지 않더라도 단순하게 처리될 수 있는 업무 등 매우 다양하다. 예를 들면 계산, 통계표 작성, 단순·반복적인 기안, 문서 접수 및 발송, 운반·정리 등이 있다.

③ 기타 업무의 종류

위에서 살펴본 것 외에도 발생빈도에 따른 일상업무와 예외업무, 위임 여부에 따른 고유업무와 위임업무 등으로 나눌 수 있다.

2) 운영의 의의

(1) 운영의 개념

① 고전적 개념

고전적 의미의 운영은 인간, 기계, 설비, 자금 등을 잘 활용·조정하여 설정된 목표를 능률적으로 달성할 수 있도록 계획(plan)하고 실행(do)하고 통제(see)하는 관리를 말한다. 즉 행정의 목적 달성을 위한 하나의 수단이다.

② 현대적 개념

현대적 의미의 운영은 조직의 자원을 활용하여 조직 내부의 생산목표(output)를 관리하는 고전적 개념에 더하여 국민의 만족도를 증가시키는 정책의 품질관리 및 성과관리를 포함하는 총체적인 관리활동을 의미한다.

(2) 운영의 요소(오석홍, 2016)

① 다른 사람들을 통한 업무 수행

운영은 임무성취를 위해 다른 사람 및 조직을 동원하고 이끌어 간다. 즉 다른 사람들과 더불어 일하고 다른 사람들을 통해서 일한다.

② 조직목표의 설정과 성취

운영의 주된 임무는 조직목표를 설정하고 이를 성취하는 것이다. 운영은 현재의 목표성취뿐만 아니라 장래의 성취능력 확보에도 책임을 진다.

③ 대상영역·활동국면

운영의 대상영역은 조직 전반에 걸친다. 조직의 성립·생존·발전에 관련된 여러 국면들이 모두 운영의 대상이 된다. 이러한 운영의 활동과정은 목표설정과 계획 수립, 자원의 동원, 조직화, 집행, 환류, 통제 등으로 구분해 볼 수 있다. 이러한 활동국면들의 구성양태와 상호관계는 개별적인 상황과 운영모형에 따라 달라질 수 있다.

④ 복합적 과정

운영은 여러 가지 과정을 내포하는 복합적인 과정이다. 이는 의사전달, 의사결정, 통제, 계획, 조정 등 다양한 과정들을 통해서 이루어진다.

⑤ 개방체제적 교호작용

운영은 조직 내외의 여러 관계와 역동적 교호작용을 한다. 즉 행정 환경과 조직 내의 하위체제들이 엮어내는 상황에서 작동하는 과정이다.

3) 행정업무의 효율적 운영의 의의

행정업무의 효율적 운영은 조직의 목적 달성에 필요한 행정업무의 과정이 효율적으로 이루어질 수 있도록 행하는 제반 활동이라고 말할 수 있다. 이를 달리 표현하면, 조직의 최종 목적을 달성하기 위하여 업무 전반을 효율적으로 개선하고 비용을 최소화하기 위한 각종 관리활동이라 할 수 있다.

(1) 업무의 간소화

불필요한 업무를 없애고, 최소한의 노력으로 최대한의 업무성과를 낼 수 있도록 하며 작업과정의 속도를 높일 수 있도록 보고·결재 단계의 축소, 전자결재의 활성화, 불필요한 보고서의 생산 지양 등을 추구한다.

(2) 업무의 표준화

업무 담당자가 바뀌어도 원활하게 업무를 처리하여, 일상 업무의 대응 속도를 높일 수 있게끔 업무의 인계·인수를 철저히 하고, 전자결재의 활성화, 업무의 자동화를 지향한다.

(3) 업무의 과학화

정보통신기술의 발달에 발맞춰 행정업무를 보다 정확하고 빠르게 처리할 수 있도록 전자결재 시스템, 지식행정 시스템, 협업 시스템 등을 활용하여 행정지식을 공유하고 활용하여 정부 내 의사소통을 증진한다.

(4) 업무의 정보화

전산화, 정보화를 통하여 행정업무의 처리방식을 혁신함으로써 행정기관 내부적으로 행정의 효율화, 간소화를 추진하면서 대외적으로는 고도화되는 국민의 행정 서비스 욕구를 충족시켜 줄 수 있는 첨단정보통신기술의 도입·활용을 추구한다.

2. 보고업무의 개념과 원칙

1) 보고업무의 개념

(1) 핵심과업으로 부각된 보고업무

보고의 부실로 인한 문제는 다양한 조직에서 드러나고 있다. 최근 심심치 않게 제기되는 조직의 재정비리 문제와 인권침해 사례는 현실을 얼마든지 왜곡할 수 있음을 알게 한다.

모 지역의 소규모 조직에 근무하는 중년의 직원이 업무수행 중에 최고관리자 몰래 보조금을 인출하여 개인적인 용도로 사용하였다. 그는 보조금을 인출하여 사용 후 다시 입금하는 방식으로 보조금을 유용하였다. 하지만 최고관리자는 직원을 신뢰하였기 때문에 통장확인과 거래내역 등을 점검하지 않았고 보고를 요청하지도 않았다. 위의 사항은 지자체의 감사 과정에서 밝혀졌고, 해당 직원은 형사고발과 함께 직위해제는 물론 유용한 금액을 반납하도록 조치를 받았다. 해당 조직은 지자체로부터 과태료를 납부해야 했고, 보조금 삭감조치와 아울러 경고를 받았으며, 외부재정을 보조하는 조직으로부터 1년 동안 사업에 공모하지 못하는 제재도 받았다. 그 일을 주도한 직원은 가계곤란과 자녀학비 및 생활비 부족 등의 문제로 인해 사용한 것이었지만 도로 채워 넣으면 된다는 단순한 생각을 하였던 것으로 확인되었다. 최고관리자는 본인의 관리 소홀을 인정한다며 선처해 줄 것을 호소하였다.

위의 사례를 보면 전형적인 보고업무의 누락으로 인한 횡령사건임을 알 수 있다. 외부재정보조조직으로부터 재정을 보조받아 업무 등을 시행하기 위해서는 별도의 통장을 개설하여 관리하게 되어 있다. 지자체보조금 또한 마찬가지다. 통장내역을 통해 재원의 투명한 집행과 처리를 바로 확인할 수 있다는 점에서 일반적으로 시행하는 사항이다. 때문에 최고관리자가 결재과정에서 기안 문서를 보고받고, 지출결의서의 지출원인을 정확하게 기술하였는지와 통장잔액을 확인하였다면 사전에 예방할 수 있는 사건이었다. 결국 최고관리자가 보고를 제대로 받지 않은 것이 요인이었으며, 직원의 불성실하고 부정확한 보고 때문에 형사고발까지 진행된 사건이었다. 정확한 보고를 받았다면 사전에 예방할 수 있는 전형적인 인재였다. 만약 외부 점검이 이루어지지 않았다면 최고관리자는 위의 사실을 모른 채 계속 업무를 진행하였을 것이고 직원 또한 더 큰 횡령사건에 연루되었을 것이다.

보고가 얼마나 중요한 것인지를 알게 하는 예로, 허술한 보고가 개인은 물론 조직에 치명적인 결과를 초래할 수 있다는 것을 단적으로 보여 주는 사례다.

비리가 발생하는 이유는 상급자가 보고를 제대로 받지 않았기 때문이다. 직원 또한 보고를 제대로 하지 않아서다. 최고관리자와 차상위 상급자가 자신의 요구에 맞는 보고만을 원했기 때문이다. 보고하는 자가 보고를 왜곡하면 이런 결과를 초래한다. 이렇듯 당시는 괜찮을지 모르나 결국 성과를 드러내야 할 시점이 되면 화살이 되어 치명적인 결과를 초래할 수 있다는 것을 보여 주는 보고의 실례이다. 보고의 누락과 정보왜곡, 부실한 보고는 안정된 생활을 위협하고 풍요를 망가뜨린다. 그러므로 정확한 보고는 조직운영에 기여하고, 반대로 부실한 보고는 치명적인 피해를 입힌다.

(2) 보고는 다양하게 정의된다

일부 학자는 행정업무를 정보의 습득과 배포에 관한 것임을 강조한다. 행정업무는 문서사무를 포함하고 조직의 행정사무절차와 의사결정 등에 관한 업무관리이다. 흔히 보고를 서류상의 처리라고만 이해하지만 서류뿐 아니라 구두와 메일, 유선 등 다양한 방식으로 업무에 적용해서 보고할 수 있다. 조직은 이러한 매체를 활용하여 여러 업무를 처리하고 근거를 마련하기 위해 문서를 작성하는 등 활동의 근거를 마련하기 위해 서류화하여 문서철로 보존한다. 보존을 위한 문서화는 조직 운영의 필수사항으로 직원들이 업무를 처리하기 위해 기본적으로 수행하는 업무수행이다. 그래서 업무처리의 기본을 행정업무에 근거하여 문서화하는 것을 중요한 업무활동으로 여긴다.

보고의 핵심은 정보의 정확한 전달에 있으므로 전달방식, 전달내용, 전달매체, 전달시기 등을 검토해야 한다. 수집된 정보는 업무처리 시기에 맞춰 전달될 때 보고의 목적을 달성할 수 있기 때문에 "보고는 정보다!"라는 가정은 그래서 옳다. 이 원칙을 적용하면 업무의 질을 높이기 위한 다양한 방법을 모색할 수 있다.

상급자에게 정확한 보고를 하였다는 것은 필요한 정보를 적절한 시기에 보고하였다는 것으로 업무의 성과 도출 등의 기대수준을 부합한다는 의미다. 그러므로 보고는 정확한 정보에 기반하고, 정확한 보고는 직원의 업무의 질을 높인다.

습득된 정보는 결재절차에 의해 승인을 받아 시행하고 성과로 연계되도록 관리해야 하는데 대개 조직은 행정업무절차에 따라 시행 전, 시행과정, 시행 후를 문서화하여 서류로 관리하고 최고관리자의 승인을 받아 처리 결과를 보고하는 방식으로 관리한다. 즉 원인행위가 발생하면 계획문서를 기안하고, 실행하면 실행 기안을 생성하여 결재를 받아 근거를 남기고, 처리 결과 또한 성과로 보존하기 위해 결과를 기안하여 보고하는 방식으로 보존한다.

결국 조직의 문서 처리는 조직의 운영과 직원의 모든 업무에 적용되기 때문에 업무수행의 기본이 되는 업무처리라고 할 수 있다. 따라서 업무와 관련된 모든 행위는 문서를 생성하여 행정업무절차에 따라 처리해야 한다. 문서를 행정업무로 처리하기 위해 조직의 행정절차(여기에는 문서서식 또한 지정되어 있다.)를 지켜야만 인정을 받고 행정업무절차를 지키지 않는 업무는 개인적인 활동에 불과하다.

(3) 보고업무와 업무처리 유형

업무수행은 다양한 요인에 의해 발생하기 때문에 업무수행 과정에서 획득한 정보, 또는 자기 발안에 의해 업무를 처리하려면 상급자에게 보고하는 것이 먼저다. 시기적절하게 보고되었을 때 승인받고 추진할 수 있기 때문이다. 하지만 보고는 정보로서 가치가 있어야 한다. 다시 말해 보고는 상급자가 수용하고 이해할 수 있는 정보여야만 승인받는다는 것이다.

보고가 업무로 처리되는 이유는 다음과 같다.

부서장과 상급자의 지시에 의해 처리된다. 상급자는 최고관리자의 업무수행 지시에 의해, 또는 부서에서 수행하는 업무에 대한 정보를 습득하는 때에, 또는 외부 환경 변화에 대응하기 위해서 등 습득한 정보를 최고관리자에게 보고하여 승인받고 동료들과 협의하는 방식으로 정보를 전달한다.

반면, 부서장의 정보전달은 직원의 업무처리를 위한 보고방식과 차이가 있다. 부서장의 정보전달은 직원들의 업무를 고려해서 해당 업무를 수행할 수 있는 직원을 선별하여 배정한다. 따라서 부서장의 정보전달은 지시에 의하기 때문에 업무처리에 필요한 정보를 어떤 식으로 전달하느냐에 따라 직원들의 이해가 높아지고, 직원들의 이해 정도에 따라 성과로 연계된다.

업무배정은 지시에 근거하기 때문에 배정받은 직원은 업무처리에 필요한 정보를 추가적으로 수집하는 등 업무이해가 높고 처리에 적합한 정보를 습득할수록 업무완성도가 높아진다.

상급조직의 지시는 지자체를 비롯하여 운영주체인 법인의 이사회 등에 시행되고 산하조직에 여러 업무를 지시한다. 상급조직의 지시는 공문하달을 통해, 또는 유선, 대면지시 등 다양한 방식으로 시행되지만 문서접수 시점에 처리하는 것이 일반적이다. 공문서를 접수한 시점부터 처리되기 때문에 문서의 성격, 즉 내용을 정확하게 이해하고 있어야 한다. 접수된 공문서의 내용을 파악하고 보고일자 및 보고사항 등의 사전 계획을 수립하여 시행하는 것이 업무처리에 따른 오류를 최소화한다. 즉 지자체 담당자, 또는 외부조직에서 공문을 접수하면 처리 방향을 문의하고 성과가 무엇인지를 파악하는 것이 업무처리에 도움이 된다. 이를 소홀히 하면 처리 결과 오류, 또는 요청한 결과와 다른 사항을 보고할 수 있기 때문이다.

관공서에서 요청하는 서류는 지정된 서식을 하달한 후 언제까지 파악해 달라는 요구가 대부분이다. 서식작성이 누락되거나 잘못 기재하면 재수정을 요구받고, 요청 양식이 정확하게 작성되었는지를 확인한 후 작성원칙을 준수한 서류만을 접수한다.

마지막으로 법령에 의해서다. 법령이 바뀌거나 새로운 정책이 시행되면 시행령, 시행규칙 등이 공포되고 지자체를 경유하여 해당조직에 하달된다. 대개 법령에 관한 사항은 상급자가 정보를 습득하여 해당부서에 배정하고 내규를 만들어 직원교육 등을 통해 조직운영 및 직원들의 업무에 반영한다. 대표적인 예가 인권법규다. 해당 법령은 조직의 구성원들의 권리를 보호하고 안전 등을 위해 입법된 것이기 때문에 지자체는 모든 유형의 조직이 준수하고 있는지 등을 관리하고 감독할 의무가 있다. 구성원들의 인권보호를 위해 연 4시간 이상의 인권교육을 이수해야 하는 등 필수업무가 되었다.

이와 같이 법령에 의한 사항은 다른 보고업무와 달리 조직운영과 직원들의 업무에 필수적으로 적용해야 할 규정, 또는 지침으로 하달되기 때문에 반드시 적용해야 한다.

(4) 행정업무절차에 의해 보고된 사항이 정보로 활용

"보고가 정보다!"라는 논의는 습득된 정보가 업무에 반영되고, 반영된 정보만이 업무에 활용되기 때문이다. 또한 상급자와 동료, 부서에 시기적절하게 전달되고 활용되었을 때부터 부서 및 직원들의 업무수행 근거이고 활동을 증명하는 매개로 활용되기 때문이다.

보고(정보)가 상급자와 타 부서에 시기적절하게 전달되었을 때, 보고의 목적이 달성된다는 점에서 시기적절한 보고는 상급자의 승인에 의해 합법적인 업무로 인정을 받는다. 승인은 시행해도 좋다는 최고관리자의 인정이다. 조직의 업무로 추진하라는 최고관리자의 위임이기 때문에 승인된 업무는 상급자를 비롯하여 동료, 하급자 등 조직의 전체 구성원이 협조해야 한다. 기안문서는 업무수행의 정당성을 담보하고 업무절차에 의해 보고되었을 때 공문서로 등재된다.

2) 행정업무절차

(1) 조직마다 행정업무절차가 동일한 것은 아니다

조직의 설립목적을 달성하고 목적사업에 부합하는 업무를 시행하기 위해서는 지원하는 대상에 따라 새로운 업무를 개발하여 목적을 달성하기 위한 추진방향 및 수행방법을 결정해야 한다. 조직은 운영방식에 따라 특성화하고 수행해야 할 업무가 다르고 성과 또한 차이가 있다. 최고관리자의 성향 또한 조직운영에 영향을 미치는데 조직의 운영은 최고관리자의 경영방침에 의해 시스템으로 정착되는 것이 일반적이다. 이렇듯 조직은 설립목적과 대상에 따라 운영체계가 다르고 사업량이 차이가 있다.

최고관리자가 행정업무에 관심을 두면 업무관리 절차를 중요하게 다룬다. 직원들의 업무는 처리 절차 등을 중요하게 처리해야 하고, 사업을 중시한다면 사업개발과 사업추진 성과달성을 위해 업무를 수행해야 한다.

업무 관리의 범위와 절차는 설립목적, 목적사업, 최고관리자의 업무스타일 등이 영향을 미치는데 조직운영방식의 차이는 업무를 처리하고 운영하는 방식이 다른 것뿐이지 조직의 운영방식[2)]은 업무행정안내 지침을 토대로 운영하게 되어 있다.

조직이 업무관리 및 절차를 마련하고 시스템으로 정착시켜 행정체계를 구축하는 등의 필요는 부서 및 직원 간의 일체감 있는 업무수행을 위해서다. 업무절차를 마련하지 않으면 업무처리에 혼선이 생겨 개인은 물론 부서의 업무가 제때에 처리되지 않는 등 합의되지 않은 의사소통으로 인해 무질서하게 처리된다. 또는 업무절차를 마련하였다고 하여도 조직의 운영체계로 정착되지 않으면 업무 수행활동에 비해 성과 도출은 저조할 수밖에 없다.

조직의 운영원칙 첫 번째 조건은 행정시스템을 간소화하면서 절차가 복잡하지 않은 구조로 전환하는 체계 구축이다. 구조화된 시스템을 갖춘 조직은 업무가 다양하고 많다고 하여도 신속하게 처리되는데, 의사결정이 신속하고 협의가 필요한 사항을 적시에 판단하며 필요한 때에 원하는 정보를 습득하고 질이 좋은 정보를 조직 및 부서, 개인들의 업무에 전달하고 적용하기 때문이다.

2) 어느 조직이든 설립 당시 생산하는 제품과 제품을 사용할 소비자를 감안하여 주요 고객을 판단한다. 따라서 조직의 운영방식은 주 대상에 따라 사업을 달리하여 시행되고 마케팅 또한 마찬가지다. 즉 조직의 운영방식은 설립 당시 주 대상에 따라 사업내용과 운영방식이 결정된다는 것이다.

조직운영이 구조화된 시스템으로 구축되면 부서 및 직원 간의 의사소통이 활발해져 결정을 신속하게 내릴 수 있다. 자원의 활용 또한 용이해져 내실 있게 운영된다. 이러한 장점 때문에 많은 조직이 팀제로 전환하였다고 볼 수 있으며, 구조화는 조직을 운영하는 데 반드시 구축해야 할 운영시스템이다.

(2) 보고업무는 조직의 행정절차에 따라 처리하는 것

행정업무는 문서작업과 관련된 것으로 광의의 개념으로 문서작업을 시행하기 위한 의사결정을 포함한다. 즉 업무와 관련된 사항을 처리하기 위해, 또는 진행하기 위해 수행하는 활동을 포함하고, 포괄적인 의미에서는 정보의 처리에 속한다. 또한 문서의 생산, 유통, 보존을 위한 서류에 관한 작업을 시행하는 협의적 개념으로 정의된다. 따라서 행정업무는 행정활동을 촉진하는 정보를 수집, 가공, 저장, 활용하여 처리하는 것이다. 행정업무기능은 서류, 구두, 영상 등의 정보를 수집, 가공, 전달하여 자료 작성에 활용하고 송달하는 기능을 포함한다. 이렇게 수집된 자료는 조직의 정책 결정에 활용된다. 행정업무처리는 조직에 속해 있는 모든 구성원의 공통적인 역할이다(박철하, 2011: 16-17).

3) 보고업무

행정업무운영 규정에 의하면 보고는 조직 내 상하 계층 간이나, 부서 상호 간, 또는 조직 상호 간에 법령의 규정, 또는 지시나 명령에 의하여 구두, 전화, 전신, 서면 등으로 일정한 의사, 또는 자료를 전달하는 과정이다. 일반적으로 보고란 하급자(조직)가 상급자(조직)에게, 즉 수직적인 관계에서 일정한 의사를 전달하는 과정으로 동일 직급의 동료 간이나 동급의 부서 간, 또는 동급의 조직 간 등 수평적인 관계에서 '통보'라는 용어를 사용하기도 한다(박철하, 2011: 316에서 재인용). 즉 보고는 하급조직이 상급조직에 서류 등의 매체를 활용하여 정보를 전달하는 것으로 하급자가 상급자에게, 또는 부서에서 상급부서로, 또는 하급조직이 상급조직으로 정보에 관한 의사를 전달하는 것이다. 업무에 관한 일련의 활동을 수행하기 전과 수행과정, 수행 후 획득한 정보를 적극적으로 표명하는 것으로 정의할 수 있다.

따라서 정확한 보고는 정보획득에 기반하고 어떻게 보고하였는지에 따른다. 또한 활동내용을 결정하게 하여 상급자의 승인을 받기 위한 노력이 선행되어야 하는데, 이는 구성원의 활동과 관련된 업무수행의 근거이기 때문이다.

4) 보고업무관리(이승기 외, 2014: 23-27)

업무수행관리는 계획, 조직, 지휘, 조정, 통제하는 활동으로 업무목적을 능률적으로 달성하기 위한 업무활동에 관한 것이다. 직원, 기계, 재료, 방법 등을 활용하여 목표한 성과를 달성하기 위한 행위로서 목적 달성의 수단으로 활용된다. 관리의 목적은 조직이 능률적이고 효과적으로 목표를 달성하게 함으로써 조직을 지속적으로 유지·발전시키는 데 있다.

관리는 다음의 기능을 포함한다.

첫째, 계획화는, 목적을 달성하기 위한 미래의 활동에 대한 전망을 세우고 경영활동의 명확한 기반을 설정하는 데 있다. 목표 또는 목적의 설정, 사회변화의 예측, 자금조달 원천결정, 실시 가능한 방법 중에서 최선의 선택 등을 포함한다.

둘째, 조직화는, 계획을 실현가능하게 하는 필요조건과 체계를 유지하는 것이다. 조직구조나 체제의 설립, 일처리 절차개발, 자격조건의 결정, 재원의 할당, 업무의 할당, 권한과 책임의 명확화 등을 포함한다.

셋째, 통제화는, 계획에 준한 활동을 규제하는 것으로 기준이나 점검사항의 결정, 기준과 실제 결과와의 비교 등이다.

넷째, 조정화는, 실시의 시기와 조직의 활동을 원활하게 수행하도록 업무수행에 필요한 이해나 견해를 마찰 없이 결합하고 중재하는 것이다. 상급자의 통제뿐 아니라 상급자의 직접적 통제 외의 활동과의 관계나 커뮤니케이션을 포함한다.

다섯째, 지시는, 목표달성을 위해 직원들을 지휘·감독하는 일련의 활동으로 업무담당자가 업무를 원활하게 수행하도록 동기를 유발하고 사기를 함양하는 기능을 말한다.

여섯째, 인사는, 조직의 활동에 필요한 인적 자원을 동원, 배치하는 것으로 그들의 능력개발과 근무의욕 고취 등 조직은 인력활동을 통해 행정, 경영조직의 목적 달성에 기여하도록 적정한 직원을 충원하면서 사업을 확장하고 조직을 운영해 가는 것을 말한다.

관리를 업무관리와 연계하면, 조직 관리를 위해 행해지는 기록, 데이터 처리, 커뮤니케이션 작업에 관한 계획, 조직 및 통제 등의 기능이 있다(배철효·이상락, 1999). 업무관리는 사무실의 사무작업을 효과적으로 수행하게 만들기 위해 목표를 달성하도록 관리하는 것을 말한다. 관리는 사무실에서 이루어지는 모든 작업을 기록하는 문서작업에 기반하고, 정보처리활동을 효율적이고 합리적으로 수행하기 위해 사무작업을 능률화하는 데 목적을 두고, 사무이용을 경제화하기 위한 각종의 관리 활동이다.

대표적인 업무관리의 일반적 기능은 정보처리기능과 결합기능이다. 정보처리기능은 조직 내의 모든 정보를 처리하는 것으로, 정보의 수집과 변경, 삭제, 생산, 발송, 폐기, 확인, 평가, 수집, 보관 등의 제반활동이다. 이러한 정보는 문서 외의 사진, 영상, 도서 등을 포함하고, 정보를 필요로 하는 개인과 부서, 최고관리자에게 적시에 제공하여 신속한 의사결정을 내리도록 하는 역할을 한다. 결합기능은 수집된 정보를 조직 내 직원들과 부서에 신속하게 전달 제공함으로써 각각의 활동을 서로 연결하여 통합시켜 나가는 기능이다. 이를 경영활동으로 본다면 서비스 개발, 제공, 인사, 재정업무 등의 활동을 행정업무라는 흐름에 연결시켜 통일된 경영활동이 이루어지도록 하는 데 있다.

3. 보고업무의 목적과 원칙

1) 보고업무의 목적

박철하(2011: 316에서 재인용)는 보고의 목적에 대해 "관리층이 정책을 결정하고 시행 방침을 설정하기 위해, 또는 상황을 정확히 파악하게 하여 사업의 추진 상황을 확인하고 합리적인 통제와 조정을 위해 실시하는 것"이라고 하였다.

하지만 상급자에게 매 사안마다 보고하기는 쉽지 않다. 효율적으로 보고하기 위한 장치가 필요한데 업무관리를 강조하는 이유이다. 보고는 형식과 절차에 의해, 그리고 효율적인 의사결정을 위해 시행된다. 승인에 기반하기 때문에 올바른 결정과 판단은 습득한 정보를 정확하게 전달하는 것에 좌우된다. 정확한 정보는 상급자가 판단할 수 있는 적절한 시기에 전달되어야만 효율성이 높아진다.

(1) 보고를 잘하는 직원이 유능한 이유

보고는 업무처리과정을 검토 및 확인하기 때문에 정확한 결과물의 도출을 위해 기획 단계부터 진행과정, 처리 후의 조치가 일관성 있게 보고되어야 한다. 사안의 발생마다 보고하는 이유 또한 정보누락에 의한 업무의 차질을 예방하고 성과달성을 위해서다. 이런 점에서 보고를 잘하는 직원은 보고내용을 요약하고, 보고사항을 사전에 준비한다.

보고시간을 적절하게 활용하기 위해 보고사항을 시간에 맞게 안배하고 상급자의 상황이 자신의 보고를 충분히 청취할 수 있는지를 확인한 후 관심을 가질 수 있는 용어를 선택한다. 보고하기 위한 준비를 마치면 상급자와 대면하는 상황에서 보고한다. 업무의 중요성을 설득하기 위해 결과를 먼저 보고하고 진행사항을 보고하면서 지원받아야 할 사항을 일목요연하게 정리한다. 예상되는 장애물 등을 능동적으로 대처해 갈 것임을 확신 있게 설득하기 위해 성과중심으로 보고한다.

(2) 업무에 기반한 보고수행

조직의 업무는 사무의 범위가 넓고, 영역 또한 포괄적이기 때문에 보고사안이 발생할 때마다 정확하고 신속하게 보고하여야만 업무처리가 원활해진다. 직원의 업무는 물론, 부서운영에 영향을 미치는 사항들과 조직의 목적 달성을 위한 것 등 보고업무를 철저하게 관리하여 성과로 연계하기 위해서는 과정중심으로 업무를 처리해야 한다. 이러한 사항들이 직원들의 업무처리 방식에 녹아나야만 성과로 연계되기 때문에 과정중심의 업무처리에 익숙해져야 한다. 조직운영이 체계화된 조직일수록 복잡하고 어려운 과업을 달성하기 위해 먼저 운영체계를 구축하고, 시스템으로 정착시키기 위해 업무체계를 관리한다.

또한 보고업무에 있어 정확한 정보전달이 상급자와 차상위상급자 및 최고관리자에게 도달하는 시간이 단축되도록 가능한 한 의사결정라인을 간소화하여 업무분장을 하여야 한다.

보고업무는 업무관리 체계를 시스템으로 구축하는가가 매우 중요하다. 이를 통해서만 효율성을 높이고 조직운영체계를 정교하게 구축할 수 있기 때문이다. 따라서 보고업무는 행정업무절차를 기반으로 한다. 그래서 행정업무절차를 지키지 않는 보고는 효용성이 떨어지고 정확하지 않은 정보를 전달하게 되어 행정기능을 마비시키는 등 직원들과 부서의 기능을 약화시킨다.

행정업무절차를 준수하지 않는 직원의 실수는 다음의 예를 살펴보면 이해될 것이다.

직원은 지역 주민의 면접을 마친 후 도움이 필요하다는 판단을 하여 일정 금액을 기부할 것을 기안하였다. 매월 1십 만 원의 기부금을 지원하기로 최고관리자로부터 승인을 받았고 실행하였다. 하지만 기부금을 집행한 후 누군가의 제보로 인해 기부금을 지급받은 사람이 기초생활수급권자가 아니라는 것이 알게 되었다. 직원은 지급된 기부금을 회수해야 하는가? 그대로 두어야 하는가?

위의 사례를 보면, 직원의 보고와 행정업무처리 절차가 미흡했다는 것을 알 수 있다. 직원은 도움이 필요하다는 사람이 방문하여 그를 면접하는 등 필요한 정보를 습득하기 위해 인테이크를 시행하였다. 하지만 수급권자[3] 여부를 확인하지 않았고 필요한 서류도 검토하지 않았다. 면접한 내용만을 토대로 상급자에게 승인을 받기 위해 문서를 작성하여 보고함으로써 정확하지 않은 정보를 보고하였다. 즉 불확실한 정보를 상급자에게 보고한 것이다.

최고관리자는 직원의 업무보고를 통해 지급명령 문서인 기부금 지출 기안에 결재함으로써 잘못된 결정을 내렸고, 재정부서 또한 수급권자가 아닌 주민에게 기부금을 지급함으로써 행정절차를 지키지 않은 것은 물론 기부금을 회수해야 하는 상황에 직면하였다. 결국 수급권자가 아닌 주민에게 기부금을 지급하였으므로 조직의 재정을 낭비하는 행정업무처리 오류에 따른 책임성의 문제가 발생하였다. 따라서 보고의 생명은 정확한 정보전달에 있으며 엄격하게 관리해야만 업무처리가 명확해진다.

(3) 보고의 핵심목적은 상급자의 올바른 판단촉구

좋은 정보는 조직운영의 정책적 판단, 사업개발 및 확대, 인사 및 재정의 집행 등 부서운영과 조직운영에 기여한다. 좋은 정보는 적절한 시기에 직원들과 동료, 상급자에게 전달되고, 필요한 정보가 정확하게 보고되었는가에 따라 정보의 질이 달라지기 때문에 적시성이 핵심이다. 따라서 행정업무절차가 무시된

3) 대개 수급권자는 주민자치센터에서 발행하는 국민기초생활수급권자증명서를 통해 확인이 가능하다.

정보는 정보로서 가치가 없다.

왜 그럴까? 보고를 행정업무로 처리하면 전달된 정보의 효과를 확인할 수 있기 때문이다. 또한 정보가 정확할수록 상급자의 옳은 판단과 정책결정에 영향을 미치는 등의 효과가 있기 때문이다. 따라서 단위 업무라도 정확하게 보고되어야만 상급자의 옳은 판단을 촉구할 수 있기 때문에 행정업무절차에 따라 보고해야 한다.

2) 보고업무의 원칙

보고업무가 조직의 중요한 기능으로 부각된 것은 효율적인 정책 수립을 위해, 사업운영 및 사업 결과를 평가하기 위해, 업무 현황 사실을 확인하고 업무를 독려하는 등 성과달성에 유리하기 때문이다(이종두, 2010: 226).

조직의 업무와 사업수행을 원활하게 수행하는 행정업무기능은 경영·행정활동 보조·촉진기능과 관련분야의 연계성 유지기능, 정보처리기능, 업무수행기능으로 구분되고, 행정업무는 목적별로 경영업무, 관리업무, 감독업무, 작업업무, 본래업무, 지원업무로 분류된다. 활동형태별로 분류하면 작업업무와 판단업무로 구분된다. 반복성의 유무에 의한 분류는 상례업무와 예외업무가 있다. 발생의 주체성에 의한 분류는 강제업무, 자주업무로 구분된다. 마지막으로 오피스의 기본기능에 따라 의사결정업무, 데이터 처리업무, 커뮤니케이션 업무로 분류된다(이승기 외, 2014: 15-19).

행정업무기능을 확장하기 위한 보고의 원칙은 다음과 같다(이종두, 2010: 226-227에서 재인용).

첫째 필요성의 원칙, 당해 업무에 관한 규정이나 지시 사항, 또는 명령에 의해 필요한 사항만을 보고하고 불필요한 부문은 가급적 억제한다.

둘째, 완전성의 원칙, 보고할 사항에 관한 자료 수집을 철저히 하고 한 번에 완전하게 보고한다.

셋째, 적시성의 원칙, 해당 규정의 정확한 파악, 또는 상급자의 지시나 명령을 정확하게 전달받고 당해 업무에 대한 정보를 신속하게 수집하여 적정한 시기에 보고한다.

넷째, 간결성의 원칙, 보고내용은 간결하고 꾸밈이 없어야 한다. 보고내용이 복잡하고 사실과 다를 경우 이해하기 어려워 판단에 혼선이 생길 수 있기 때문이다. 보고서 작성에 소요되는 시간과 비용을 절약할 수 있어야 한다.

이상을 볼 때 보고는 행정업무체계로 관리해야 하고 유지될 때 정보의 질이 높아지는 등 조직의 안정성을 촉진하는 기능을 내포하고 있다. 나영길(1999)은 행정업무의 구성요소에 대해 사무원, 사무실, 사무문서, 사무기기, 사무제도, 사무조직이라고 하였다(이승기 외, 2014: 16-22).

따라서 보고와 관리는 다른 것이라는 시각은 잘못된 것이다. 보고행정업무 관리에 대한 이해가 부족한 직원은 보고에 미숙할 수밖에 없다. 필요한 자료가 무엇인지를 알지 못하여 자료를 수집하는 것조차 혼란스러워한다. 단위업무에만 관심을 갖고 할 일을 다 했다고 판단한다. 이런 직원이 과연 무엇을 할 수 있을 것으로 보이는가? 사실 업무능력이 없기 때문에 정해진 업무 외에는 추진이 불가능하다는 것을 알 수 있다.

2장

보고업무의 성과

학습목표

1. 보고업무의 기대효과를 살펴보고 보고업무의 중요성을 설명할 수 있다.
2. 보고업무의 결과를 통해 업무효율성을 높이기 위한 보고업무 방법을 구축할 수 있다.

1. 보고업무의 기대효과

1) 최고관리자의 위임과 업무대표성

보고는 조직의 운영체계를 조직화하여 행정업무절차에 따라 업무를 처리하게 하고 부서업무와 직원들의 업무처리를 구조화시킨다. 직원들의 사업수행 성과를 높이기 위해 동료에게 협조받는 방법과 방식, 시기에 따라 자발적으로 협력하면서 융화하는 데에도 효과적이다. 이러한 기능으로 인해 직원들의 보고업무의 인식과 이해 정도에 따라 사업수행 등은 영향을 받는다.

따라서 보고절차를 준수하는 것은 조직운영을 위한 조직화의 첫 번째 과정이다. 직원은 업무사안에 따라 의사를 결정하고, 수행사항을 판단하기 위해 보고를 활용하고, 업무활동을 입증하기 위해 보고에 기반하여 업무를 수행한다는 점에서 보고업무는 업무수행의 토대라 할 수 있다.

중간관리자에게 부여되는 업무는 부서 및 추진업무정도, 업무량 등을 고려하여 배정하는 것이 일반적인 조직의 업무분장 방식이다. 배정된 업무는 전체 직원회의를 통해 공포되고 시행된다. 따라서 최고관리자의 결재를 받았다면 처리의 주체로 역할이 격상되고 최고관리자로부터 위임을 받아 업무를 처리하는 등 권한을 위임받은 위치로 역할이 바뀐다. 즉 최고관리자를 대리하여 업무를 추진하는 주체가 되고 업무를 수행하는 대표성을 갖는다는 것이다.

직원이 업무의 주체가 되는 예로는 다음과 같은 것이 있다.

> 상급조직인 지자체 담당자가 시설물현황을 파악하여 보고할 것을 공문으로 하달하였다. 담당직원은 문서접수대장에 공문을 접수한 후 중간상급자에게 보고하였고 중간상급자는 마감기간 내에 처리하라는 지시를 하고 처리 시 주의할 사항을 전달하면서 최고관리자의 방침을 전달하였다. 담당직원은 업무를 처리하기 위해 자료를 수집하고 작성방식을 확인한 후 처리할 것이다. 이제 지자체 담당자가 요구한 자료를 수집하기 위해 부서의 협조를 받아 자료를 취합하고 요청한 서식에 따라 작성한 후 기안하여 보고할 것이다.

위의 예시를 살펴보면 해당 직원의 업무가 개인적인 것이지만 부서와 조직을 대표한다는 것을 알 수 있다. 만약 담당직원이 행정업무관리 절차를 모른다면 해당 업무는 처리되지 않았을 것이다. 더욱이 업무를 파악하지 않은 직원이 잘못된 정보를 보고(전달)하면 직원들 또한 잘못된 정보를 파악했을 것이다. 이런 시행착오를 줄이기 위해 보고업무 절차를 마련하는 것이다.

2) 업무역량 강화

직원은 상급자의 지시 업무를 수행하고 상급조직, 또는 타조직의 요청, 대상자 지원, 개인의 발안에 의해 업무를 처리하기 위해 보고를 한다. 업무의 시행 전과 종료 후에도 보고를 한다. 그래서 보고는 업무처리의 요인이고 필요라고 하는 것이다.

하지만 보고를 돋보이게 하기 위해 정확한 업무처리 방식을 습득해야 한다. 새로운 업무를 수행할 때나 동료의 협조를 요청하기 위해서도 정확한 정보를 보고해야 한다. 또한 새로운 업무, 또는 해결하기 어려운 업무를 처리하기 위해, 상급자의 업무방침을 확인하기 위해서도 보고를 잘해야 한다. 직원의 업무능력이 성장하기 위해서는 요인이 다양하겠지만 보고의 가치와 의미를 알고 보고사항의 목적을 분명히 이해한 상황에서 보고해야 한다는 것이다.

직원이 성장하기 위해서는 업무를 이해하고 처리하기 위한 역량개발과 업무처리 능력을 강화하기 위한 부단한 자기노력이 수반되어야 한다. 업무를 처리해 본 경험이 많고 업무이해가 높을수록, 또한 지식을 갖추는 데 최선을 다하면서 해당 업무를 수행할 수 있는 준비가 철저해야만 업무수행 역량이 강화된다. 즉 업무지식, 업무경험확대, 부단한 자기노력이 필수라는 것이다. 그럼에도 근무경력에 비해 자신이 성장했다고 단정할 만한 근거를 찾지 못해 업무수행 능력을 의심받고 고민하는 직원이 의외로 많이 있다. 업무를 수행하기 위해 최선을 다하면서 성실한 행동가로 실천하는 등 성장을 위한 노력에 비해 성장했다는 자기 확신을 갖지 못한 것이다. 그렇다면 자신의 업무역량을 강화하기 위한 자신만의 방식을 찾아야 하는데 보고는 이러한 모호함을 극복하게 하고 업무수행 방향을 알게 한다.

성장했다는 자기 확신은 스스로 인지하기도 하지만 그보다 더 확신을 갖게 하는 것은 결재과정에서 상급자의 승인과 칭찬을 통해 확인된다. '지난 번 보고서보다 더 잘 기술하였다는 격려', 또는 '문서작성 능력이 상당히 향상되었다는 칭찬'이 성장하였다는 것을 알게 한다. 따라서 결재시간인 보고에 적극적으로 임한다면 자신의 역량을 확인할 수 있다.

보고는 조직의 행정업무처리 기능을 포함하고 해당 업무가 곧 조직을 대표하는 업무이기 때문에 정확한 보고는 업무수행 능력이다. 물론 직원의 역량이 출중해야 한다는 전제가 있다. 업무자신감은 업무이해를 통한 자기 확신으로 업무를 주도해서 처리하겠다는 확신에 의해 강화되는 업무수행 능력이다. 직원이 자기 확신을 가지면 조직의 업무와 부서에 영향을 미치고, 조직을 이용하는 사람들에게 긍정적으로 영향을 미친다. 즉 직원의 업무능력은 조직의 역량이라 해도 과언이 아니라는 의미다. 여기에서 의미하는 기여는 업무수행의 질을 높이기 위한 능력이 있을 때부터 해야 할 역할과 업무활동을 알고, 아는 것만큼 부서와 조직에 미친 영향력을 말하는데 대개 성과로 나타난다. 기여되었다는 것은 업무이해에 따라 드러나기 때문에 본인 또한 알게 된다. 따라서 열정이 있는 직원은 업무성과를 도출하기 위해 최선을 다하고 좋은 보고를 위해 노력한다.

3) 수행업무의 정당성 확보

직원의 업무는 습득한 정보를 업무에 적용하여 적절하게 처리했는가에 따라 인정을 받는다. 동료 및 부서의 관련성에 따라 조직운영에 영향을 미치기 때문에 습득 즉시 보고를 통해 전파해야 한다. 즉시 보고는 직원의 업무수행의 기본에 속하는 책무로서 업무수행을 증명하는 근거이다. 시기를 놓친 보고가 업무활동에 영향을 미치지 못하는 것은 직원의 업무가 보고에 의해, 보고를 토대로 처리되기 때문이다. 따라서 성과 도출 여부는 조직의 사업에도 영향을 미친다. 습득한 정보는 동료와 부서에 즉시 전달하고 업무적용시점이 높을 때부터 활용가치가 높다.

4) 합의와 협조의 필요성 설득

부여된 업무의 수행근거는 최고관리자의 승인에 의한다. 하지만 업무수행은 직원들의 적극적인 참여가 필요하다. 적극적인 참여는 직원이 소속된 부서의 지원과 동료들의 협조에 의한다. 이러한 협조가 적극적이고 참여적일 때 조직의 사업으로 수행된다. 이런 점에서 부서의 지원과 동료의 협조는 필수다.

보고는 협조를 얻기 위해 꼭 필요한 과정이며 필요성이 설득되었을 때 부서와 동료 간에 합의를 통해 실행할 수 있게 되는 것이다.

5) 직원의 업무수행기반

직원의 업무는 상급조직의 요청에 의해, 법규와 법령에 따라 시행하라는 개정된 법규를 준수하기 위해, 또는 상급자가 지시하는 사항을 처리하기 위해 시행된다. 마지막으로 자신의 업무를 처리하기 위해서다. 하지만 개인의 업무수준을 점검받고 성과 도출을 위해 수시로 상급자에게 점검을 받으면서 부서와 조직에 기여되고 있는지를 확인받는 것이 더 중요하다.

모든 업무는 시행 요인이 있듯이 해당 업무는 성과가 도출되어야 한다. 반면 보고하지 않을 때 업무수행 이유가 상실되어 개인적인 사항에 국한된다. 그렇다면 잘하는 보고를 위해 더 많이 투자하고 이러한 보고가 직원들로부터 많아질 때 조직의 사업은 활성화된다.

그럼 무엇을 어떠한 방식으로 보고해야 하는가가 명확해야 한다. 핵심 없는 보고는 업무능력을 의심받게 한다. 반면 보고과정에서 상급자를 설득하는 보고는 보고내용과 목적이 분명하다. 성과를 중심으로 보고하고 진행사항과 진행과정에서 예측되는 장애물 등을 해결하기 위한 대안이 담겨 있다. 이러한 보고만이 사업의 활성화는 물론 질 높은 업무를 수행하게 한다는 점에서 직원의 보고는 업무성장에 기여하고 성장하는 보고여야 한다.

직원의 역할은 보고하면서 합법적인 조직의 업무로 인정받기 때문에 행정절차에 따라 진행되면 지원의 이유가 명확해져 필요성이 설득된다. 보고를 받은 동료 및 상급자 또한 추진의도를 이해하게 되어 지원을 확대하면서 성과 도출을 위해 협력적인 관계가 자연스럽게 형성된다.

팀 협력적으로 수행하는 현대조직의 업무특성은 부서동료와 부서장 간의 긴밀한 의사소통에 의한다는 점에서 업무 질을 높이면서 동시에 더 나은 업무 성과를 올리려면 상급자와의 대면시간이 많아야 한다. 조직의 모든 업무는 동료의 협조와 상급자의 지원을 통해 수행되는 팀 체제 업무수행이기 때문에 원활한 협조적 관계 맺기 여부에 따라 질 높은 성과로 이어진다. 성과기대는 팀 협력적인 관계가 토대이다.

2. 보고의 결과

1) 정보공유 확산

뚜렷한 목적을 갖고 시행되는 보고는 직원 간의 정보공유가 활발하다. 협조의 필요성이 설득되고 목적 달성을 위해 적재적소에 전달된다. 전달된 보고에 의해 직원들은 규합되고 공통의 목적을 갖고 업무에 투신한다. 협조에 필요한 의사소통이 촉진되어 계획 수립이 용이해지고 업무목적 달성을 위한 지원체계 또한 마련되어 있다.

보고는 업무를 수행하는 데 있어 우선할 업무임에는 틀림이 없지만 왜 보고가 우선되어야 하는가라는 의문은 보고를 이해하지 못해서다. 보고하지 않는 업무는 개인적인 일에 불과하다. 즉 업무를 담당하였다고 하여 자의적으로 판단해서 처리하면 실무자 수준, 개인적으로 수행하는 업무에 불과하게 된다. 이는 명백한 권한남용에 해당한다. 동료들과 정보를 공유하지 않은 상황에서 협조를 받을 수 있겠는가? 직원의 업무수행의 정당성은 부서의 업무임을 드러냈을 때부터 수행의 권한을 인정받기 때문에 상급자의 승인이 없는 업무는 개인적인 것이다.

직원의 업무는 부서의 분업화된 역할 분장에 의해 시행되고 개인 간, 부서 간의 협조와 지원을 통해 운영되기 때문에 연계와 협조가 필수다. 해결에 어려움이 있는 업무라도 수행 수준과 범위, 내용의 질을 담보하기 때문에 행정업무관리 체계에 의한 적절한 보고만이 해결 가능성을 높인다. 직위에 의한 역할을 구분하는 이유 또한 부서마다 다른 목적사업을 원활하게 처리하기 위해서다. 따라서 보고업무체계의 정착은 업무계획의 수립단계부터 시행, 종결 후 사후조치 등 모든 영역에 적용되어야 한다. 자기발안에 의해 처리하는 업무라도 부서를 대표하고 조직의 업무임에는 분명하다.

Tip 보고효과

직원이 업무계획을 수립하지만 보고방식을 고려하지 않고 자신의 방식이 옳은 것이라고 여기면 업무실수를 유발하게 된다. 나름의 방식을 고수하면서 주장을 굽히지 않은 채 기여할 수 있다는 것만을 제기하면서 수행할 업무와 수행된 업무만을 보고하는 등 결과중심으로 보고를 한다. 이러한 업무처리는 보고에 대한 훈련 부족과 이해 부족이 요인이다.
보고를 행정**업무절차에 따라** 체계화해야 할 이유는 직원들의 업무수행 절차를 일원화하여 업무의 질을 높이기 위해서다. 업무수행 과정에서 정보를 공유하고 확산시켜 개인의 능력뿐 아니라 합의된 사항을 협조하게 하는 등 보고는 업무수행을 촉진한다.

2) 적극적인 관심유발

상급자의 의도를 이해하지 못해 관심을 높이지 못하고, 핵심내용을 설명하지 못하는 것은 업무이해 부족과 자신의 업무에 대한 확신이 없기 때문이다. 상급자는 직원의 업무수행과 부서의 업무 등을 책임지는 관리자다. 따라서 상급자의 흥미와 관심을 유발하고 적극적인 지지와 신뢰를 받을 수 있도록 설득하는 보고를 해야 한다. 이것은 직원의 보고 능력과 직접적인 연관이 있는 것이다.

좋은 보고를 통해 상급자의 이해가 높아질수록 더욱 관심을 갖게 할 수 있다. 여기에서 의미하는 보고 능력은 업무를 수행해야 할 이유가 설득되고 처리가 가능할 것이라는 신뢰를 확신할 수 있는 설명을 말한다. 설명을 통해 설득된다는 점에서 자신의 업무를 분석한 후 더 나은 성과 도출을 위해 '무엇을 수행할 것인지'를 이해시켜야 한다.

시간 내에 제대로 된 보고를 통해 관심을 갖게 해야만 적극적으로 지원하기 때문에 직원의 보고는 관계된 사람들로부터 적극적으로 지원하겠다는 회신을 받는 보고[1)]여야 한다.

Tip 직원의 업무에 관심을 갖게 하는 보고

상급자에게 본인의 업무를 알리는 방법이 보고시간을 활용해서 수행하는 업무가 무엇이고 어떤 목적에서 수행하는지를 이해시키는 것이다. 하지만 설득에 실패하면 더 이상의 보고는 의미가 없다.
결재시간이 중요한 이유는 상급자의 열정과 능력, 숙련된 기술을 업무에 개입시켜 업무수행의 수월성을 확보하고 업무수행에 필요한 사항을 지원받기 위해서다.
상급자가 관심 있어 하는 사항부터 보고하는 것이 지원의 수월성을 높인다는 점에서 직원은 자신의 보고방식을 점검하고 상급자가 관심 있는 사항을 파악한다. 업무수행과정에서 나타난 핵심사항을 보고하고, 자신의 업무가 성공하고 있다는 것을 보고한다. 이러한 보고가 상급자에게 인정받는 보고이고 직원의 업무역량을 드러내는 보고방식이다.

1) 상급자의 핵심 역할은 직원들에게 피드백을 제공하는 것이다. 피드백은 직원이 전달받은 내용을 상급자의 의도에 따라 적절하게 수행하는 반응의 연결고리다. 상급자는 부드러운 표정과 태도를 통해 직원이 열정을 품도록 해야 한다(홍순이, 2001: 16).

3) 합의와 협조 중재

간혹 협의를 하였음에도 추진이 안 되는 경우가 있는데 업무협조를 위한 합의과정이 충분하지 않아서다. 업무협조가 이루어지 않으면 갈등하게 되어 협조를 받을 수 없다. 업무가 추진되지 않는 것은 물론 업무처리가 불투명해진다.

이런 상황을 예방하고 협조하게 만드는 것이 업무회의를 통해 합의하는 협조보고다. 협조보고가 중요한 이유는 업무분장 후 처리 시기에 따라 성과 도출에 영향을 미치기 때문이다. 또한 과중된 업무를 분장시키고 모호한 업무를 명확하게 처리할 수 있도록 조정하는 기능 때문이다. 따라서 처리하기 어렵고 중요한 과업일수록, 그리고 복잡하고 여러 업무를 수행해야 할 상황일수록 협조보고를 통해 처리해야 한다. 즉 협의와 협조를 중재하고 협의기능을 강화시켜 최적의 대안을 모색하는 등 직원 및 부서 간의 역할을 적절하게 분담시켜야 한다.

4) 업무역량 증명

보고를 잘하는 직원은 업무성과가 높다. 반면 보고를 못하는 직원은 성과에 관심을 두지 않고 업무를 수행한다. 이러한 차이는 보고의 중요성을 인식하지 않았기 때문이다. 또한 보고를 잘하는 직원은 행정업무절차에 기반하여 상급자의 업무이해를 촉구하고 조직의 인적·물적 자원을 활용하여 업무를 수행한다. 성과와 연계하기 위해 전략을 세우고 실행한다.

직원은 업무효율성을 높이기 위해 보고시간을 활용할 수 있어야 하고 자신만의 보고방식을 체득해야 한다. 업무역량은 직원의 업무능력으로 보고시간을 활용하기 위해 자신의 에너지를 쏟는 것을 말한다. 즉 가치 있는 보고를 위해 나름의 방식을 찾는 것이 먼저라는 것이다.

업무를 잘 처리하고 잘 수행했다는 얘기를 들어본 적이 있는가? 자기 인식을 갖고 업무인정을 받기 위해 동료의 업무를 파악하고 이해하는 것, 그의 업무처리 방식을 알고, 필요할 때 조언하는 방법을 습득하면 업무역량을 인정받는다. 수고는 모두가 하는 노력이지만 칭찬은 성과에 따른 격려다.

따라서 직원의 업무처리는 칭찬이 많아야 한다. 또한 수행의 성과가 긍정적이라는 격려를 더 많이 들어야 한다. 왜냐하면 칭찬과 격려가 많을 때 성취감이 높아지기 때문이다. 이러한 역할이 증가되고 많아질수록 역량을 인정받게 되어 비중 있는 업무를 담당하게 된다.

5) 의사소통의 원활함

(1) 관계 중재

조직의 모든 업무는 대상이 있다. 누구나 고객이 될 수 있다는 점에서 주 대상은 주민이고, 직·간접적으로 관계된 사람들의 협조를 통해 수행된다. 긍정적인 관계 맺기는 유지되어야 하는데 업무수행에 필요한 다양한 자원과 정보를 얻게 하기 때문이다.

처음 대면한 사람에게 도움을 받으려면 친절해야 한다. 환대하는 표정과 미소는 거리감을 없앤다. 이런 점에서 인간관계에서 가장 중요한 것은 신뢰다. 신뢰는 친한 사이일수록 친밀하게 하고 낯선 대상이나 처음 대면한 사이라도 친근감을 갖게 한다. 그렇다면 상대의 상황이 낯설지 않도록 설명하는 몫은 직원의 보고(정보전달) 태도에 달려 있다. 자주 대면하는 사람(또는 상대, 또는 고객)의 상황이 동료와 상급자에게 이해되지 않는다면 그의 문제와 상황은 낯선 것이다.

적절한 방법이 상대해야 할 사람을 만날 때 상급자를 참여하게 하는 것이다. 함께 장소를 방문하는 것도 효과적이다. 극복하기 힘든 어려움에 직면해 있다면 조직의 지원을 이끌어 내는 데 더욱 효과적이기 때문이다. 필요하다면 그를 잘 알고 있는 자원들과 함께 방문하는 것도 방법이다. 자원의 동행방문은 만나야 할 사람을 오랫동안 설득해야 하거나, 설명할 방법이 제한될 때, 또는 정서적으로 불안정하여 쉽게 화를 내는 등 부정적으로 행동할 때 상황을 이해시키고 도울 수 있기 때문이다.

(2) 긍정적인 관계유지

직원은 누구를 만나더라도 상대방의 표정과 태도에 즉각적으로 반응하면서 이해하고 공감하는 태도를 통해 친숙한 모습으로 다가가야 한다. 상대방의 상황이 심각할수록 직원의 태도는 더 효과적인데 도움이 될지 아닐지는 상대방 또한 파악하고 있기 때문에 이웃으로 관계하는 것이 중요하다.

첫 대면은 문제해결을 위해 도움을 기대하면서 대면하기 때문에 직원의 친절한 이미지와 환대하는 태도는 마음의 문을 열게 한다. 태도는 상대적인 것으로 어떻게 받아들이냐에 따라 친밀한 관계로 발전하고, 아니면 한 번의 관계로 마칠 수도 있다. 긍정적인 태도에 의해 진전된 관계로 발전하기 때문에 직원의 신념이 옳다고 하여도 받아들일 여건이 아니라면 거부할 수 있어 직원의 조언 등을 긍정적으로 생각할 수 있도록 설득해야 한다.

(3) 업무능력 인정

상급자의 마음을 움직이지 못하면 설득하지 못한다. 결재도중에 보류, 시행중지, 재검토된다면 상급자를 설득하지 못한 것이다. 결재하였다는 것은 승인받았다는 의민데, 상급자의 기대에 부응했다는 것이다. 동료 또한 협조해야 한다는 필요성을 인식할 때 반응을 보이고 협조한다. 그래서 일방적인 정보제공은 필요가 설득되지 않는다. 협조는 부서와 상급자, 동료들의 이해가 있을 때 보이는 반응이다.

Tip 직원의 재충전

인간은 조직 안에서 살아가기 때문에 휴식을 가져야 한다. 또한 쉼을 얻기 위해 일을 잊어버리는 연습을 해야 한다. 가정에까지 일을 갖고 오는 것이 반복되거나 계속된다면 심신이 지쳐 생산적인 활동도 못 할뿐더러 어느 날부터 능력의 소진을 겪는다. 소진을 예방하기 위해서는 일을 할수록 소모되는 에너지의 재충전이 필요한데 단순히 일을 줄이기보다는 전문지식, 업무수행에 필요한 지식으로 채워야 한다.

지쳐 있다면 충분한 휴식을 취하는 것이 힘찬 전진을 위한 준비다. 여기에서 의미하는 충분한 휴식은 재충전을 위한 자료 분석과 업무수행에 필요한 다양한 정보획득을 통해 전문성을 강화하는 것을 말한다. 휴식은 직원의 업무능력을 더 강화하고 창의적인 사고를 갖게 하는 데 매우 중요하다.

3장 보고업무의 원칙과 핵심기능

학습목표

1. 보고업무의 다양한 원칙을 이해하고 유용한 보고업무 실천을 위한 우선순위에 의한 보고, 핵심을 간추린 보고, 업무를 관철하기 위한 보고, 시기적절한 보고 방법을 설명할 수 있다.
2. 보고업무의 정보전달, 의사소통, 업무설득, 협상의 핵심기능을 설명할 수 있다.

1. 보고의 원칙

1) 직원의 보고

직원은 다양한 업무를 수행하기 때문에 여러 업무를 수행하기 위해서는 업무의 우선순위를 정하고 우선순위에 따라 업무를 수행하는 것이 효과적이다. 연 사업계획서를 토대로 한 달의 계획을 수립하고, 주간 업무계획을 수립하여 일일 업무로 처리한다. 업무계획을 수립하면서 중요한 업무와 덜 중요한 업무, 일반업무를 분류하여 추진한다.

중요한 업무는 말 그대로 바로 처리하고 비중 있게 다루면서 시간을 두고 자료를 수집하여 처리할 업무로, 조직과 부서 등에 영향을 미치는 업무다. 긴급한 업무는 상시적으로 상급자에게 보고하면서 피드백을 받는 등 협의를 통해 처리하는 업무다. 덜 중요한 업무는 긴급한 업무 또는 중요한 업무보다는 비중이 낮지만 신중하게 판단해서 처리하는 업무다. 따라서 자료준비와 정보획득에 주의하면서 처리해야 한다. 일반업무는 시간적인 여유를 갖고 처리하는 업무다.

계획적으로 업무를 처리하기 위해 업무의 중요도에 따라 시행시기를 정해야 하는데, 대개 주간 계획을 수립하여 처리하는 것이 일반적이다. 보고를 잘하는 직원은 업무의 우선순위에 따라 자료를 수집하고 시기를 정해 추진하는데 이를 업무계획이라고 한다.

Tip 칭찬받는 직원

칭찬을 받는 직원은 업무계획을 수립하여 업무를 처리한다. 반면 상급자로부터 업무처리에 대한 지적을 받으며 재작성하라는 지시를 받는 직원은 사전 준비가 부족하고 업무계획을 수립하는 데 소홀하다. 따라서 업무를 효과적으로 수행하기 위해서는 업무계획을 수립하고 우선순위를 정해 처리해야 한다.

(1) 보고는 이유와 목적에 해당

직원은 업무를 처리하기 위해 결재절차에 따라 중간상급자인 부서장과 차상위 상급자, 최고관리자의 승인을 받아야 한다. 승인은 해당 업무의 수행사항이 이해되고 필요성이 충분한 경우 최고관리자가 판단하는 권한이다. 따라서 모든 보고는 보고의 이유가 있고 필요성이 설득되어야 한다. 반면 의례적인 보고, 또는 업무를 진행하면서 형식적으로 보고하거나, 또는 업무중요도에 비해 단순사항만을 보고한다면 비중 있는 업무로 인식하지 않는다. 이런 점에서 보고는 모든 업무의 기본이라 할 수 있다.

따라서 업무를 수행하기 전에 추진 계획이 설득되어야 하고 설득되었다면 계획에 의한 처리 결과물인 성과를 도출하는 데 최선을 다해야 한다. 계획을 승인받았지만 진행과정이 순조롭지 않아 성과가 미비하다는 보고를 하면 최고관리자의 위임을 성실하게 이행하지 않은 것이다.

보고를 통해 직원은 계획된 활동을 추진하기 위한 부서와 동료들의 협조를 받을 수 있고, 추진하기 위한 에너지를 공급받는다는 점에서 보고는 필요성이 설득되어야 한다. 여기에서 설득은 조직에서 지원해야 할 사항과 지원 사항 등에 대한 협조의 이유와 필요성을 말하며 이러한 활동은 승인에 기반한다.

(2) 어떻게 설득할 것인가의 대안

직원은 업무를 수행하면서 어려움에 직면할 수 있다. 여기에서 어려움은 경험부족에 의해 처리할 수 없는 업무를 말하고 해결이 어려운 업무 등을 의미한다. 이런 경우 상급자에게 즉시 보고하여 도움을 받아야 한다.

상급자는 다양한 경험이 있다. 상급자가 관심을 갖는 보고라면 관심을 보이지만, 흥미가 없는 보고라면 관심을 보이지 않으면서 다음에 논의하자는 식으로 판단을 보류한다. 따라서 흥미를 유발하기 위해 질문거리를 준비하고 상급자의 질문을 진지하게 경청하면서 설명하는 데 최선을 다해야 한다. 상급자가 질문하면서 반응을 보인다면 이 시점이 최고의 설득시기임을 확신하고 놓치지 않아야 한다.

2) 우선순위에 따른 보고

(1) 우선순위 작성

직원은 다양한 업무를 처리하면서 처리의 우선순위를 계획할 것이다. 일일계획을 수립하고, 주간 업무계획을 수립하면서 업무의 우선순위에 따라 처리일자를 정하는 등 계획을 수립한다.

우선순위에 의한 업무는 중요하고 긴급한 업무를 구별해 내는 직원의 역량이 필요한데, 중요 업무는 담당하는 업무 가운데 먼저 처리하는 업무이고, 부서 또는 조직에 영향을 미치는 업무여서 동료 및 부서가 연합하여 처리할 업무가 해당한다. 따라서 A, B, C 방법과 1순위, 2순위, 3순위를 적용하는 것이 효과적이다. 주간계획, 또는 월간 계획을 수립하면서 A(또는 1순위)는 긴급하고 중요한 업무, B(또는 2순위)는 긴급하지는 않지만 중요한 업무, C(또는 3순위)는 일반 업무로 수행할 업무의 우선순위를 정한다. 중요 업무의 순위에 따라 한 주 계획을 수립하게 되면 업무처리가 지연되지 않고 의도한 대로 시행할 수 있다.

Tip 업무우선순위 선정실패

상시적으로 상급자로부터 업무지시를 받고 업무를 처리해야 하는 직원이 업무 중요성을 설명하지 못해 지적을 받는다면 인정받지 못한 것이다. 상급자의 반응은 뻔하다. 업무파악을 제대로 하지 않았다고 생각하며 업무능력을 의심할 것이다. 직원이 업무능력을 의심받는 요인은 다양하겠지만 중요한 보고를 제대로 못 한 것이 가장 큰 요인이다.

(2) 중요한 업무보고

중요한 업무는 조직운영에 직접적으로 영향을 미치는 업무다. 업무계획서, 예·결산자료, 현황자료 외에 감사자료, 조직 내의 사고, 핵심 업무의 추진 등이다. 따라서 조직운영에 영향을 미치고 대외적으로 관련되어 있어 마감 시기를 준수해야 한다. 기획업무, 외부사업과 관련되고 외부조직에 발송해야 할 공문 등으로 조직 및 부서운영에 영향을 미치는 업무 등이다.

재정보조와 관련된 공문서는 해당 조직의 공공성 및 업무의 투명성을 담보하고 있어 신중하게 처리해야 한다. 예산신청서를 비롯하여 급여, 조직의 현황자료 외에 직원의 입·퇴사 관련서류, 회계서류 및 재물조사 등의 문서는 기한을 준수해야 한다. 위의 업무는 결재절차에 따라 최고관리자의 승인을 받아야 한다.

따라서 중요한 업무라면 처리 시기, 즉 마감 일자를 지켜야 한다. 계획적으로 처리하기 위해 사전계획을 수립해야 하는데 상급자 및 최고관리자의 승인일자 및 내부 협조를 받는 등 기한을 정해 처리한다. 주간 업무계획표에 최종 처리일자를 기록하고 기간 내에 처리해야 할 목록과 마감 일자를 확인하여 처리한다.

(3) 긴급한 업무보고

긴급한 업무는 매우 중요하고 즉시 처리해야 하는 업무다. 긴급한 업무는 그만큼 중요한 업무로 사실 예측된 업무라면 처리가 수월하다. 하지만 긴급하게 처리를 요청하거나, 다른 업무를 수행하는 중에 처리해야 한다면 평소의 업무관리가 철저해야만 처리할 수 있다. 때로 예측하기 어려운 상황도 생기는데 급작스럽게 요구하는 업무지시나 현황 파악 등의 업무, 생각지도 못했던 보고서 제출 등이 예이다. 주로 상급조직, 또는 상급자의 요구, 최고관리자가 요구하는 지시 등이 해당한다.

긴급한 업무를 수월하게 처리하기 위해서는 철저한 업무관리가 중요한데 직원이 업무이해에 따라 대처할 수 있도록 자료를 정리해 두어야만 처리가 가능하기 때문에 이용하는 사람들의 유형, 직업특성, 이용인원 등 자료현황을 평소에 관리하는 것이 중요하다.

(4) 마감 시기가 정해진 업무보고

마감 시기가 정해진 업무는 계획된 업무를 말한다. 그래서 일정을 수립하여 처리해야 한다. 일지, 주간계획표가 마감시간이 정해진 대표적인 업무다. 또한 재무회계 규칙 등에서 정한 사업계획서, 보조금 예산서 및 결산서가 해당하고, 처리 시기가 정해져 있다. 마감 일자에 따라 파악할 내용과 처리해야 할 사항 등은 사전에 계획을 수립하여 처리한다. 처리 시기를 준수하지 않으면 해당 업무의 중요도가 감소하기 때문이다.

(5) 일반업무보고

일반업무는 정기적으로 진행되는 프로그램이 해당하고 한 주의 계획을 수립하고 정해진 일자에 처리하는 업무, 또는 약속이 잡힌 사람들과의 상담, 협력자와 미팅, 사람들과 함께 수행하는 활동 등이다. 위의 업무는 직원이 평소에 수행하는 업무로 계획을 수립해서 진행하는 것이 일반적이다.

일반업무는 정기적으로 수행하는 업무이기 때문에 계획 수립이 필수다. 한 주의 업무 가운데 주간 업무계획에 반영해서 중요한 업무를 먼저 기술하고, 덜 중요한 업무, 일반업무 순으로 수립한다. 작성된 계획은 일일계획에 반영한다.

일일 업무계획은 한 주 계획을 토대로 수립하는 것이 일반적이다. 퇴근 전 10분을 활용하면 효과적인데 미처리 업무와 처리한 업무, 중요한 업무임에도 처리하지 못한 사항, 시간을 두고 계획을 수립해야 하는 업무 등을 검토하여 익일 계획에 반영한다. 협조가 필요한 사항이 있다면 협조받을 사항을 일목요연하게 기술하고 협조부서 등을 표기한다.

3) 핵심 내용을 간추리는 보고

(1) 핵심내용 요약의 중요성

매우 중요한 업무여서 며칠을 고민하면서 작성한 기획서라도 다섯 장 이상이라면 일일이 읽어 보면서 검토하기는 쉽지 않다. 보고과정에서 작성한 보고서의 내용이 이해될 수 있도록 설명해야만 승인받을 수 있다. 중요한 기획서일수록 본인의 의지를 담아 핵심내용을 요약하여 보고서를 작성한 이유, 진행 방법과 예측되는 성과를 얻기 위해 자원들의 참여 및 수행목적 등을 일목요연하게 보고해야 한다.

따라서 보고자에게 중요한 업무는 그만큼 중요한 것이므로 핵심내용을 요약하는 것이 먼저다. 또한 어떻게 설득할 것인지에 대한 설명방식을 고려해야 한다. 상급자의 관심을 집중시키기 위해 핵심내용을 부각하고 글자크기를 다르게 하는 등 중요내용임을 부각하되, 핵심 의미를 드러낼 수 있도록 내용을 함축할 수 있는 적절한 용어를 선택해야 한다. 상급자의 승인은 핵심내용의 요약에 의하고 보고자의 설명이 뒷받침되어야 하므로 요약은 설득의 기본이라 할 수 있다.

어느 상급자도 장황하고 두서없는 보고문서에 관심을 두지 않는다. 내용을 잘 기술하였다고 해도 핵심이 무엇인지에 관심을 둔다는 것이다. 상급자는 검토하면서 궁금한 사항을 다시 확인하겠다는 식으로 대처하기 때문에 기획의도를 이해하기 쉽게 설명해야 한다.

중요한 내용임에도 중요하게 기술하지 않는 것은 요약하는 능력이 부족한 것이다. 보고자의 설명이 설득하는 데 충분하지 않으면 관심을 두지 않는다. 또한 핵심내용을 요약하여 설명하지 못한다면 중요문서라도 관심을 보이지 않는다. 즉 잘 작성된 기획서라도 생각만을 전달하는 보고에 관심을 보이지 않는다는 것이다. 나름대로 열심히 설명해도 이미 가치가 절하되었으므로 승인받기 어렵다. 따라서 상급자의 관심을 유발하기 위해 문서를 축약하고 요약하는 기술을 갖추어야 한다. 또한 설명할 수 있는 능력을 갖추어야 한다.

(2) 핵심을 요약하는 기술

① 핵심내용 요약

직원이 업무를 수행하는 데 있어 핵심을 요약하고 설명하는 기술은 매우 중요한 핵심역량이다. 수십 장의 보고서를 작성한 후에 보고시간에 직원을 세워놓고 일일이 계획서를 검토하면서 물어보는 상급자는 거의 없다. 오히려 보고서 앞장의 내용과 핵심내용을 살핀 후 이 계획서의 의도와 작성 배경을 질문하면서 성과가 무엇이고, 어떻게 진행할 것인지를 물어보는 경우가 대부분이다.

그렇다면 보고서의 내용이 충실하여도 계획에 반영된 내용을 어떻게 설명할 것인지를 요약하는 것이 더 중요하다는 것을 알게 된다. 이러한 준비를 소홀히 하면서 작성된 보고서의 완성시점에 상급자에게 보고하는 것은 계획서 작성에 수고한 모든 노력을 격하시킨다. 핵심내용을 간추려 무엇을 설명할 것인지를 준비하지 않고 알아서 읽어 보도록 방치하는 것과 같다. 5분의 보고시간에 보고사항을 제대로 설명하지 못하면 몇 날을 고민하며 작성한 계획서를, 또는 결과보고서를 재작성해야 하는 상황에 직면한다.

② 요약내용 설명

프로그램, 또는 서비스를 제공하기 위해 오랜 시간을 계획서 작성에 몰입하였는데 몇 분의 보고를 못하여 실패하였다는 생각이 든다면 이는 직원의 업무능력을 의심받는 심각한 실수다. 중요한 업무일수록 긴장감이 높고 불안정하므로 보고를 잘하기 위해 자신이 준비한 사항을 요약하여 설명해 낼 수 있는 역량을 갖추어야 한다. 비중 있는 업무라면 부서, 또는 조직의 중요 업무일 것이다. 조직의 사활이 걸린 업무라면 더욱 더 요약보고를 잘해야 한다.

작성한 보고서를 요약하고 설명하는 기술은 상시적인 업무다. 계획을 수립하고, 프로그램을 진행하면서 드러난 결과를 보고하기 위해 요약보고를 해야 한다. 결과를 보고하는 중에도 요약보고는 매우 필요하다. 요약보고는 보고서 작성만큼이나 개인의 업무능력을 드러내는 매우 중요한 것임에는 틀림이 없다.

목적을 토대로 목표를 세운 후 적합한 사항이 반영되었는지를 확인한다. 장소와 물적 자원 또한 검토하여 성과 도출에 긍정적이라는 인상을 남기기 위해 사전준비 또한 철저해야 한다. 차량을 이용해야 한다면 이유가 설득되어야 하고, 외부활동은 상급자의 기대에 부응하는 수준이어야 한다. 5분의 보고를 제대로 하지 못하면 아무리 좋은 설명이라도 의도한 대로 전달하지 못한다. 5분의 설명을 어떻게 설득하는가에 따라 상급자를 비롯하여 동료들을 설득할 수 있다.

③ 요약내용의 줄기 설명

직원은 다양한 사람을 설득하면서 이끌어 가는 전문가다. 때로 지자체 공무원, 또는 사람들을 만나 사업의 필요성을 설득해야 하는데 설명이 지루하고 핵심 없이 장황하다면 관심을 끌기 어려울 것이다. 따라서 중요한 업무일수록 업무이해를 높이고 설명할 수 있어야 한다.

또한 상황에 따라 자신의 입장을 밝히면서 요청사항을 설명할 수 있어야 한다. 유선으로 보고하고, 대면하여 보고해야 한다면 중요한 정보가 담겨 있다는 것을 설명하면서 정확하게 전달할 수 있어야 한다. 상급자는 수십 장의 보고서류보다 보고서의 내용을 이해하기 위해 설명해 달라는 경우가 대부분이다. 오히려 수고는 많았지만 그래서 무엇을 하려는지를 더 궁금해한다는 것이다. 중요한 업무일수록 핵심을 정리하여 조리 있게 설명하는 것이 보고에 있어서 중요한 요약기술이다.

④ 요약내용의 설득

최근 직원의 역할이 다양해지면서 설명식의 보고가 매우 중요하게 부각되었다. 핵심 사안을 요약하여 보고하는 것이 직원의 중요 역량으로 부각된 것이다.

요약기술은 보고해야 할 사항을 요약하는 것만이 아니라 요약한 내용을 조리 있게 설명할 수 있는 역량을 포함한다. 상급자 등 관계된 사람들에게 중요 프로젝트를 설명하면서 주요사업과 운영상황 등을 소개하는 경우가 있는데 수십 장의 업무계획서를 소개하기 위해 애를 쓴다면 관심을 보이지 않는다. 오히려 한두 장의 요약된 사업소개서를 토대로 한 직원의 설명에 관심을 보인다. 이것이 요약기술이고 요약내용의 설득이다.

외부공모기관에 사업을 응모하여 면접심사에서 핵심내용을 설명해야 할 때가 있다. 이십여 장이 넘는 보고서를 미리 검토한 심사위원은 성과가 무엇인지, 왜 이 사업이 필요한지 등을 질문한다. 사전에 요약해서 설명할 수 있도록 준비하지 않는다면, 또는 머뭇거린다면 설득에 실패한다. 시설환경의 개보수가 필요하여 계획서를 작성하고 지자체 담당자에게 설명해야 한다면 설명이 설득으로 이어져야만 재정보조로 이어진다. 조직의 시설물이 노후되었다는 식의 단순한 설명이라면 지원을 거절당할 것이다.

대개 관심과 흥미를 일으키지 못하는 보고는 비언적인 태도가 영향을 미친다. 불필요한 손짓이나 어눌한 표정, 이해되지 않는 용어를 사용하는 것 등이다. 이러한 불명확한 의사전달은 습관으로 고착된 태도에 의해 형성되기 때문에 반드시 고쳐야 한다.

⑤ 핵심키워드 설명

핵심을 요약하는 기술은 보고서의 전체 내용을 요약한 후 주제와 키워드를 선별하여 줄거리를 이야기로 구성하는 것을 의미하지만 전체 내용을 설명할 수도 있어야 한다. 내용을 구성했다면 상황을 설명하고 진행할 프로그램을 보고한다. 마지막으로 기대하는 성과를 보고하기 위해 적합한 단어를 선택하고 성과를 보고한다. 이 모든 것들이 요약 후에 구두로 보고해야 할 것들이다.

분명한 것은 5분의 설득을 통해 준비한 계획이 실패할 수도 있고 성공할 수도 있다는 것이다. 단 5분이다. 이 5분의 보고가 상급자를 비롯하여 관계된 사람들의 기대를 충족하는 단초이다.

4) 업무를 관철하는 보고

(1) 지역사회 공존과 업무관철의 전제

어느 조직이든 조직의 설립 배경이 있고 설립의 당위성을 설득하는 목적이 있다. 개인의 이익을 위해 설립된 조직이라고 하여도 생산하는 제품을 통해 다수의 사람들이 누리는 혜택을 기대하며 공공의 이익을 위한다는 목적이 있다는 것이다. 제품을 판매하기 위해 홍보를 하고 다양한 사람들에게 알려지기를 기대하면서 더 많은 사람이 제품을 통해 혜택을 받게 하려는 목적이 있다. 이런 점에서 조직이 생산한 제품은 조직을 대표하고 이용하려는 사람들의 기대에 부응해야 한다.

최근 4차 산업혁명과 관련된 사항이 이슈가 되면서 산업체와 주민, 행정관청 외에 대학 등과의 협업에 의한 판로 개척, 제품 생산의 활동을 통해 차별화된 서비스, 타 업체와의 차별된 제품생산과 같은 특별함이 강조되고 있다. 대학 또한 실무지식과 기술, 태도를 갖춘 학생들을 배출하기 위해 산업체에서 수행하는 업무중심으로 교육과정을 개편하는 등 다양한 노력을 기울이고 있다. 졸업 후 취업이라는 관문을 통과하고 역량 있는 학생들이 해당 산업체에서 역량을 인정받으면 대학의 위상이 높아지면서 산업체 또한 지역을 대표하는 회사로 발돋움한다. 즉 지역주민들의 직업 활동을 촉진하게 하여 생계를 잇는 역할을 수행하고 생산과 소비 활동을 촉진하면서 지역을 발전하게 하는 것이다. 대학과 산업체, 지역은 상호적으로 상관되는데 지역의 상황에 필요한 인재를 더 많이 양산할수록 필요한 인재를 요구하고, 그들의 취업을 위해 더 많은 기회를 확대하는데 배출된 인재들이 소속된 산업체에 기여하면서 주민들의 소비를 촉진시켜 지역경제 활성화는 물론 복지증진에 기여하는 것이기 때문에 산업체에 필요한 업무역량 갖추기는 매우 중요한 것이라 할 수 있다.

결국 좋은 인재를 양성하는 것은 산업체가 필요로 하는 인재를 육성하는 것이다. 산업체에서 요구하는 지식과 기술, 태도는 물론 전문성을 갖추게 하는 것이며, 이렇게 육성된 인재들이 활발한 활동과 함께 적절한 역할을 수행하게 되면 인재를 배출한 대학의 위상이 높아진다. 그들의 활동이 많고 다양할수록, 또는 소속된 산업체에서 인정받을수록 대학의 위상이 높아진다는 것이다.

(2) 업무관철을 위한 준비

업무역량은 개인이 선택한 직업에 따른 일로서 매일 수행하는 업무보다 포괄적이다. 업무는 업무의 일환으로 수행되는 일이다. 연속성을 갖고 매일 수행해야 하는 개인이 수행할 과업이다. 업무의 연속성에 따라 수행하는 업무가 성과가 쌓이고 성과가 많아지게 되면 업무이해가 높아지는데 이를 업무이해라고 한다. 따라서 업무이해가 높아야만 업무수행의 질이 높아지고 업무수행의 성취가 많아진다.

사실 독자가 지금 대학에서 공부를 하고 취업을 준비하는 근본적인 이유는 지역사회에서 명성이 있는 산업체에 취업하기 위해서 아닌가? 왜 명성이 높은 회사에 취업하려 하는가? 처우의 기본이 되는 급여가 많고 복지혜택이 좋으며 사회적으로 인정을 받으면서 안정적으로 생활할 수 있기 때문이 아닌가? 소속된 산업체에 근무하는 주변 사람들의 얘기를 통해, 또는 졸업한 선배들, 친척들이 하는 얘기를 통해 듣고 알게 된 것들이다. 그래서 더욱 목표를 정해 대학을 졸업하기까지 부단한 준비를 하지만 어느 직장이 좋을지는 사회적 명성에 의해 이해되기 때문에 매우 심각한 고민을 하면서 준비하는 것이 오늘날 많은 대학생들의 현실이다. 취업을 준비하여도 취업이 된다는 보장이 없기 때문에 많은 청년들이 불안해하는 것도 이 때문일 것이다. 불확실한 상황에서 실패라도 한다면 그만큼 사회생활이 더뎌지고 개인은 물론 가족들의 생활에 부정적으로 영향을 미칠 것이기 때문이다.

여기에서 중요한 것은 인간의 삶은 사회생활을 통해 완성된다는 것이다. 물론 그렇지 않다고 말할 수 있지만 조직에 속하고 조직에 속한 이후부터 사회생활을 하게 되고 가계에 도움이 되면서 생활의 안정을 찾아가기 때문에 조직에 속하는 것은 누구에게나 매우 중요한 과제인 것은 분명하다. 하지만 조직에 속하는 것보다 더 중요한 것이 조직에서 자신의 업무능력을 발휘하고 역량을 인정받아야만 정체감을 갖고 생활할 수 있다는 것이다.

(3) 보고는 승인받기 위한 업무관철

업무를 관철하기 위해 무엇을 준비해야 하는가? 사실 직원이 수행하는 모든 업무는 조직과 부서에 영향을 미치고 동료들의 업무에 영향을 미친다. 업무와 관련된 사람들을 비롯하여 직접적으로 혜택을 받는 개인들과 타 조직 등에 영향을 미친다는 것이다. 따라서 긍정적으로 영향을 미쳤는지에 따라 업무수행 능력을 인정받는다는 것을 알 수 있다. 그렇다면 영향력이 없는 직원은 설득하지 못한 것이다. 이것은 전적으로 직원의 잘못이다.

모든 업무는 승인을 거쳐 시행되므로 승인받기 위한 사전 준비가 철저해야 한다. 승인받지 못하는 업무는 시행도 아닌 개인의 생각에 불과하기 때문에 업무이해가 부족한 직원은 상급자에게 서류를 검토해달라는 얘기 외에는 하지 못한다. 업무이해가 부족한 직원에게 어느 상급자도 중요한 업무를 맡기지 않는다.

(4) 업무역량 드러내기

조직은 생애주기와 같이 탄생기, 성장기, 침체기, 안정기를 거쳐 비로소 정체감에 대한 구성원들의 일체감을 갖는다. 자신이 힘들게 겪은 일들을 극복하면서 동료애가 심어지고 상급자에 대한 신뢰를 쌓으면서 무엇을 위해 어떤 일을 해야 하는지를 알게 되는 것이다. 소속감은 물론 어려움에 처해 있는 그가 누구인지를 이해하면서 복지를 위한 진정한 것이 무엇인지를 스스로 알게 되는 것이다. 자신의 삶의 질을 높이고 더 나은 생활을 향유하도록 준비할 것 또한 알게 된다.

힘든 일, 그것이 감당하기 어려운 업무라고 하여도 고객, 주민들과 함께하지 못한다면 의미 없다는 것을 안다면 무엇을 해야 할지는 분명해지는 것이다. 결국 이것은 누군가를 위한 복지와 관련된 것이다. 이런 것을 알게 하는 상급자라면 그는 진정한 리더일 것이다. 하지만 이 시기를 알게 하는 상급자, 최고상급자를 만날 수 없는 직원들이 대부분이기 때문에, 더 나은 자신의 생활을 소속된 조직과 결부시켜 추진력을 갖지 못하는 직원이 이직 또는 사직을 선택하는 것이다. 하지만 소속된 직원은 분명 자신의 업무가 부서와 조직에 기여하기를 기대한다. 어느 구성원도 위의 목적을 간과하지 않는다. 이는 자신이 생계를 유지하고, 명예롭게 살아가기를 기대하는 사명을 알기 때문이다. 또한 생계와 관련된 것들을 사명 없이 업무에 참여하는 직원이 없기 때문이다.

따라서 직원이 자신의 업무에 확신을 갖고 해당 업무를 처리하지 않거나 추진하지 않으면 가치의 상실은 물론 사명을 잃어버리게 되어 정체성의 혼란을 겪는다. 정체성은 가치인식에 의해 촉발되고 주변사람들에게 긍정적으로 영향을 미친다. 지금 수행할 업무에 대한 방향을 알게 하기 때문에 개인의 성장은 물론 관계된 사람들과 주변사람에게도 기대하게 한다. 그러므로 무엇을 왜 해야 할지에 대한 분명한 확신을 가져야 한다. 업무역량을 드러내고 수행방법과 대안을 모색하기 위해 적극적이어야 한다. 그것만이 상급자의 마음을 움직이기 때문이다.

5) 시기적절한 보고

어떻게 하면 적은 시간을 투자해서 더 나은 성과를 도출해 낼 것인가를 고민한다면 업무성과 도출을 위한 답을 찾을 수 있다. 누구나 업무확신을 갖고 긍정적인 결과를 도출하기 원한다는 점에서 자신의 업무수행이 매우 효과적인 것임을 드러내기 위해서는 시기적절하게 보고해야 한다.

시기적절한 보고는 상급자의 상황에 따라 보고하는 것을 말한다. 즉 보고받는 상급자가 보고받을 수 있는 상황이면서 직원의 생각과 주변 사람들의 기대를 일치시켜 기대에 부응한다면 승인받을 가능성이 높다. 시기적절한 보고는 상급자의 상황을 살피면서 보고받을 수 있는 상황인지를 먼저 고려하는 등 상급자가 옳은 판단을 내릴 수 있도록 선택하게 하는 보고이다.

그럼 시기적절한 보고를 위해 무엇을 준비해야 하는가? 이는 자신이 수행하는 업무가 상급자에게 시기적절하고 상황을 충분하게 판단할 수 있도록 전달되는 등 보고받을 수 있는 상황 여부에 달려 있다. 보고받을 수 없는 상황임에도 중요한 업무라며 시기를 놓친 후에 보고를 하면 더 이상 관심을 두지 않을 것이다. 오히려 보고해야 할 시기를 놓친 것을 질책당한다. 이는 직원의 업무수행 능력을 의심 받게 하는 빌미를 제공한다.

직원은 다양한 업무를 수행하면서 여러 보고서를 작성하는데 일지를 비롯하여 기안문서, 기획서 등을 생성하여 상급자에게 보고를 한다. 이러한 보고는 상급자의 승인을 받기 위해 생성된다. 그렇다면 보고의 성과는 오직 상급자의 승인에 의한다는 것을 알 수 있다. 상급자가 보고사항에 관심을 보이고 충분히 검토하면서 승인할 수 있도록 보고사항을 관리해야 하는데 이것만이 상급자에게 승인받는 유일한 것이기 때문이다.

Tip 긴급한 보고와 시간을 갖고 처리해야 할 보고

보고는 중요한 업무일수록 상급자와 논의하는 시간이 길어야 한다. 아니라면 일상적인 업무수행에 불과하게 된다. 단순 업무는 상급자도 파악하고 있다. 중요한 업무임에도 작성된 사항만을 보고하고 협의해야 할 사항이 있음에도 건의한다는 식으로 마치면 상급자가 판단한 사항만을 수행하는 등 수행에만 의미를 두게 된다.
따라서 자신의 업무가 중요하다는 것을 드러내기 위한 전략을 수립해야 한다. 여기에서 의미하는 전략은 자신만의 방식, 즉 보고방식을 갖추라는 의미다. 중요한 업무는 그만큼 중요한 것이다. 그렇다면 상급자와 해당 사항을 논의하기 위한 시간을 충분히 갖고 자신의 견해를 제안하면서 필요한 지원을 논의를 할 수 있어야 한다. 더 많은 시간을 확보하기 위해 방법을 모색하고 의견을 도출하면서 제안하기 위한 이슈를 만들어야 한다. 그러면 나름의 노하우를 체득할 수 있다.

6) 실행보고

중요한 업무는 물론 단순 업무일지라도 상급자의 승인 이후 실행되기 때문에 보고는 진행과정마다 시행되어야 한다. 과정보고는 다양한 상황을 대비하기 위해 필수적으로 시행되어야 할 직원의 과업이다. 조직의 최종 결정권자가 최고 관리자이기 때문에 보고는 시기마다 시행하는 것이 일반적이다.

'어떤 식으로 보고해야만 상급자의 관심을 일으키고 직원의 업무수행에 지원을 아끼지 않을 것인가'라는 문제는 많은 실무자가 업무를 수행하면서 갖는 고민이다. 보고는 직원의 업무수행의 기본이므로, 계획 수립, 수립된 계획의 실행을 위해 보고하고, 시행된 사항의 결과를 보고하기 위해 수행된다.

여기에서 실행보고는 계획 수립 이후 승인받은 사항에 관한 것이다. 실행과정을 보고하는 목적과 실행이 적절한지를 보고하고 진행되고 있음을 알리기 위해 보고하는 것이다. 매 회기마다 실행사항을 보고하고 진행 중에 일어난 모든 사항이 보고사항이다. 예기치 않은 상황이 발생하였다면 이 또한 보고해야 하는데 조치에 필요한 방침을 받기 위해서다.

2. 보고업무의 핵심기능

1) 정보전달

(1) 모든 업무는 정보습득이 관건

① 업무수행에 필요한 정보

정보는 두 가지 이유에서 필요하다. 하나는 구성원과 부서, 조직의 업무수행에 필요한 정보이고, 또 하나는 성과 도출에 필요한 정보다. 이 두 가지 요소에 부합하지 않으면 정보로서 가치가 없다. 가치 없는 정보는 업무에 영향을 미치지 못하기 때문에 쓸모가 없다.[1] 가치 있는 정보는 개인의 업무나 조직의 업무 적용에 손색이 없고 언제든 활용이 가능한 정보이다.

정보는 수행할 업무에 직접적으로 영향을 미치기 때문에 업무의 질을 높인다. 질 높은 정보는 업무를 신속하게 처리하게 하여 직원의 업무수행 역량을 높이고 성과 도출에 필요한 것들로 사업을 기획하고 업무를 수행하기 위해 중요한 자료원이다. 이는 정책변화에 관한 법률적인 정보이며, 업무를 수행하면서 애매하고 모호한 상황을 대처하는 데 필요한 정보이다.

따라서 개인과 부서에 필요한 정보는 평상시 수행하는 업무에 관한 사항이어야 한다. 작성해 보지 않은 새로운 양식을 작성해야 할 때, 또는 상급조직에서 하달한 문서를 이해하지 못하는 경우 작성 방법을 이해하게 하는 등 대안이 담

1) 조직구성원 간의 쓸모없는 정보의 대표적인 예는 소문이다. 소문이 많은 조직은 조직의 규율, 규칙보다 개인의 의견이 요구로 표출되고 활동이 비공식이다. 그래서 조직원들은 상급자를 신뢰하지 않으며 개인적인 판단에 의해 업무를 처리한다.

겨 있는 정보이다.

② 상급자에게 필요한 정보

상급자는 부서의 업무를 총괄하는 역할 외에 직원들이 수행하는 업무가 수월하게 진행되도록 관리하고, 직원들의 원만한 협조 등 업무성과를 높이기 위해 역할한다. 중요한 것은 직원들의 업무가 조직의 정책방향의 결정요인으로 적용되기 때문에, 업무에 도움이 되는 정보를 보유하고 있어야 한다는 것이다. 이러한 정보가 옳은 결정을 내리게 하고 성과달성에 기여하기 때문이다.

상급자는 직원들의 업무수행 성과가 높고 도출된 성과가 부서와 조직에 기여되기를 기대한다. 직원들의 역량이 업무에 가급적 더 발휘되면서 조직의 위상이 높아지기 원한다. 이러한 기대를 성취하기 위해 정확한 정보를 제공해야 하는데 업무분석이 철저할수록 기대를 높인다.

(2) 보고는 정보

명확한 의사결정 구조는 정확한 정보전달의 시스템에 의해 구축된다. 필요한 시기에 전달된 정보가 효과적으로 본래 기능을 수행하게 하는 것처럼 좋은 정보는 옳은 판단을 내리게 한다.

① 무엇이 좋은 정보인가

좋은 정보는 업무와 관련된 것이다. 업무와 관련된 정보는 업무수행에 필요하며 미래를 예측하고 대비하기 위한 정보다. 업무수행을 촉진하면서 성과를 얻는 데 필요하고 사회 변화에 발 빠르게 대응하기 위한 조직개편과 인사정책 등 정책을 조직에 반영하기 위한 정보다. 즉 직원의 업무수행 수준을 높이고 업무에 몰입하도록 반응하게 하는 정보가 좋은 정보다.

② 좋은 정보는 어디에서 얻는가

좋은 정보는 각종의 법규와 지침에서 습득하고, 타 조직의 사업을 통해, 또는 동료들과, 또는 외부조직 직원들과 교류하며 나눈 대화를 통해, 마지막으로 직원들의 반응과 업무태도 등을 통해 습득된다.

사실 직원들의 만족을 높이는 최적의 방법을 찾고 대안을 마련하는 것은 조직의 사활이 걸린 중요한 문제다. 업무수행에 필요한 지식과 기술, 태도를 고루 갖춘 인재를 얻기가 쉽지 않기 때문에 좋은 정보는 직원들을 규합하는 정보다.

Tip 좋은 인재 영입과 좋은 보고

최고관리자는 다양한 방안을 마련하여 인재 영입을 위해 고심하지만 좋은 인재를 찾는 것은 쉽지 않다. 그런데도 인재 영입을 위해 최선을 다하면서 투자해야 한다. 이들이 정보를 획득하고 전달하는 주체이고, 사업의 주체로 역할하면서 조직을 대표하기 때문이다. 따라서 내부 인재 육성 방법과 교육과정, 좋은 인재 양성을 위한 시스템을 구축하고, 이들의 정보활동을 촉진하는 데 필요한 지원을 아끼지 말아야 한다.

③ 좋은 정보와 조직체계 구축

핵심 기능인 정보전달이 조직에서 원활하게 가동되고 있는지와 의사소통이 원만한지 등은 정보전달의 적정성에 의한다. 따라서 정보전달 체계를 확인하고 조직운영체계로 반드시 구축해야 한다. 위의 요소를 통해 조직의 운영체계가 완성되고 정책결정에 영향을 미치기 때문이다.

따라서 정보전달 기능이 구축되지 않으면 정보획득에 실패하게 되어 개인으로부터 부서, 조직의 운영방향 수립과 정립에 영향을 미치고, 직원들이 수동적으로 행동하는 등 도태될 위험이 있다. 따라서 정보전달 시스템 구축을 위한 교육을 정기적으로 시행하고 조직의 상황에 맞게 구축할 것인지를 모색해야 한다.

2) 의사소통

(1) 사회의 조직은 지역사회와 어떤 방식으로 소통하는가

생애과정에서 조직에 속하려는 기대는 많은 사람에게 중요한 목표가 되었다. 초등학생에게 왜 공부하는지를 물으면 좋은 직업을 갖기 위해서라고 대답하는 학생들을 흔히 볼 수 있고, 고등학생들에게 대학을 가려는 이유를 물으면, 좋은 대학에 가야 좋은 직업을 얻을 수 있다는 답변이 흔한 것이 되었다. 오늘날 좋은 조직에 들어가려는 많은 학생들이 인생의 목표를 정한 것으로 볼 수 있다. 어쩌면 현대사회의 변화가 사람들의 사고를 바꾼 것이라고 할 수 있지만, 분명 어느 조직에 속하느냐에 따라 인생이 달라지는 것은 맞는 것 같다.

현대사회에서 인간은 조직의 구성원이고 사회의 일원인 동시에 조직을 통해 사회의 일원으로 역할을 한다. 사회생활을 하면서 성취감을 얻을 수 있는 것 또한 조직에서 부여한 역할을 수행하면서이고 성취정도에 따라 사회적 신분과 위상이 달라진다. 따라서 조직은 인간이 만들어 낸 제도이지만 조직에 속하려 더욱 애를 쓰는 것이다(이상철, 2012: 13-15).

조직은 지역의 조직들과 공조하면서 현안 등을 해결해 간다. 하지만 조직의 규모가 클지라도 사회의 모든 현안을 대응하기에는 제약이 있다. 상호적으로 협업할 때 시너지를 낳는 것은 물론 지역의 대표적인 산업체로 기능한다. 이러한 기능수행은 내부시스템을 구조화해야 하는 선행과제가 있는데 성과의 분명한 규명을 통해 도달하려는 목표가 구체적이고 전략적이어야 한다. 반면 구조적으로 의사소통 기능을 체계화하지 못하는 조직은 사회의 요구를 충족하지 못할 뿐만 아니라 시혜적 관점을 버리지 않은 것이다.

(2) 의사소통의 핵심

① 소통을 위해 어떤 장치를 마련해야 하는가

의사와 소통은 매개인 정보를 통해 전달되므로 정확하고 필요한 정보를 적시에 전달할 수 있는 체계 구축이 관건이다. 어떠한 방식으로 전달하는가에 따라 정보의 중요성이 달라지고 정보의 질이 높아지기 때문에 수신자인 동료와 상급자의 흥미와 관심을 높일 수 있는 정보여야 한다. 이것이 정보다라는 것은 그만큼 청취하고 수신하는 대상의 관심을 높인다. 이때부터 정보전달의 효과가 나타나기 때문에 수신자에게 필요한 정보여야 한다.

따라서 정보는 업무체계에 의해 적절하게 전달되고 적절한 전달 여부는 정보질이 좋은가와 아닌가에 의해 업무에 적용되고, 적용되지 않을 수 있기 때문에 질 좋은 정보를 획득하기 위한 나름의 방식을 고안하고, 전달체계를 마련해야 한다. 하지만 수용하는 동료와 상급자에게 필요한 정보여야 한다. 즉 전달매체를 선정하고 수신자가 충분히 이해할 수 있는 상황에서 전달해야 하므로 정보습득 방법이 다양해야 한다.

이를 위해 많은 조직이 원활할 의사소통을 위해 다양한 장치를 마련하고 있다. 정확한 정보를 개인으로부터, 부서, 최고관리자에게 전달하기 위한 장치를 구조화한 것이다. 빠르고 신속하게 전달하기 위해 각종의 회의체계와 온라인상의 업무결재 방식을 도입하였고, 정보를 공유하는 방식을 조직의 실정에 적합하도록 확대한 것이다.

의사소통은 사람 간의 감정의 소통으로, 언어 또는 비언적인 것으로도 소통이 가능하기 때문에 소통의 핵심은 설득에 있다. 의사가 잘 전달되었을 때 소통되었다고 하며 직원은 능력이 있는 것으로 인정을 받는다(한승주, 2014: 12).

② 소통은 전략을 수반

정보를 전달할 때는 무엇을 목적으로 하는지, 왜 습득한 정보를 전달해야 하는지 등 이유가 분명해야 한다. 정보를 전달하는 이유가 불분명하고 목적을 상실하면 정보의 가치가 상실된다. 따라서 정보전달은 전략적이어야 한다. 그래야만 정보전달 목적을 달성할 수 있기 때문이다. 한승주(2014: 45)는 질 높은 정보를 전달하기 위해 조직의 의사소통 규칙을 따라야 하고, 의사소통의 장애요인을 파악하여 대처해야 한다고 하였다. 또한 상대가 공감할 수 있는 전략을 마련하여 활용해야 한다고 하였다. 조직의 문화적 전통을 이해하면서 활용해야 한다는 것을 강조하였는데 조직마다 직원 간에 형성된 문화가 있기 때문에 적극적으로 활용하면 의사소통 체계를 구축할 수 있다고 하였다. 마지막으로 의사소통 공간과 사회문화 맥락에 효과적으로 대처해야 한다고 하였다.

이를 볼 때 의사소통방식을 조직의 구성원들이 이해할 수 있도록 문화적으로 정립해야 하는데 의사소통방식은 문화와 정서에 영향을 받고, 어떠한 환경에서 구성원들이 업무를 수행하는가에 따라 소통정도가 결정된다. 때문에 조직의 규칙과 규율이 구성원들에게 체계적으로 정착되면 정보의 질이 높아진다. 정보의 질이 높다는 것은 옳은 판단을 내릴 수 있는 다양한 방식의 협의체계가 마련되어 있다는 것이다.

3) 업무설득

(1) 명확한 논의

보고를 하는 이유는 '시행하려는 업무가 이것입니다. 승인해 주시고 지원해 주십시오'라는 의미로 시행하려는 업무를 승인받기 위한 목적을 달성하기 위해서는 설득해야 한다. 상급자가 관심을 가질 수 있도록 보고사항이 명확해야 한다. 핵심사항을 정확하게 전달하고 설명을 설득으로 이어지게 하는 것이 설득의 비결이기 때문에 상급자의 관심을 확인하고, 정보를 어떻게 설명하여 승인받을 것인지를 선택하면 된다.

동료, 또는 상급자가 설득되지 않았다는 것은 전달하려는 정보가 이해되지 않았거나 충분하게 설득되지 않았기 때문이다. 사소한 오타와 작성기준을 벗어난 기술, 잘못된 표기, 원칙을 벗어난 재정요청, 참여자원 없는 계획, 불분명한 목표, 성과가 예측되지 않는 상황 등이다. 이러한 것들을 사전에 점검하지 않고 보고하면 아무리 중요한 사항이라도 관심을 갖지 않는다.

(2) 업무설득은 상급자의 이해가 우선

조직문화는 직원들의 업무태도, 교류방법, 의사를 나누는 것 등 조직만의 특성이 있다. 조직의 문화가 풍성하면 구성원들은 일체감을 갖기 위해 노력하면서 조직의 사명을 달성하기 위해 규합한다. 조직문화가 긍정적으로 성원들의 가슴에 파고들 때 일체감을 형성하고 그것이 옳았다라는 확신을 갖고 긍정적인 문화형성을 위해 더 노력한다.

그럼 조직문화를 형성하기 위해 무엇을 해야 하는가? 사소한 것들을 배려하는 우애가 동료 간에 형성되어야 한다. 사소한 것은 평소 보이는 태도와 관련된 것으로 동료에게 차를 타 주거나, 그를 칭찬하면서 협조해야 할 사항을 격려하는 일상의 배려를 말한다. 누가 칭찬하는 동료를 나무라고, 배려하는 동료에 대해 부정적으로 평가하겠는가? 직원이 조직에 소속되었을 때 사회적 활동을 인정받듯이 동료는 적이 아닌 친구로 만들어야 한다.

Tip 대리기쁨

대리기쁨을 경험한 적이 있는가? 엄마와 아기의 관계를 생각해 보면 대리기쁨이 무엇인지를 알 수 있다. 아기의 모든 모습은 존재 자체만으로도 부모에게 기쁨이다. 아기가 성장하는 과정은 부모에게 힘이 되고 더 많은 것을 해 주어야 한다는 의지와 동기를 갖게 한다. 힘들고 지친다 해도 자녀를 위해 못할 것이 없다는 생각을 갖게 한다.
이러한 마음이 부모의 마음이고 우리 사회 부모들이 갖는 부모 됨의 기쁨이다. 아기가 성장하여 학교에 입학하고, 친구를 사귀고, 대학을 졸업하고, 결혼하면서 부모는 자녀가 하는 모든 것들이 감사하고 부모가 되었다는 것을 실감하면서 최고의 기쁨이라고 얘기한다. 설사 부족하여도, 자녀가 무엇을 하든 부모에게는 기쁨이다.
상급자는 직원들을 통해 이런 기쁨이 있기를 기대한다. 신입직원이 채용되면 서툴게 업무를 처리해도 기대한다. 신입직원이 업무이해가 없다고 해도, 무엇을 해야 할지 모르는 신입직원으로만 마냥 머물지는 않을 것이다. 분명 한 달 후에는 달라질 것이다. 일 년 후에는 자신의 업무를 당당하게 처리할 수 있는 능력을 갖출 것이다. 그래서 상급자는 부하직원들에게 업무를 가르치고, 업무수행 절차를 슈퍼비전하면서 좋은 **동반자**로 성장하기를 기대한다. 더 나은 성장을 기대하고 매사 칭찬받는 직원으로 업무가 잘 처리되기를 기대한다. 물론 과장된 표현일 수 있지만 대개 상급자는 이런 마음으로 신입직원을 대한다. 성장과정을 기대하는 직원에게는 더 큰 기대를 하고 더 비중 있는 업무를 맡기는 것은 당연한 것이며 이런 직원을 기대하는 것은 모든 상급자들이 갖는 생각이다.

무엇을 하려는지 굳이 말하지 않아도 계획서 첫 장의 내용만으로 상급자는 내용을 파악하고 있다. 업무를 배정할 때 성과를 파악하였기 때문에 성과 도출을 위한 자료수집내용을 파악하고 있는 것이다. 진행과정에서 예측되는 문제, 참여하는 사람들의 규모와 성격 또한 예측하고 있다. 따라서 보고과정에서 부연하는 직원의 설명을 통해 문제개선과 진행방향 등을 확신하기 때문에 평이한 문체로 작성하기보다 현안개선을 위한 최적의 대안임을 설득해야 한다.

따라서 설득하는 직원의 보고서는 특별하다. 간결하고 핵심이 요약되어 있으며, 확신에 찬 내용으로 작성되어 있다. 상급자의 질문을 받고 답변하기에도 시간이 부족할 정도의 매력적인 보고서라는 인상을 준다. "이런 중요한 자료를 만들기 위해 그동안 바쁘셨군요, 재정을 적극적으로 지원하도록 해당부서에 지시하겠습니다."라는 지원을 보장받는 보고를 한다.

Tip 보고서 첫 장이 중요하다

"감동 있는 보고서는 첫 장이 중요하다. 분명한 목적, 실태, 왜 시행해야 하는지가 이해된다. '이 것을 시행했을 때 조직과 부서에 어떤 성과를 기대할 수 있는가요?'라는 질문을 받는다." 그러면 성공한 것이다.

직원은 자신이 수행해야 할 업무를 확신해야 한다. 말을 하되, 핵심을 놓치지 말고 예상되는 질문에 대한 답변을 준비한다. 자신감 넘치는 태도로 최선을 다해 계획대로 성과를 만들겠다는 확신을 준다. 그러면 설득할 수 있다.

4) 협상

(1) 협상은 정보전달에서 시작

상급자와 동료, 최고관리자에게 습득한 정보를 보고하여 옳은 판단이라고 결정하게 만드는 것이 협상의 목적이다. 정보전달은 보고의 핵심 목적이고 협상에 있다. 상급자 및 동료 또한 협상하기 위해 보고를 한다. 왜일까, 새로운 사업을 개발하고 추진해야 한다면 상급자는 알고 있는 정보를 직원들에게 설명해야 한다.

보고하였음에도 다음에 다시 논의하자는 상급자의 결정을 수용해야 했던 경험이 있을 것이다. "그 문제를 충분히 고심했는데 지금은 추진시기가 아닙니다. 자료를 보관하시고 기회가 되면 다시 검토하도록 하지요."라는 거절의 얘기를 듣고 추진하지 못했던 경험 말이다.

어느 상급자도 새로운 사업을 개발하는 데 과업을 지시하면서 내일까지 작성해 오라는 식으로 지시하지 않는다. 이런 식으로 지시하면 업무배정방식에 문제가 있는 것이다. 이러한 상황이 반복된다면 협조는커녕 비난을 받는다. 동료의 협조를 받기 위해서도 마찬가지다. 협조의 목적과 이유, 협조사항을 이해시키기 위해 설명하고 협조를 요청해야 한다.

Tip 거절당하는 이유는 부실한 정보 때문

성실하게 업무를 수행한다고 생각하면서 업무의 처리 결과를 예상하지 못하는 인지함정에 빠질 때가 있다. 인지함정에 빠진 직원은 본인의 판단에 의해 업무를 처리하는 경향을 보인다. 그의 생각이 결정이어서 시행 여부와 자료수집 범위 등을 스스로 판단한다. 그러고는 상급자에게 보고 없이 처리하고, 또는 정보를 전달하지 않은 채 마감 시기에 맞춰 처리하면 된다는 생각을 갖고 혼자서 추진한다. 자료가 충분하지 않음에도 마감 일자에 쫓겨 강박적으로 결정하는 등 오류를 보인다. 더욱 심각한 문제는 자신의 생각만을 고집한다는 것이다. 성급하게 판단하고 협조하지 않는 동료를 무능하다고 비난하면서 화를 내지 않아도 될 상황임에도 분노하면서 동료들을 긴장하게 만든다.

이런 식으로 업무를 처리하는 직원은 상급자와 동료의 진정한 충고를 거절하고 관심을 두지 않는다. 그의 이러한 행동과 태도를 자주 발견한 동료는 가급적 말을 섞지 않으려고 피하는 등 교제하지 않는다. 그럼에도 독단적이고 자기중심적으로 사고하면서 자신의 생각과 다르거나 이의를 제기하면 거슬린다는 등의 말을 함부로 하고, 판단한 사항을 무조건 따르라고 강요한다. 주장을 얘기하기 때문에 동료의 의견, 또는 협상을 위한 논의는 다른 의견을 제기만 해도 공격적으로 변하기 때문에 평가절하하는 등 대화상대가 되지 않는다.

지금껏 이런 동료를 여럿 경험하였을 것이다. 이런 직원과 협상이 되던가? 아니다. 그는 자신의 주장만 할 뿐 고립을 자초하고 있음에도 성향을 바꾸지 않는다.

(2) 협상과 필요한 정보제공

성과 도출을 위해 직원들과 협의하고 공감대를 형성하기 위해 최선을 다해야 하는데 이는 좋은 정보를 획득하기 위해서다. 그래서 협상 전에 필요한 과정이 보고다. 보고 중에 제공된 정보가 타당한지 아닌지, 실행 가능성이 있고 적정한 정보인지 등 다양한 의견을 교환하는 과정이 협상이다. 이를 토대로 협의의 대상인 동료와 상급자는 의견을 제안하면서 합의하게 된다.

하지만 협상하기 위해서는 주제가 적합해야 한다. 주제가 적합하다는 것은 논의할 사안이 직원들의 관심사에 부응하고 흥미를 유발하면서 참여 동기를 일으킬 정도의 안건이어야 한다. 반면 주제를 벗어난 논의는 본질을 벗어났기 때문에 협상의 질을 저하시킨다. 상급자의 회의진행 능력이 필요한데 협의를 일관되게 이끌어 가기 위한 역량, 즉 합의점을 도출하기까지 일관성을 유지하면서 안건들의 합의를 도출할 수 있는 능력을 말한다.

(3) 협상의 결과는 무엇인가

타협이다. 타협은 최종의 결정과 선택이며 판단하여 실행에 필요한 지원을 받는 데 있다. 타협은 다양한 안건을 검증하기 위해 동료 및 상급자 등과 합의된 사항, 실행 시 예측되는 문제 및 장애물 제거에 관한 것, 성과와 성과 도출을 위한 방법, 진행사항에 관한 구체성 등을 최종적으로 협의하는 것을 말한다. 또한 동료와 부서로부터 필요한 도움과 지원받는 것을 포함한다. 모든 사안은 도움의 정도에 의해 성과가 달라진다.

이러한 준비를 마치면 사전 조사를 통해 자료를 수집하고 수집된 자료 등이 실행사안과 부합해야 한다. 논의가 협의되면 직원의 의도대로 협상은 진행된다.

Tip 인간만의 감정표현 '안아 줌'

인간은 살아가면서 누군가에게 위로를 받고 위로하는 관계를 맺는다. 상대로부터 감동을 받을 때 고마움을 표현하고, 슬픔을 위로하기 위해 안아주면서 함께하고 있다는 것을 느낌으로 전달한다. 어쩌면 인생을 살아가면서 누군가가 함께 있다는 것, 이것만큼 위로가 되고 힘이 되는 것은 없을 것이다.

어떤 사람이라도 혼자 살 수 없듯이 고마운 존재가 곁에 있으면 행복을 느낀다. 자신을 도와준 사람 곁에 있으면 편안함을 느끼면서 여유로워진다. 그렇게 한평생을 살아가는 존재가 인간이다. 누군가와 함께하는 것만큼 행복한 것은 없다. 행복은 따듯한 한마디의 말에서, 서로의 체온을 느끼면서 더 깊어진다.

어린이집을 다니는 영·유아가 퇴근한 엄마를 보고 힘껏 달려와 안긴다. 군대 간 아들이 제대하여 부모에게 큰절을 하며 안긴다. 고맙다는 표현일 것이다. 부모를 여의고 슬픔을 이겨내지 못할 때 의지하듯 안기고 손을 잡는다. 반가운 사람을 만나고 힘든 일이 있어도, 축하할 일이 있어도, 헤어지는 일이 있어도 안기고 안아 준다. 이때는 어떠한 말도 필요 없다. 가만히 숨을 고를 때까지 기다리면서 마음이 진정되기를 기다린다. 그리고 말없이 안아 준다. 사실 직장에서 이러한 경험을 거의 하지 못한다. 하지만 진실한 동료는 말없이 안아 준다. 위로의 말보다, 안아 줌이 진실한 마음을 전하기 때문이다.

위의 예시를 생각해 보면 직원은 보고를 통해 정보를 전달하면서 불필요한 말을 너무 많이 하는 것은 아닌지 생각해 보아야 한다. 핵심이 없고 장황하게 설명하면서 본질을 흐리기 때문에, '그래서 결과가 무엇입니까?'라는 질문을 너무 많이 받는 것은 아닌지 생각해 보아야 한다.

4장

보고업무절차와 보고유형

학습목표

1. 보고방식과 보고유형을 이해하고 설명할 수 있다.
2. 보고업무의 절차와 방법을 이해하고 상황에 따라 보고업무를 수행할 수 있다.

1. 보고방식과 보고유형

1) 보고요령

중요한 업무결과를 보고하기 위해, 또는 수행된 사항을 보고하면서 상급자의 여건을 살피지 않은 채 일방적으로 검토를 요청할 때가 있다. 지시한 사항을 이렇게 처리해서 준비했다는 것을 드러내려는 것이다. 하지만 기안문서에 첨부할 자료가 십여 장이 넘는다면 검토하기가 쉽지 않다. 중요한 업무이기 때문에 검토를 받아야 하지만 급한 일이 있는 상급자에게 자신의 보고서를 검토해달라고 마냥 붙잡아 둘 수도 없다.

이렇다면 보고자는 상급자의 여건을 살피지 않았기 때문에 중요 업무임에도 일반업무로 처리하는 실수를 한 것이다. 보고전략을 잘못 수립하여 설득할만한 충분한 시간을 확보하지 못한 것이다.

(1) 어떻게 보고해야 승인을 받는가

직원은 업무를 수행하면서 수행한 결과를 보고하기 위해서 등 다양한 보고를 한다. 대개 구두보고와 문서보고 등이다. 문서보고를 하여도 구두보고는 필수적으로 수행하는 사항이다. 각각의 보고방식은 보고내용을 토대로 보고형식이 달라지기 때문에 보고방식에 따라 내용을 달리해야 한다. 여기에서 보고내용은 보고 시기, 보고상황에 따라 핵심성과를 요약하여 보고하는 방식이 직접적으로 영향을 미치기 때문에 준비가 필요하다. 업무성격에 따라 전략적으로 보고해야 하는데 중요문서보고나 기획서 보고, 긴급한 방침이 필요한 경우의 보고 등이 해당한다.

따라서 보고자는 상급자의 여건과 상황을 파악하고 자신이 준비한 보고사항을 관철하기 위해 보고받을 상황인지를 확인한 후 보고해야 한다. 상급자가 직원의 보고에 집중할 수 있는 시간을 충분히 확보해야 한다. 또한 보고의 여러 유형 가운데 상황에 적합한 보고방식을 정해 핵심을 보고해야 한다. 이런 식의 보고방식은 보고자의 순발력이 필요하다.

(2) 직원의 보고요령

보고사항은 업무를 토대로 생성되고 보고를 통해 업무수행의 근거가 마련된다. 하지만 다양한 업무를 한 번에 처리할 수 없고 동시에 여러 업무를 처리하기는 불가능하다. 한 번에 여러 업무를 처리하는 것은 비효율적인 결과를 양산할 뿐 아니라 업무과중과 갈등을 일으키고 불만을 유발하기 때문에 업무의 처리순서, 즉 우선순위에 의해 처리해야 한다. 효과적인 방법이 시기에 따라 업무를 분류하는 것인데, 한 달의 계획, 한 주의 계획, 일일계획을 수립하는 것이다. 한 주계획과 한 달의 업무계획을 수립하기 전 직원들과 업무를 점검하고 수립된 내용을 개인의 업무와 부서 업무에 반영한다.

Tip 능력 있는 직원의 업무처리

능력 있는 직원은 업무를 처리하기 위해 개인의 업무, 부서, 조직이 처리할 업무를 파악하고 효율적으로 업무를 처리하기 위한 방법을 모색한다. 중요 업무임을 드러내면서 처리한다. 중요 업무임을 부각하는 방법이 처리 시기를 아는 것이다. 모든 업무는 생성된 시점이 있고 시점은 처리해야 할 시기를 말한다. 처리 시기는 보고 시기를 의미하므로 결재과정을 거쳐 승인을 받은 후 처리한다.

2) 보고방식

(1) 구두업무보고

업무를 처리하면서 상급자에게 처리현황에 대한 정보를 보고하기 위해 수행하는 업무가 구두보고다. 구두보고는 문서보고와 달리 보고자의 업무 태도와 업무이해를 토대로 수행사항을 조리 있게 설명할 수 있는 능력이 요구된다. 보고자인 직원의 보고수준에 따라 이해가 달라지기 때문에 구두보고는 직원의 업무 전문성이 높고 지식과 기술이 많을수록 효과적으로 수행된다.

구두보고는 이러한 업무 전문성을 토대로 업무가치와 진행 기술 등이 종합적으로 요구되는 업무역량으로 업무수행 및 계획, 진행 등에 관한 사항을 상급자에게 승인받기 위해 사용하는 보고이다. 따라서 문서보고보다 더 능동적으로 대처해야 한다.

구두보고는 채용된 시점부터 퇴사하는 시점까지 계속되고, 업무이해가 부족하건, 또는 많건 간에 주어진 업무가 있다면 해당 업무를 수행하고 있다는 것을 알리기 위해 활용된다. 그래서 구두보고는 직원이 업무를 처리하기 전과 진행과정, 처리 후의 결과를 보고하기 위해 상시적으로 시행하는 업무다.

구두보고는 계획을 보고한 후 진행과정에서 계획대로 진행되고 있으며 상황을 보고하기 위해 시행되는데 보고자인 직원의 업무이해 정도에 따라 보고내용과 질이 달라지므로 보고태도에 주의해야 한다. 또한 보고받는 상급자의 상황이 여의치 않아 내용을 축약하여 핵심내용을 보고하기 위해 활용된다. 출장 중인 상급자에게 업무처리 상황을 보고하기 위해 활용되고, 긴급한 업무를 처리하기 위해 대면하여 즉시 방침을 받아야 할 때, 업무의 처리과정에서 슈퍼비전이 필요한 때, 상급조직에서 요청하는 사항을 처리하기 위해, 계획된 사항을 처리하는 중에 상급자의 방침이 필요한 때, 상급자가 장시간 출장으로 인해 문서보고를 받을 수 없는 때 등 문서보고보다 간결하고 긴급한 상황을 대처하기 위해, 또는 상급자와 대면하여 처리할 수 없는 업무인 경우에 시행된다.

따라서 구두보고는 상급자와 대면하는 과정에서 보고되고, 또는 유선으로 진행된다. 유선으로 진행되는 보고인 경우 진행업무, 성과, 진행사항 순으로 보고하고 상급자의 방침을 받아 진행된다. 특히 유선보고는 대면하여 보고하는 것이 아니므로 조리 있는 설명이 이해를 높인다. 따라서 사전에 보고사항을 요약하고 보고내용과 방침이 필요한 사항을 정리하여 보고해야만 보고목적을 달성할 수 있다.

하지만 대면보고는 대면하여 직접 설명해야 한다. 그래서 문서보고를 하는 경우에도 보고해야 하므로 보고내용에 따라 보고방식을 달리해야 한다. 정기적으로 추진하는 사항은 추진경과와 참여자의 반응 등 일반적인 사항을 보고하는 것이지만 중요문서나 기획서인 경우 계획, 진행, 결과를 각각 보고해야 하는데 진행 중에 발생한 여러 상황을 보고한다.

대면구두보고는 문서를 토대로 보고하는 경우 위의 사항과 같이 보고하면 된다. 하지만 구두로 설명해야 하는데 여기에서 설명은 핵심결과 및 진행사항을 일목요연하게 보고해야 한다. 이 과정에서 상급자가 방침 등을 지시할 수 있으므로 반복적으로 확인하여 누락하지 않도록 한다.

따라서 상급자에게 보고할 때는 해당 업무의 처리 결과를 토대로 진행과정을 보고하고 피드백을 요청하는 방식이 적절하다. 예측되지 않은 장애물, 처리하기 곤란한 업무 등 방침이 필요한 모든 사항이 보고사항이다. 간혹 직원개인의 판단에 의해 처리하는 경우가 있는데 책임성에 관한 문제가 제기될 수 있어 보고를 통해 처리하는 것이 지혜롭다 하겠다.

(2) 유선업무보고

유선보고는 이미 제기한 바와 같이 대면하여 보고하기 어려운 경우, 또는 상급자와 대면하기 어려운 상황에서 업무를 처리하기 위해 시행하는 보고방법이다. 상급자의 방침이 필요한 사항, 긴급하게 결재를 받아야 할 사항 외에 외부조직에서 요청한 공문서를 처리하는 경우 등에 시행된다.

보고자의 설명력은 평소의 보고태도에 의해 숙달된다. 이해되지 않는 장황한 설명은 다음에 얘기하자는 것으로 마치는 등 관심이 없다는 표현으로 되돌아온다. 문서보고의 경우 보고자의 설명이 부족하더라도 서류를 검토하면서 이해할 수 있지만, 보고자의 설명능력에 따라 이해되는 유선보고는 실행의 필요성이 설명을 통해 이해되므로 보고내용을 사전에 검토한 후 보고하는 것이 보고의 목적을 달성하는 데 효과적이다. 보고사항과 내용에 집중하면서 상급자가 이해할 수 있는 용어로 설득해야 한다는 것이다.

따라서 유선보고는 보고사항을 명확하게 설명할 수 있는 설명능력이 필요하다. 핵심내용을 간결하게 보고하고 업무중요도에 따라 보고내용의 핵심이 이해되어야 한다.

하지만 유선보고는 다음의 단점이 있어 주의가 필요하다. 메모를 해 두지 않는 이상 보고사항을 보고자나 보고받은 상급자가 기억하지 못할 수 있다는 것이다. 긴급한 용무로 인해 출장을 다녀오는 중에 보고사항을 잊어버릴 수 있고, 또는 유선으로 보고하였기 때문에 차후에 다시 논의하자는 말로 마치면 방침을 확인하지 못한 것이다. 그렇다면 업무처리 시기를 놓치게 되어 지체된다. 이러한 상황이 반복되면 보고는 하였지만 업무는 처리할 수 없다. 이러한 실수를 줄이기 위해 유선보고는 업무일지, 또는 전화기록부에 기록해 두어야 한다.

Tip 유선보고 방법

유선보고는 긴급한 사항을 즉시 처리하기 위한 보고로 한정하여 시행하는 것이 효과적이다. 유선보고를 하였다면 전화기록부 등에 반드시 메모하고, 중요사항은 업무일지에 기록한다. 매사 구두보고, 또는 유선으로 보고하여 근거를 남기지 않은 상황에서 처리하면 업무처리가 지연된다. 이를 방지하기 위해 유선보고는 중요 업무와 긴급한 업무 외에는 적용하지 않는 것이 좋다. 그런데도 유선보고를 해야 한다면 핵심내용을 토대로, 진행업무, 진행 결과, 내용 순으로 보고하고, 3분 이상 보고하지 않으면서 핵심사항을 보고하는 것이 효과적이다.

(3) 문서업무보고

① 문서는 왜 작성하는가

문서를 작성하는 이유는 무엇일까, 사실 조직의 구성원들은 타부서의 직원들이 어떤 일을 하고 무엇을 수행하는지를 대개 알고 있다. 작성 이유를 설명하지 않아도 문서는 시행을 근거로 생성되기 때문에 직원의 활동은 직원들과 공유되어야 한다. 직원의 업무는 문서를 통해 수행의 근거가 확보되고 필요성이 이해되는 등 설득의 근거이다. 업무수행의 근거 및 수행의 정당성이 문서를 통해 확보되기 때문이다. 따라서 근거가 명확해야 한다. 하지만 구두로 보고하거나 활동만을 한다면 근거가 불명확해진다.

활동의 근거를 마련하고 수행의 토대를 보장하는 것이 문서다. 따라서 문서는 직원의 업무수행 및 관련된 업무를 처리하기 위한 활동의 토대라고 할 수 있다. 직원의 모든 업무는 문서작성을 토대로 기획되고 실행된다. 문서 작성은 업무능력이고, 역량을 드러내는 유일한 것이다.

Tip 문서작성의 중요성

사실 배정받은 업무를 처리하면서 가장 도전이 되고 고민스런 업무가 문서작성이다. 많은 직원은 문서를 작성하고 생성하면서 업무과중을 겪는데, 활동에 더해 활동의 근거를 마련하고 문서를 작성하여 증명해야 하는 어려움 때문이다.
문서화는 수행활동을 증명하고 업무수행의 필요성이며, 실행과정에서 왜 시행해야 하는지를 알게 한다. 해당 업무의 필요성 또한 이해하게 한다. 문서작성 능력은 직원의 역량에 해당하는 매우 중요한 업무임에는 분명하다.

② 문서보고

문서보고는 직원의 업무수행의 토대다. 문서로 작성하지 않은 업무수행과 활동은 사실 확인할 방법이 없기 때문에 근거 없는 개인적인 활동에 불과하다. 휴먼서비스분야의 직업군은 타인을 위한 활동을 근거중심으로 처리하는 방식이 오래전부터 정착되었기 때문에 문서에 근거하지 않는 실행은 개인적인 판단에 불과하게 된다.

문서보고는 보고자의 수행활동의 근거이기 때문에 어느 최고관리자도 직원의 자의적인 판단에 의해 수행하는 활동을 방관하지 않는다. 직원의 모든 업무와 매일의 업무는 문서를 토대로 지원하기 때문에 문서생성의 토대에서만 활동의 정당성을 부여받는다. 그러므로 모든 활동은 문서를 토대로 시행되고 문서의 토대에서 정당성을 갖는다.

그럼 문서보고는 어느 때에 활용되는가? 이 점은 분명히 정리해야 할 것이 있다. 모든 업무활동은 한 건의 문서로 처리하라는 원칙을 적용해야 한다는 것이다. 대표적인 업무활동이 출장이다. 출장을 다녀와야 한다면 출장신청서를 작성하고 상급자의 승인을 받아야 한다. 차량신청서를 작성하여 신청하고 출장을 다녀온 후에는 차량일지에 운행사항을 기록한다. 물론 출장복명서를 작성하여 출장사항을 승인받아야 한다. 이렇듯 직원의 모든 활동은 문서를 작성하고 문서작성으로 마친다.

③ 문서유형 파악과 작성방식 습득

문서는 업무에 의해 처리하는 업무로 문서처리절차에 따라 처리되었을 때 효력이 발휘된다. 모든 문서는 작성원칙을 준수하고 업무절차에 따라 승인받아야 한다. 하지만 직원이 수행하는 업무는 문서에 기반하고 문서는 작성원칙에 따라 처리하기 때문에 업무수행에 따라 생성하는 문서가 다르다.

공용으로 처리하는 문서는 공통적으로 수행하는 공무와 관련된 것으로 문서유형을 파악하지 못하면 처리에 어려움을 겪는다. 개인의 업무를 처리하기 위해서도 문서작성 방식을 파악해야 한다. 먼저 정기적으로 보고하는 문서를 확인하고 작성원칙은 물론 처리 시기 및 보고대상과 결재시기를 확인한다. 고유업무처리 시기 또한 확인한다.

이러한 파악을 통해 보고상황에 따라 보고해야 할 내용과 작성 방법 등을 알게 된다. 따라서 문서의 유형에 따라 작성 방법과 내용을 이해하면 효율적인 업무처리가 가능해진다.

④ 업무의 주 대상의 변화상황 담기

모든 업무는 주된 타깃과 대상이 있다. 그들이 고객이고 업무성과의 주체이다. 이들의 만족을 높이고 요구를 충족하기 위해 업무를 수행한다고 해도 과언이 아니다. 핸드폰을 예를 들면, 고객의 요구에 부응하기 위해 고객이 원하는 디자인과 기능을 추가하면서 더 새로운 제품으로 생산해 나가는데, 이렇듯 관련 업체의 종사자는 수시로 시장조사를 하고 내부회의를 하는 등 기대에 부응하기 위해 다양한 노력을 한다.

기대욕구 충족에 의해 성과 또한 달라진다. 그렇다면 모든 업무는 상대의 기대욕구 충족을 위한 활동이어야 한다. 일례로 최근 사회복지서비스 분야의 사업이 급속도로 발전하면서 복지라는 용어가 일부계층이 아닌 전국민의 화두로 부각되었다. 사회복지서비스를 제공받는 것이 일부계층이 아닌 전 생애주기에 걸쳐 확산된 것이다. 사회복지서비스의 핵심목적은 이용자의 상황을 변화시키는 것이다. 위의 목적이 분명하지 않거나 일치된 논의가 없으면 사회복지사 개인의 활동으로 국한된다. 또는 진행사항의 결과만을 논의하게 된다. 이런 점에서 사회복지서비스는 목적이 분명하고 추진하려는 바가 명확해야 한다.

주 타깃인 그들을 변화시키기 위해 그들의 상황을 이해하고 지역의 여건을 확인한다. 또한 상황을 개선하기 위해 필요한 것들을 확인하면서 지원할 사항을 파악한다. 이러한 지원만이 업무성과로서 긍정적인 결과를 도출시키기 때문이다.

3) 보고유형

직원의 모든 업무수행은 상급자에게 보고되었을 때부터 부서 및 조직의 업무로 추진된다. 따라서 시기를 놓친 보고는 상급자에게 보고되지 않았기 때문에 가치가 없다. 보고 시기는 직원의 업무역량과 관련되고 업무추진의 정당성을 확보하는 유일한 것이라 할 수 있다.

보고는 다양한 차원에서 보고 시기가 중요하게 다루어진다. 처리 시기를 놓치면 필요성이 감소되는 등 대내외적으로 조직의 신뢰성을 의심받고 개인 또한 업무능력을 의심받게 된다. 따라서 보고 시기는 조직의 대외적인 공신력과 관련되어 있어 중요하게 처리해야 한다.

(1) 정기업무보고

정기보고는 법규, 지침, 재무회계규칙, 업무처리 시기, 결산서 작성 및 예산수립 등과 같이 해당 시기에 문서를 작성하여 최고관리자의 명으로 보고하는 업무가 해당한다. 기안 후에는 조직의 직인을 찍어 관련조직에 발송해야 하는데 처리의 완결은 해당 문서의 도달시점이다.

정기보고는 법규와 지침에서 정한 사항을 정기적으로 처리하는 업무로 처리

시기가 정해져 있다. 매주, 매월, 연간으로 처리하는 업무로 개인의 업무와 부서 업무, 조직의 업무로 구분된다. 법령에서 정한 업무, 또는 법적으로 정해 놓은 업무가 해당하고 정부회계년도를 기준으로 처리해야 한다. 위의 업무는 해당 시기에만 처리하게 되어 있어 개인적으로 처리해야 하여도 관공서 및 상급조직과 관련된 업무이기 때문에 최고관리자의 승인을 받은 후 조직의 직인을 찍어 발송해야 한다.

연간 사업은 연 사업계획 및 예산서, 결산서 및 사업실적 등이 해당한다. 위의 사업은 당해 연도 말 5일 전까지 보고되어야 하고, 결산서는 익년도 3월 이전까지 보고해야 한다. 직원의 직위에 따른 교육 참여사항(예, 물리치료사 보수교육, 인권교육 등) 등이다. 위의 업무는 법규와 지침에 따라 처리해야 하기 때문에 마감 시기를 준수해야 한다.

분기에 정기적으로 처리하는 업무 또한 마찬가지다. 주무담당자가 처리하고 최고관리자의 승인을 받은 후 시행된다. 개인이 처리해야 할 업무 또한 주간 업무계획과 월간계획을 수립하여 처리해야 한다.

(2) 수시업무보고

수시보고는 예기치 않은 상황에서 발생하는 경우가 대부분이다. 또는 매일 처리해야 하는 업무의 특성상 수시로 확인해서 처리하는 업무가 해당한다. 또는 상급자의 방침을 받아 처리할 업무이다.

수시보고는 관계된 사람들에 대한 서비스, 또는 업무와 관련되고 조직의 운영, 또는 부서 업무를 수행하면서 시행된다. 조직의 재원을 마련하기 위해 바자회를 기획하였다고 하자. 진행사항은 수시로 최고관리자, 또는 상급자에게 보고되어야 하고 보고사항을 통해 최고관리자는 방침을 하달한다. 직원은 최고관리자의 방침을 업무에 적용하고 진행사항을 최고관리자에게 보고하면서 기대한 업무성과를 도출할 수 있다.

수시보고의 예로는 감사관련 진행사항, 회계지도점검, 기획업무의 진행, 행사관련 업무처리 등이 있다. 보고시간을 정해 보고하게 되면 적절한 대처가 가능하기 때문에 이를 번거롭다 여기지 말고 수시로 보고해야만 문제 등을 대처할 수 있다. 또한 수시보고는 업무를 처리하는 중에 상급자의 방침을 수시로 받아 처리하는 업무가 해당한다. 예측하지 못한 상황이 발생하여 최고관리자의 방침을 통해 처리하고 진척 상황을 확인하면서 추진하는 업무 등이다.

(3) 계획업무보고

① 계획의 일정화

조직의 업무는 계획에 의한 추진을 중요하게 다룬다. 즉 업무 파악 후 시기적절하게 처리하는 계획적인 진행을 의미하는데 과정 중심의 업무처리를 말한다. 업무계획은 업무의 실행시기로 일정화한 시기에 처리하는 것을 말한다.

조직의 사업은 계획을 통해 업무수행 방식을 수립하고 시기를 정해 처리하는 구조로 직원의 업무에서 부서, 조직차원에서 처리해야 하는 업무 또한 계획에 의해 처리된다. 따라서 계획적인 안목을 갖추어야 한다. 계획적인 안목은 계획이 무엇이냐에 관한 것이다.

기획은 계획과 달리 문제나 어려움, 장애물이 발생하였을 때 어떻게 문제를 해결할 것인지에 대한 것이다. 그래서 기획은 업무를 처리하면서 어려움에 봉착한 경우 해결 방법을 모색하는 데 효과적이다. 반면 계획은 수립된 기획을 토대로 문제를 해결하기 위해 적용하는 방법에 관한 것이다.

② 실행가능한 계획

계획은 실행이 가능해야 한다. 즉 문제해결 방법을 기획이라고 하면 계획은 해결방법을 일정화해서 처리하기 위한 실행에 관한 것이다. 따라서 계획은 일정화가 핵심이다. 처리에 필요한 자원을 결집시켜 시간순서, 또는 시계열적으로 일정화한다. 시계열적으로 계획을 수립하지 않으면 결과도출에 실패하고 성과 또한 도출할 수 없는데 계획 수립의 타당성은 실행이 가능해야 한다는 전제 때문이다.

따라서 실행이 모호하고 불가능한 계획은 계획이 아니다. 실행이 모호하다면 추진은 불가능하다. 이유는 간단하다. 개인적으로 처리하는 업무는 단순하고 간단하지만 부서 및 동료의 협조를 받아야 할 업무가 대부분이기 때문에 실행 가능성이 높아야 한다.

③ 직원의 업무역량과 계획 수립

조직의 많은 업무가 계획 수립에 비중을 두고 계획서를 작성하는 데 상당한 시간을 투자하는 이유는 예측된 결과를 도출하는 논리모델에 의하기 때문이다. 즉 투입된 자원에 의해 진행하였을 때 결과가 도출되는데 성과를 예측한 상황에서 기대한 결과를 도출하는 방식이다. 따라서 수립된 계획에 따라 실행하고 실행하였을 때 예측된 성과가 도출된다는 식이다.

사실 직원의 업무는 계획 없는 실행을 상상할 수 없다. 한 달, 한 주, 하루의 업무는 계획에 의해 업무에 반영된다. 이러한 업무는 연간계획에 의해 수립된다.

④ 월간 업무계획

월간 계획을 수립하기 위해서는 연간계획서를 검토하고 작성해야만 업무누락 등을 예방할 수 있다. 해당 월에 수행하는 업무를 확인하고 추진시기를 결정하기 위해 월간업무계획을 수립한다. 월간업무계획은 업무추진에 필요한 자원과 시행 장소, 부서지원 등을 반영하여 처리 시기를 확정한다. 수립과정에서 중요 업무와 단순 업무를 구분하고, 협조받을 업무를 분류하여 마감 시기를 정한다. 처리 시기는 보고 시기이므로 사전에 자료를 검토하고 최고관리자의 결재를 득한 후 처리를 완료한다.

조직에서는 개인, 부서, 조직운영사항을 공유하기 위해 월간 업무계획을 수립하여 전체 직원회의를 통해 발표하는 식으로 사업 및 업무를 공유한다. 부서

계획과 사업추진 사항을 평가하고 익월업무계획을 공유하면서 최고관리자로부터 슈퍼비전을 받으며 진행된다. 업무공유가 중요한 이유는 직원들의 업무이해를 높이고 부서 협조를 원활하게 수행하기 위해서 등 공유가 활발할수록 업무수행 성과 도출에 기여하기 때문이다.

⑤ 주간 업무계획

주간 업무계획은 월간 업무계획에 의한다. 하지만 처리 시기가 확정된 업무, 즉 업무를 처리하고 마감하기 위한 업무이므로 구체적이어야 한다. 주간 계획 또한 월간계획과 마찬가지로 한 주의 수행업무와 부서수행사항을 점검하고 미추진 사항을 처리하기 위해서 등 상급자의 슈퍼비전을 제공받는 시간이다.

하지만 주간 업무계획 회의가 월간계획회의와 다른 차이는 매주 진행된다는 점이고 전체 직원회의 전에 부서 직원회의를 통해 확정된다는 것이다. 부서장이 회의주관자가 되어 부서 업무와 개인들이 수행한 업무를 점검한 후에 전체 직원회의에 상정된다.

⑥ 일일 계획회의

일일 계획회의는 개인과 동료들 간에 진행되기보다 부서장을 중심으로 일과를 마치기 전 30분, 또는 일과 시작 전 아침 회의시간에 진행되는 것이 일반적이다. 하루 계획을 공유하면서 진행한 업무를 점검하고 동료의 협조를 받기 위해, 또는 상급자의 방침을 받기 위한 목적으로 이루어진다.

직원은 퇴근 10분 전에 추진한 일일 업무를 점검하고 다음 날 시행되는 부서회의를 준비하기 위해 처리사항과 미추진 사항, 익일처리 사항을 메모하여 처리 절차와 협조사항 등을 검토한다.

(4) 긴급업무보고

긴급하게 처리해야 할 업무는 상시적으로 발생하지는 않지만 조직의 주요업무 현황 등의 관리를 철저하게 수행해야만 처리할 수 있는 업무다. 긴급한 업무는 그만큼 중요하기 때문에 평소에 관리해야만 업무차질을 예방할 수 있어 현황관리만 하여도 처리가 어렵지 않다. 관리해야 할 항목은 이용자 현황, 성별, 구매유형, 연령대 등이다.

한편 위기상황의 업무보고가 있다. 긴급한 위기보고는 즉시 보고하여 조치해야 한다. 시간을 다투는 등 긴급한 조치가 필요하기 때문에 긴급하게 시행되는 보고다. 직원이 외근을 하면서 차량접촉 사고가 발생하여 운전자와 고객이 크게 다쳤다면 심각한 위기상황이므로 최고관리자에게 보고해야 하고 방침을 받아 처리해야 한다. 또는 고객이 불만을 토로하며 항의하거나 판매한 제품에 중대한 결함이 발견되어 대량 반품 사태가 발생하는 것, 그리고 인권침해 문제가 발생하는 것 등을 위기상황이라 볼 수 있다. 이를 방치하면 최고관리자는 물론 조직도 제제를 받게 되므로 발견즉시 신고해야 한다.

이렇듯 긴급보고는 문제가 발생한 즉시 최고관리자에게 보고하여 방침을 받아 처리해야 한다. 조치 결과는 사안에 따라 최고관리자의 권한으로 자체적으로 처리하거나, 또는 행정관청에 보고해야 하므로 긴급보고는 가급적 발생하지 않도록 예방하는 것이 좋지만 발생하면 즉시 최고관리자에게 보고하여 처리해야 한다.

2. 보고업무의 절차

최고관리자는 효율적인 조직운영을 위해 업무수행의 기본이 되는 업무관리 절차를 마련해야 한다. 하지만 업무관리 절차를 마련하여도 개인의 업무는 물론 부서 추진사항 등을 업무체계로 관리하지 않으면 업무수행을 위한 협의와 협조가 불명확하게 되어 업무수행에 차질이 발생하는 것은 물론 행정체계가 흔들린다. 이는 업무수행 과정이 업무로 관리되지 않고 있다는 것을 의미한다.

개인의 업무수행과 부서의 업무 수행은 업무이해 수준에 의하기 때문에 협조를 위한 체계가 마련되어야 한다. 보고가 업무절차에 의한다는 원칙은 역량과 결부된 업무능력이므로 업무에 근거하지 않는 보고는 신뢰를 담보할 수 없다.

보고업무는 용도에 의한 정보보고와 관리보고로 분류되고, 형식에 의한 구두보고, 서면보고, 전상망보고가 있다. 내용에 의한 분류로는 계획보고, 결과보고, 현황보고, 연구보고, 조사보고가 있다. 마지막으로 시기에 따라 정기보고와 수시보고로 구분된다(박철하, 2011: 317-318). 보고업무를 유형별로 분류하는 것은 정보의 질에 따라 보고방식을 달리해야 하기 때문이다.

업무를 효과적으로 수행하기 위한 보고업무의 절차를 살펴보면 다음과 같다.

1) 최고관리자의 방침 확인

업무수행을 위해 정보습득 방법과 진행 방향, 마감일자 등 결재절차를 거쳐 최고관리자에게 보고하여 방침을 받는다. 업무처리에 필요한 자료준비와 정보를 수집하고 습득된 정보를 분석한다. 충분한 정보가 수집되면 상급자에게 사전 보고를 통해 기획방향과 필요성을 설명하고 업무확신을 가질 수 있도록 처리의 방향과 해당 업무의 성과를 설득한다.

이제 대면보고를 하면서 구두로 설명하는 것이 남아 있다. 하지만 구두보고는 작성한 보고서를 짧은 시간 내에 말로 설명해야 하기 때문에 보고서의 내용을 토대로 전달할 방법을 모색한다. 말로 설명할 수 있어야만 의도한 내용을 정확하게 전달하고 설득할 수 있기 때문에 성과중심으로 설명하는 것이 효과적이다.

2) 자료(정보)수집

자료(정보)수집은 업무의 타당성을 높이기 위한 목적에서 시행되므로 실행 가능성을 높이기 위해 목적이 분명하고 달성하기 위한 과정이 치밀해야 하는데 먼저 확인할 것이 자료수집이다. 하지만 업무대상에 따라 상황과 실태가 이해되어야 하고, 현안을 해결할 수 있는 내용이어야 한다.

자료 수집은 인테이크 과정이 충실해야 한다. 정보를 습득하면서 중간보고를 시행하고 수집된 자료를 분석한다. 고객이 조직의 서비스를 지원받기에 타당한지를 점검하고 문제 등 수립된 자료의 적합성을 상급자에게 확인받는다. 상급자의 방침을 받아 적용하는 것이 수집된 자료의 정확성 및 타당성을 높이기 때문이다.

주요 고객이 되는 업무대상에 대한 주도면밀한 파악을 하면 전략을 수립할 수 있다. 수시로 만나 상담하는 것 또한 효과적이다. 선행경험이 있는 동료나 상급자와 협의하는 것도 필요한 정보를 얻는 데 유용하다.

3) 수집된 자료를 보충하기 위한 추가 조치

자료수집 후 문서를 생성하여 보고하였지만 반려되었다면 자료 분석이 미흡한 것은 아닌지 점검해 볼 필요가 있다. 재정확보 방안이 구체적이지 않고 실행계획과 내용이 상이하거나 주 타깃에 대한 설득 대안미흡 등 내·외적 상황을 제대로 파악했는지 점검해 보아야 한다.

위의 사항은 지역의 환경을 분석한 후 지역자원을 분석하고 의사를 타진하여 지원할 수 있는지 등을 파악하면 해결이 가능하다. 또한 문제해결 방법이 미흡하고 수집된 자료가 부족하다고 판단이 되면 대안을 강구해야 하는데 최고관리자의 방침을 받아 수행하는 것이 적절하다.

누구나 제품을 구매하려는 욕구가 있을 때는 생활의 편의를 확보하려는 목적을 갖고 방문하기 때문에 기대에 부응하기 위해 지원해야 하는 행동강령과 같은 서비스 원칙을 갖추고 있어야 한다. 또한 수집된 자료를 토대로 문제규명, 욕구 파악, 대응전략 등을 분석하고 제안하여 기대에 부응하기 위해 최선을 다할 것임을 확신 있게 전달한다. 하지만 조직의 인적·물적 자원을 투입해야 하므로 다각적인 검토가 필요한데 새롭게 드러난 문제가 있는지 등을 확인하고, 미흡한 사항이 발견되면 조치계획을 수립한다. 이러한 과정은 때로 동료들이 참여하고 지원해야 하므로 협조문을 발송하여 진행하는 것이 적절하다.

4) 자료 분석

수집된 자료는 일목요연하게 목록화하여 분석해야만 성과 도출에 유용하다. 고객의 요구와 관련된 사항, 지역실태, 지역현안과 문제, 예상되는 장애물, 업무를 진행하면서 참여할 자원, 시행 장소, 재정조달, 예측되는 성과 및 달성정도 등이며 수집된 자료는 실행 여부를 결정하는 자료로 활용된다. 분석결과에 따라 실행이 중단될 수 있으며, 시행 가능성이 높다고 판단되면 실행이 결정된다.

예측된 문제와 현안을 바탕으로 한 분석자료는 해결방향을 결정하기 위한 기초자료로 활용된다. 예상되는 장애물에 대한 내용이 포함되어 있어야 하며 이를 해결할 수 있는가에 초점을 맞춰야 한다. 따라서 자료 분석은 정확하고 치밀해야 한다. 업무수행 성과를 달성하는 데 적합하고 해당 업무의 수행 여부를 판단하는 근거이기 때문이다. 자료를 분석하는 데 있어 직원은 이러한 작성 방법을 숙지하고 계획 수립을 위한 근거자료로 활용할 수 있도록 분석된 내용을 보고서로 작성하여 기안하여 보고한다.

5) 실행계획 수립

실행계획의 수립은 분석된 자료를 토대로 대상, 목적, 실행방법 순으로 기술하고, 업무수행 사항을 추상적이지 않게 목적이 드러나도록 기술한다. 목적기술은 기업의 성취목표와 연계되므로 목적을 기술한 후 성취하기 위한 목표를 세분화하는 것이 핵심이다. 이제 실행내용을 구성하는 것이 남아 있다. 실행내용은 목적 달성이 타당하고 대상자의 상황에 부합해야 하는데, 문제분석을 토대로 해결 가능성을 제시하는 것이 중요하다.

활동내용은 성취목표를 토대로 세부적으로 작성한다. 업무명, 활동자원, 참여인력, 활동시간, 횟수 등 실행 가능한 것이어야 한다.

실행계획은 업무의 필요성, 목적, 목표, 추진하는 경우의 어려움, 지역의 여건과 특성, 연계해야 할 기관 등이 이해되어야 한다. 위의 계획에 따라 수행계획을 수립해야 초심을 잃지 않고 다각적인 분석과 검토를 통해 계획을 수립할 수 있다.

6) 실행에 필요한 자원 모집방법과 전략

이제 실행계획이 어느 정도 마무리되었으므로 조직을 알리는 홍보기획이 남아 있다. 홍보는 목적이 분명해야 한다. 우선 홍보분야를 선정하고, 타깃을 정한 후 방법을 수립한다. 여기에서 중요한 것이 문구이다. 일반적으로 대중매체 또는 일간지에 홍보하는 방식도 효과적이지만, 활동을 촉진하고 참여욕구를 동기로 연계할 수 있는 문구로 작성하는 것이 효과적이다. 시행 개시 한 달 전부터 집중적으로 홍보하고 이러한 홍보는 일주일 간격으로 홍보하는 것이 모집에 효과적이다.

먼저 대상을 정한다. 전체 내용을 함축하여 단번에 이해될 수 있는 문구를 정한다. 누구나 우리의 대상임을 감안하며 긴 설명보다는 쉽고, 한 번에 각인되는 문구가 적절하다. 게시 홍보는 관공서 게시판, 지역 신문홍보, 개별적인 접촉, 플래카드 등 다수의 사람이 매일 확인하는 매체를 활용하는 것이며 단시간 내에 자원을 모집하는 데 효과적이다.

중요한 것은 공고내용인데 홍보부서, 모집부서, 담당자, 조직 및 부서의 연락처를 기재하고 모집목적과 참여자격 및 조건 등을 기술한다. 이를 볼 때 홍보전략은 구체적이어야 한다. 만약 홍보관을 운영하는데 예상보다 많은 사람이 참여하게 되면 기념품의 부족 등 어려움을 겪을 수 있기 때문이다.

따라서 공고내용이 구체적일수록 무분별한 자원의 낭비를 예방하고 홍보의 의미와 내용 및 기대성과 등을 보다 쉽게 전달할 수 있다. 이러한 준비를 마치면 홍보시행 기안을 작성하여 결재를 득하고, 재정부서에 재정지출시기와 내용을 통보하여 협조를 받는다.

7) 오리엔테이션 시행

이러한 준비를 마치면 오리엔테이션을 진행해야 하는데, 서신, 안내문, 문자, 유선 등으로 일자를 정해 시행하고 모임 장소와 시간을 명시하되 담당자와 연락처는 반드시 기재한다. 오리엔테이션 진행은 관계된 인사를 파악한 후에 진행하되 가급적 참여인력 전체가 모일 수 있는 시간을 정해 시행한다.

오리엔테이션은 사업의 목적과 의미, 성취할 목표를 제시한 후 시행 장소 등 계획의 전반적인 사항을 소개하고 해당 사업의 의미를 이해하게 하여 사업의 성공 가능성을 높이기 위해 시행한다. 강사 및 자원 외에 참여하는 사람들을 소개하고 교제시간을 통해 참여에 부담을 갖지 않도록 설명하는 것이 핵심이다. 주요 사업과 시설물현황 외에 사업진행 의미를 부각하기 위해 최고관리자의 인사 순으로 진행하여 이해를 높인다. 다과 등을 준비하고, 필요한 경우 소개 자료, 즉 팜플렛, 안내서 등을 배포하면 이해를 도울 수 있다.

오리엔테이션의 진행과정은 장소협조 및 참여인력의 시간절충과 다과 등의 비용이 지출되므로 기안을 생성하여 승인을 받아야 한다. 하나는 오리엔테이션 시행보고이고, 또 하나는 오리엔테이션 진행에 따른 재정지원요청이다. 물론 이 두 가지를 한꺼번에 시행하기 위해 오리엔테이션 실행보고 건으로 기안할 수 있다. 최고관리자의 승인이 있어야 하기 때문에 상급자에게 보고하여 준비사항 등을 점검받는다. 다만 재정지출과 물품구매, 물품구매를 위한 차량협조 등 재정지출 부서와 차량관리부서의 협조를 요청해야 하기 때문에 최소 일주일 전에는 결재를 받아야 한다.

8) 실행

실행은 사전준비와 실행, 실행 후 조치로 구분된다. 사전 준비는 시행 전 준비로 업무수행에 필요한 기자재 및 비품 등의 점검과 장소의 적합성, 참여자원의 사전 연락을 통해 참여를 독려하는 목적으로 진행한다. 실행을 위한 사전 준비는 진행 전 장소 확인을 통해 진행에 필요한 각종의 기자재 점검 등을 완료하고, 일주일 전에 참여하는 사람들에게 연락하여 참여 여부를 확인한다. 안내문자, 유선연락 등을 통해 참여를 독려하고 기대하는 바를 확인하여 변화를 위한 노력과 준비를 격려하는 등 사전준비를 마친다.

실행은 계획된 실행을 말한다. 따라서 실행의 성과를 높이기 위해 작은 단계의 성취에서 점차 높은 수준의 과업으로 진행하는 것이 일반적이다. 실행과정이 원활해지면 목적 달성이 용이해져 회기 진행마다 참여가 활성화되고 성취에 따른 동기부여는 물론 해결할 수 있다는 의지를 갖는다. 따라서 매 회기 실행과정을 점검하고 참여자의 반응과 만족정도를 확인하면서 진행한다. 특히 지속적으로 참여하는 사람이 있다면 만족하고 기대하고 있다는 것을 의미하고 의지가 있다는 것을 가늠해 볼 수 있다. 반대로 참여가 저조한 사람들은 파악되지 않은 어려움을 겪거나, 또는 불만이 있다고 보아야 한다. 적극적인 참여를 권유하고 참여할 수 있는 대안을 강구해야 하는데, 유선연락 후 개별면담 등을 시행하여 상황을 파악한다.

또 하나 고려할 사항은 사전 교육을 통해 해당 활동의 목적을 이해할 수 있도록 설명하고 진행 사항, 장소 등을 설명하여 이해를 높여야 한다는 것이다. 진행상의 어려움, 기대성과 등 또한 사전에 파악하여 정보로 제공한다.

실행을 위해 직원은 소요되는 재정현황을 파악한다. 진행상황을 확인할 수 있는 일지 등을 생성하고, 투입될 예산범위를 예측해야 한다. 예측은 해당 프로그램에 소요될 비용 산출을 의미하는데, 활동에 소요되는 재료비, 외부 활동비용, 식사비, 간식비 등에 소요되는 비용이다. 수립한 예산을 토대로 매 회기 소요될 예산을 확인하여 지출규모를 산정하고 당초예산에 적합하게 지출되고 있는지를 점검한다.

이러한 일련의 준비를 마치면 실행한다. 사안이 발생할 때마다 기안을 통해 최고관리자에게 보고하여 승인을 받는다. 타부서의 협조가 필수이므로 최소 일주일 전에 완료한다. 위의 사항은 일정에 의해 추진되므로 계획대로 추진되고 있는지를 확인할 수 있는 점검표를 작성하여 진행하는 것이 효과적이다.

마지막으로 실행 후 조치는 추가적으로 조치할 사항이 있는지를 점검하여 다음 진행을 준비하는 것을 말한다.

9) 종결과 평가

계획된 활동이 완료되었을 때 종료된다. 조기에 목표를 달성하였을 경우에도 종료된다. 이런 경우 성과목표가 달성되었는지를 확인해야 하는데, 미흡한 경우 계속 지원 여부를 판단하고, 성과달성이 확인된 경우에만 종료한다.

종료 시에는 여러 가지 확인할 사항이 있다. 우선 참여한 사람들 등이 한자리에 모여 그동안의 수고를 격려하고 사업수행 성과를 보고한다. 성과중심으로 보고하는 것이 참석자들의 활동을 드러내고 즐거운 기억을 갖게 한다.

이상철(2012: 212-220)은 종료 모임은 활동을 평가하는 시간으로 대상자의 성취를 토대로 효율성 및 효과성을 평가한다고 하였으며 평가절차는 다음과 같이 진행해야 한다고 하였다.

① 1단계: 형성과 협상으로 평가의 전반적인 사항을 다룬다. 장애물 및 제약요인에 인한 어려움을 설명하면서 어떻게 극복했는지에 대한 과정중심으로 보고한다. 그래야만 지원효과가 드러나게 되어 극복과정을 이해할 수 있기 때문이다.

② 2단계: 구조화와 설계단계로 측정방법과 측정 도구를 준비하고, 이해관계자 간의 상호 협조 방법을 충분히 논의한다.

③ 3단계: 자료수집과 표준화로 유사 조직의 실적을 확인한다.

④ 4단계: 자료의 분석과 해석으로 통계방법, 또는 모델링 방법을 활용하여 평가 목적에 따른 정보를 산출하고, 과학적 분석 방법을 활용한다.

⑤ 5단계: 의사 전달과 발표로 상급자 등 평가와 관계가 있는 사람들과의 커뮤니케이션에 관한 것으로 올바른 의사결정을 내릴 수 있도록 충분하게 정보를 제공한다.

⑥ 6단계: 결과의 활용으로 조직의 운영방향을 바람직하게 제시하기 위한 것으로 평가 결과가 부서 및 상급자 등 의사결정에 활용되고, 조직의 상황을 옳은 방향으로 개선하기 위해 필요한 지식을 제공한다.

이와 같이 평가는 계획단계의 평가, 실행단계의 평가, 결과 단계의 평가로 진행하는 것이 일반적이다.

이상을 볼 때 평가결과는 더 나은 성과를 얻기 위한 목적과 새로운 계획을 수립하는 데 활용된다. 직원의 채용, 또는 부서 개편, 또는 업무분장을 새롭게 구성하는 등 사회변화 대응과 정책변화에 따른 조직의 운영방향과 대응능력을 갖추는 근거를 마련하기 위해서다. 이는 조직의 기능을 재정비하고 사업을 활성화하기 위해 필요한 과정이다.

직원은 평가를 진행하고 결과를 활용하기 위해 다음의 사항을 확인한다. 평가시행 전 최고관리자의 방침을 확인하고, 기존에 수행된 사업과 생성된 양식을 검토한다. 이해관계자와 참여 인력에 대한 평가 또한 시행한다. 이러한 분석을 통해 계획대비 성과 정도와 목적 달성 여부를 확인하게 되어 성과를 측정할 수 있다.

평가분석은 신뢰를 높이기 위해 통계분석방법을 활용하는 것이 효과적이다. 조직에서 활용하는 도구를 검토하고, 새로운 도구를 반영할 계획이라면 일반적으로 알려진 도구를 사용하는 것이 적절하다.

평가시행 전 수행사항의 점검과 참여인력, 이해관계자 면담을 시행하고, 만족도 조사를 통해 수행성과를 파악한다. 만족도 조사는 성과분석뿐만 아니라 다음 회기 자료원으로 활용되기 때문에 정확해야 한다. 이제 결과보고서를 작성하고, 기안하여 최고관리자의 결재를 받는다.

위의 과정을 통해 직원은 성과를 확인하게 된다. 진행과정에서 생성된 모든 서류가 자료원이고, 직원의 관찰 및 사진 등을 포함한다. 즉 시행과정에서 생성된 모든 서류가 사업의 결과물이라는 것이다.

10) 사후관리 계획 수립과 실행

사후관리는 후속조치를 말한다. 업무를 수행한 후 종료되는 것이 일반적이지만 다음 회기 진행을 위한 사전준비 차원에서 후속조치를 마련하는 것이 대상자의 지원에 효과적이고 직원의 능력을 강화하는 데에도 영향을 미친다.

사실 조직의 업무는 연간 계획을 토대로 반복적이고 유사한 사업이 대부분이며, 시행시기에 따라 일시, 또는 정기적으로 시행된다. 행정업무 또한 처리 시기가 반복적이어서 후속조치는 또 다른 업무를 처리하고 대비하기 위한 상황의 조정, 수정, 방침 사항 등을 반영하기 위한 것이다. 따라서 업무계획 단계부터 종료까지의 진행사항을 점검해야 한다. 각각의 단계를 분석하면 취약성을 확인하게 되고 조치해야 할 사항을 알게 되어 상황에 적합한 대안을 모색할 수 있다.

결국 사후조치는 성과를 높이고, 업무를 빠르게 진행하기 위한 사전 준비로 직원의 자기반성[1)]을 통해 적절한 대안을 마련하여 조치하는 것이 목적이다. 또한 원활한 사업수행을 위해 적극적으로 대처해야 할 것들을 사전에 분석하여 업무수행에 필요한 수정·보완 장치를 마련할 수 있다. 업무수행에 대한 나름의 노하우를 갖게 되어 상황대처능력이 강화된다.

따라서 직원은 각각의 단계를 재검토하고 분석된 상황을 보완하기 위한 대안을 모색한다. 단계별 장애물과 문제점을 확인하고, 성과를 높일 수 있었던 요인과 방해요인을 파악한다. 이러한 자료는 다음회기 자료원, 또는 유사사업을 진행하기 위한 자료로 활용되고 적용방안을 수립하는 데 유용하기 때문에 관리에 만전을 기해야 한다.

1) 직원의 자기반성은 프로그램 참여 시 진행사항의 점검, 점검 후 미흡한 점, 즉 지원 사항 전부를 점검하여 진행에 필요한 실제적인 성과 도출에 영향을 미친 사항을 조치하기 위한 점검을 말한다.

5장

보고업무와 업무역량

학습목표

1. 직위에 따라 수행해야 할 직원의 보고업무에 대해 설명할 수 있다.
2. 보고업무역량을 강화하기 위해 수행해야 할 역할을 이해하고 설명할 수 있다.

1. 직원의 보고업무

1) 업무인식 변화

(1) 업무수행조차 버거운 현실

최고관리자의 실수는 직위에 근거한 업무지시에 과도하게 의존하는 것과 직원들의 업무역량과 수행능력을 파악하지 않은 채 조직이 처한 상황만을 과업으로 제시하는 것 등이다. 채용면접에서 확인한 사항을 약속이라 믿으며 업무에 반영할 것이라고 착각하는 것, 과업을 제시하면서 조직의 성과달성을 강조하고 직원들이 격무에 시달리는지, 업무가 가중되는지 등 업무만족 및 성취기대를 확인하지 않으면서 잘하고 있다는 생각 속에 관리기능만 강조하는 것 등이다.

이러한 최고관리자는 업무지시에 의해 수행할 사항만을 일방적으로 제시하는 등 업무압박에 의한 직원의 불안한 심리상태를 방치하고, 개인이 알아서 극복해야 할 것으로 여긴다. 업무배정 또한 이런 식이다. 직원들은 고유 업무에 더해 시행할 업무라는 상급자의 지시를 수행할 처지다. 일부의 직원들은 몇 달을 버티다 이직을 결정하기도 한다. 이런 식의 업무풍토가 나타나는 이유는 조직의 문화가 경직되어 있으며 성과만을 강조하기 때문이다. 개인은 배제된 채 수행할 것인가 아닌가의 선택권도 없다. 실행해야 한다는 압박 속에 산재한 업무를 걱정하며 마감 일자에 맞춰야 한다는 부담을 가중 받는다. 실수라도 한다면 무능한 직원으로 평가될 수 있어 마음을 놓지도 못한다. 경험이 부족하여 상급자의 혹독한 평가를 받지 않으려면 야근이나 주말근무를 해서라도 해내야 한다. 업무가 과중하니 조정해 달라는 요구도 못 한 채 처리해야 한다. 업무처리에 필요한 업무관리 규정과 최고관리자의 방침, 부서장의 요구에 성과가 있어야 한다는 부담이 가중되고 있어 업무과중만을 생각한다.

무조건적인 성과요구는 모든 업무에 적용되고 성과로 평가받는다. 자신도 예외가 아니라는 것을 알고 있어 야근을 하지만 일일이 규정을 찾아가며 처리하기는 불가능하다. 사실 규정대로 모든 업무를 처리하는 직원은 거의 없다. 방침과 지시만을 생각하기에도 버겁기 때문이다. 그러다 보니 동료들과의 약속이나 변경사항을 잊어버리는 경우가 생기고 어쩔 수 없이 무시하게 되는 경우가 생기기도 한다. 그러나 미안함은 생각으로 간직된다. 정체감을 갖고 일한다고는 하지만, 업무 압박과 수행할 업무에 허덕이기 때문이다. 다수의 직원은 현실을 따라가기도 버겁다는 안타까움을 호소하고는 한다.

(2) 조직은 지역의 주체라는 인식의 정착

조직은 지역의 복지를 증진하는 주체적인 기능을 수행해야 한다는 것을 강조한 나머지 사회적 요구로까지 이어졌다. 그 결과 지역의 발전과 주된 수혜자인 주민들의 삶의 질은 조직이 지역 기관으로서의 역할과 산업발전과 부응을 위해 어느 정도의 기여를 하였느냐에 따라 평가되기 때문에 조직의 목적사업이 주민들이 체감할 수 있고 기대에 부응하기 위한 것에 초점을 맞추게 되었다. 이렇듯 조직의 기능은 지역을 중심으로 역할의 확산을 요구받으면서도 성과가 미흡하고 지역에 기여하지 않는 조직은 주민들로부터 외면당한다.

조직의 업무를 추진하는 직원은 업무수행의 실무자로 조직의 핵심 주체라는 이해가 일반적이다. 직원을 중심으로 업무가 추진되는 조직의 운영특성이 반영된 것으로 성과는 직원의 역할에 달려 있다고 해도 과언이 아니다.

최근의 조직의 상황은 이용하는 주민에 대해 소비자의 관점에서 지원되고 있다. 지역, 또는 주민들에 대한 기여정도를 평가하면서 나타난 변화로 만족도 파악을 중요하게 인식하고, 이용하는 소비자의 변화를 통해 실효성을 평가하는 방식으로 전환된 것이라 할 수 있다. 업무의 일환으로 추진된 사업이라도 소비자에게 기여되고, 생활의 변화, 즉 삶의 필요에 더해 편리하게 활용될 수 있어야 한다는 성과방식으로 변화된 것이다. 따라서 소비자의 관심을 높이지 못하거나 생활의 편리를 도모하지 못한다면 의미 없는 것으로 평가한다.

Tip 조직 평가방식의 전환

조직의 전략은 주도하는 직원의 역할에 따라 확장되고 발전해 왔기 때문에, 소비자의 만족과 생활편의 등 기여 정도를 통해 평가한다. 즉 성과를 측정하기 위해 수행과정을 평가하는데 고객의 만족도를 평가하여 효과성을 측정하는 것이다. 효과성 평가를 토대로 전략을 모색하고 기능 수행의 타당성 등 조직의 기여를 판단하는 자료로 활용된다.

(3) 직원의 전문성 요구

또 다른 요구는 조직에 속해 있는 직원의 역할을 성과중심으로 전환하고 성과가 더 확산될 수 있도록 기대하는 것이다. 이를 반영하듯 해마다 달라지는 정책에 맞춰 조직의 신규 사업 등을 개발하고, 개발된 정책을 서비스로 추진하면서 관계된 사람들의 기대에 부응하기 위한 노력들이 이루어지고 있다. 많은 사업이 정책결정에 의해 개발되고, 정책에 의한 개발은 상급조직의 요구, 상급자의 지시, 신규 사업 확장에 따른 최고관리자의 지시에 따라 이루어져야 하며, 여기에 더해 관련 법규에 따른 기반을 마련해야 하는 어려움이 있다. 이러한 사항들은 법규에 기반하고, 새로운 정책이 시행될 때마다 수시로 하달된다.

여기에는 두 가지 의미가 있다.

첫째, 변화를 이해하지 못한 채 수용하기만 한다면 수용할 수밖에 없어 업무 충성도가 떨어질 소지가 많다. 직원은 지시사항을 추진하기 위해 계획을 수립하고 실천하지만 자기발안에 의한 사업이 아니므로 실천에 비중을 둘 수 있다.

둘째, 업무의 연장선에서 기획한 자기주도 기획안이다. 직원의 업무추진의 필요에 의해 기획된 사업이다. 이 경우 구체적인 성과 도출이 가능하다는 자기 확신을 갖는다. 실천 또한 본인의 책무와 관련되어 있어 문제인식이 분명하다. 따라서 성과 도출에 적극적으로 임한다.

실행의 주체가 직원이라는 점에서 상급자는 역할을 기대하고 수행되는 사업이 도움이 되기를 바란다. 이러한 기대는 사회변화이해, 정책동향파악, 주민들의 욕구대응 등에 적극적으로 대처하면서 능동적인 역할에 대한 기대이다. 직원의 역할에 대한 사회적 요구는 상급자를 비롯하여 최고관리자 등 관계된 사람들의 기대이다. 이런 점에서 직원의 역할은 조직의 핵심사업, 또는 전략사업이고, 업무수행의 연장선에서 시행되기도 하며 사업의 성격에 따라 업무 주체인 직원의 판단이 영향을 미치기 때문에 전문성은 사업수행의 필수다.

(4) 근거중심 업무처리

자기주도로 사업을 기획한 직원은 조직의 행정절차에 의해 처리하는 업무성향이 태도로 정착되어 있어 성과 도출을 위한 방법적 절차, 즉 업무절차 등을 이해하기 위해 노력한다. 영향력을 미쳐야 한다는 관점 또한 확실하다. 사업에 참여한 사람의 선정 이유가 이해되고 영향을 미칠 수 있는 인물들에 대한 분석을 마친 상태이기 때문에 필요한 자원을 연계하기 위해 자발적으로 행동한다.

따라서 업무를 수행하는 담당자를 지정할 때는 지시에 의한 방식보다 정책과 변화를 설명하고 업무를 파악하게 하는 것이 먼저다. 업무와 연계될수록 이해가 높아지기 때문이다.

Tip 근거중심 업무체계를 구축하지 않으면

업무를 파악하지도 않은 상황에서 새로운 업무를 부과하면 혼란만 가중된다. 직원들은 상급자의 지시에 의존하면서 수동적으로 업무를 처리한다. 업무파악을 못해 성장도 못한다. 상급자는 진척되지 않는 업무가 문제인지, 아니면 업무를 지시받은 직원의 문제인지 등을 판단하는데 대개 업무성과가 없는 경우에 취하는 조치다.
이러한 상황이 지속되면 직원의 역할을 규제하는 등 내부체계를 강화하기 위해 보고업무의 철저한 준수를 강조하고 규정과 규칙준수를 강화한다. 업무수행을 철저히 이행할 것을 요구하면서 규정준수를 강화하는 조치를 강제하는 것이다. 반면 직원들은 새로운 사업을 시도하지 않는 등 강화된 운영체계로 인해 수동적으로 업무를 처리하면서 유능성을 발휘하지 못한다.

조직은 업무관리 절차를 강화하여 업무체계로 정착하였다. 업무관리 절차라 함은 내부규정을 준수하면서 기획과 진행, 결과를 하나의 건으로 보고 통상적인 업무처리 절차에 따라 업무를 처리하는 것을 말한다. 직원 또한 진행 전 업무적으로 처리해야 할 사항이 있고 진행과정에서 처리해야 할 업무가 있는데 활동근거를 마련하기 위해 기안문서 생성과 결재, 수행사항의 결과보고서 작성 등이 그것이다. 이제 업무를 수행하는 마지막 단계인 성과 도출을 위해 활동을 보고하고 생성된 문서를 서류화하여 관련 철에 보관하고 일목요연하게 정리한다. 또한 업무를 수행하면서 활용한 기자재 및 장소, 예산집행 등을 업무절차에 따라 문서를 생성하여 최고관리자의 결재를 받아 업무가 절차에 따라 처리되었다는 것을 서류로 보존한다.

이러한 일련의 업무처리가 조직의 행정업무체계로 일반화되었다. 그렇다면 업무를 배정받는 것은 자신만이 해당 업무를 처리할 수 있다는 능력을 인정받은 것으로 업무관리 절차를 준수할 때 인정받고 비중 있는 업무를 담당하게 된다. 따라서 근거중심의 보고업무의 중요성은 직원의 업무능력을 증명하는 유일한 대안이라 할 수 있다.

2) 보고이슈와 보고업무

(1) 보고업무관리

보고에 대한 오해는 부하직원이 상급자에게 업무와 관련된 사안을 구두, 또는 문서로 결재를 받는 것이라고 이해하는 것이다. 이러한 논의는 현대 사회의 보고행정 및 조직의 업무를 수행하는 직원의 입장에서 보면 적절한 설명이 아니다. 보고는 조직에 속한 모든 직원들이 업무를 처리하기 위해 수행하는 활동이다. 즉 보고는 업무를 시행하기 전에 사전 준비사항을 보고하고, 보고한 사항을 진행하면서 예측된 결과를 입증하는 업무활동이다. 수행해야 할 업무를 합법적으로 처리하기 위해 승인받는 업무절차이기 때문에 보고는 조직의 모든 직원에게 해당하는 업무활동이다.

위의 논의와 같이 직원은 지역의 타 기관과 지자체 담당자, 유관기관과 협의 등을 위해 업무절차에 따라 정보를 교환하면서 교환된 정보를 처리하기 위해 보고를 한다. 필요한 정보를 습득하는 것은 물론 당면한 문제 등을 해결하기 위해 보고하는 것이다. 보고는 타 부서에 협조를 요청할 때도 시행되고 협조를 받기 위해 시행된다. 또는 중요 사안을 협의하기 위해, 현안을 해결하기 위해서 등 공식적·비공식적으로 습득된 업무에 관한 정보를 실행하기 위해 시행된다. 따라서 확인되지 않은 정보만큼 업무처리를 방해하는 것은 없다. 공유되지 않는 정보는 개인들의 관심 밖의 사안에 불과하다. 조직의 구성원들의 업무수행을 방해할 뿐 아니라 업무효율성을 저해시킨다.

보고방식 등을 관리하는 것은 중요정보를 조직차원에서 공유하게 하여 업무를 신속하게 처리할 뿐 아니라 업무수행 역량을 강화시킨다. 동료 및 상급자가 수행하는 업무 또는 사업은 사안에 따라 매우 중요한 것일 수 있어 신속한 정보전달 기능인 보고업무가 적절하게 이루어지면 대처할 수 있다. 즉 보고업무가 체계화되면 긴급한 사안이라도, 또는 급작스런 요구가 있다 해도 대처할 수 있다는 것이다. 따라서 보고방식과 절차, 보고 시기, 업무환경 등을 감안하여 보고의 적시성을 높일 수 있는 체계가 시스템으로 구축되어야 한다.

(2) 효용성 높은 보고

효용성이 높은 보고가 이루어지는 조직은 직원 간의 일원화된 업무처리를 위해 시스템으로 마련되어 있고 업무관리 절차가 체계화되어 있으며, 직원 간의 정보전달 및 습득을 위한 체계가 구조화되어 있다. 단순 정보에서 중요한 정보까지 습득된 정보가 부서 및 개인들의 업무에 언제든 반영될 수 있는 시스템을 갖추고 있다.

하지만 보고가 업무체계로 마련되지 않은 조직은 구두로 전달하는 등 직원들로부터 부서장, 최고관리자가 업무능력을 발휘하지 못해 업무처리에 허덕인다. 더욱 심각한 문제는 업무를 수행할 때마다 직원들과 협의하면서 '이것을 요청합니다.' 또는 '처리를 부탁합니다.'라는 식으로 처리하기 때문에 업무 처리가 지체되고 업무부담이 가중된다.

(3) 업무능력 증명과 보고

보고를 토대로 업무를 시행하는 직원의 업무가 성과를 높일 수 있을지, 성과가 없을지는 승인 여부에 의한다. 상급자는 업무수행 결과를 평가한다. 수행된 업무의 결과를 토대로 평가하기 때문에 업무수행의 어려움 등을 제기하면서 기대한 성과를 도출하지 못했다는 보고를 한다면 업무능력을 의심받는다. 작성된 보고서가 부실하여 재작성하거나 수정해야 한다면 더더욱 그럴 것이다. 이를 볼 때 보고를 못 하는 직원은 업무수행 능력이 부족하다는 것은 분명 옳은 지적이다.

Tip 보고를 잘하기 위해서는

보고업무를 잘 처리하기 위해서는 자신의 상황에 적합한 보고방식을 개발하고 핵심사항을 보고할 수 있는 역량을 갖추어야 한다. 명확한 보고는 사실에 근거하고 정보를 전달할 수 있는 설명에 의한다. 하지만 획득한 정보를 전달하는 것은 용어선택과 태도, 표정이 설득의 효과를 높인다. 보고를 통해 상급자의 신뢰를 얻고 업무능력을 전달하는 것은 보고가 이해되었을 때부터다.

(4) 어떻게 보고해야 하는가

하루에도 수십 건의 보고사항이 상급자에게 집중되고 이러한 보고[1]는 부서의 상급자들이 일사분란하게 처리하면서 조직은 운영된다. 그런데도 상급자는 중요 사업을 파악하고 있으며 담당직원이 어떠한 업무를 수행하고 있다는 것을 알고 있다. 잘된 보고가 있을 것이고, 좋은 보고로 인정을 받아 추진할 사업으로 채택되는 보고가 있을 것이다. 반면 마감기일에 급하게 처리하는 직원의 보고가 있는가 하면, 부정확한 자료를 보고하고, 충분하지 않은 자료를 보고하거나, 보고해야 할 사항과 다르게 보고하는 것 등이 있다. 이러한 보고는 당시에는 드러나지 않더라도 시행하는 과정에서 드러나게 되어 있다.

분명 상급자는 보고를 통해 수행한 업무를 평가하고, 직원의 업무수행능력을

1) 여기에서 보고업무는 조직의 직원들이 업무를 수행하기 위해 하루 동안 생산하고 처리해야 할 모든 문서를 포함한다. 슈퍼비전을 포함하고 사업계획서를 비롯하여 기안문서 외에 관련 서류 등이며 구두보고를 포함한다.

판단할 근거를 갖는다. 따라서 보고업무를 철저하게 관리해야 한다. 5분 내에 업무능력을 평가받고 보고과정에서 능력 여부가 평가되기 때문이다. 보고를 잘 하기 위해서는 첫째, 기획의 방향이 명확해야 한다. 둘째, 자료준비가 철저해야 한다. 셋째, 설득하는 말과 용어선택을 잘해야 한다. 이러한 준비를 통해 업무가 성공할 것이라는 확신을 심어 주기 때문이다.

며칠을 고생하면서 준비한 업무를 5분 만에 재수정해야 하고 다시 준비해야 한다면 충분하게 자료를 검토하지 않았기 때문이다. 이런 실수가 잦아지면 업무능력뿐만 아니라 업무태도를 의심받는다. 만약 상급자가 업무능력을 의심한다면 업무태도를 평가하면서 비중 있는 업무를 맡기지 않을 것이다. 역할비중이 낮아지고, 단순업무만을 수행하게 되면 성취감을 느끼지 못하게 되고 조직에서 실패감에 빠지게 되어 조직에서 점점 뒤처지게 된다. 한순간의 준비 부족으로 인해 이러한 평가를 받아서 되겠는가.

따라서 보고를 잘해야 한다. 조직에 속했을 때부터 역할수행의 존재감을 갖는다는 점에서 가급적 보고사항을 철저하게 준비해야 한다. 문장구조 확인, 오타 점검, 줄띄우기, 내용점검과 확인, 예상되는 문제 등을 사전에 확인하고 방침이 필요한 사항과 지원 사항을 구분하여 보고하는 것이 이러한 실수를 줄이는 방법이다.

직원은 좋은 보고를 하면서 사업을 수행할 책임이 있다. 따라서 '유능하고 능력 있는 직원으로 인정받기 위해서는 인정받는 보고'를 해야 한다.

2. 직원의 보고업무역량

직원의 보고는 다음의 기능을 내포하고 있다.

1) 업무소통

동료와의 관계를 원만하게 하고 업무수행능력을 발휘하게 하는 것이 소통이다. 원만한 소통은 타 부서 직원들과의 회의를 통해 확장되는데 부서 간의 협조가 원활하면 조직의 전략사업과 업무수행에 따른 소통이 원활해진다. 직원의 업무수행은 서로 간에 합의되었다는 전제로 소통을 통해 처리되기 때문에 업무역량 및 개발은 업무소통에 의한다. 즉 업무소통은 부서 및 동료에게 정보를 제공하고 제공된 정보를 토대로 협의하는 등 이해된 상태를 말하며, 협조는 소통된 상태에서 나타나는 결과이다. 소통정도에 따라 업무수행이 원활하거나 반대로 소통되지 않으면 차질이 발생한다.

따라서 소통은 상대를 내편으로 만드는 설득에 있다. 설득은 직원의 생각과 해야 할 의제가 이해되도록 설명해 내는 역량이다. 적절하게 설명하지 못하거나 설득하지 못한다면 의도한 결과를 얻지 못해 소통이 안 될 뿐만 아니라 협조 또한 거절된다. 때문에 소통은 합의와 협조를 이루어내는 직원의 역량에 속한다.

2) 업무수행 필요성 이해

직원은 동료의 협조는 물론 상급자와 상시적으로 소통해야 하는데 보고가 소통을 촉진한다. 보고를 통해 조직의 중요 기능을 완수하기 위해 다양한 업무를 수행한다. 보고는 업무수행을 위해, 또한 업무를 수행하면서, 업무를 수행하고 난 후에도 지속되어야 할 기본 중에 기본이 되는 업무활동의 근간이라 할 수 있다.

직원은 다양한 업무를 수행하기 위해 업무계획을 수립한다. 추진할 업무는 일정화를 통해 부서사업으로 진행된다. 직원의 업무수행은 근거기반에 의해 실천의 이유가 설득된다는 점에서 시행의 필요성이 충분해야 한다.

중요한 것은 수립된 계획에 따라 진행과정에서 참여한 사람들의 변화를 촉구하는 것이다. 실행과정에서 대상자의 요구를 충족하고 조직의 지원이 효과적이었음을 드러내야 하는데 성과가 목격되어야만 변화를 확인할 수 있다.

3) 업무설계

직원의 보고는 내실 있는 업무설계를 작성하는 데 유용하다. 오랜 시간을 투자하여 수립한 계획서라도 조직의 사업목표와 부합하지 않거나 업무와 관련이 없다면 개인적인 업무에 불과하다. 이를 보충하면서 설득력을 갖고 필요하다는 것을 입증하는 것이 업무설계이다. 업무설계(계획의 일정화)는 업무 수행의 목적에 부합하면서 목표달성을 위해 어떻게 설계하느냐에 따라 업무방향이 수립되기 때문에 업무추진 방향을 안내한다. 따라서 실현가능하도록 작성하는 것이 핵심이다(이재용, 2015: 74).

업무설계가 미흡하면 수행하는 사업의 내용이 불분명해져 수행과정을 확인할 수 없다. 이는 조직의 업무특성과 관련된다. 업무설계의 충분성에 따라 업무수행이 성공하고, 또는 실패한다. 즉 업무설계 수준에 따라 해당 업무수행이 원활해지고 아닐 수도 있다는 것이다.

업무를 수행하기 위해 설계하고, 수립된 계획을 실행하기 위해 사업대상에 따른 적합한 전략의 수립이 필요한데 사업진행 장소 확인, 업무구성원확보, 조직의 지원인력과 장비 점검, 프로그램 내용, 예산 등을 업무설계과정에서 반영한다. 업무설계에 따라 계획의 완성도가 높아지기 때문에 충분한 정보를 바탕으로 자료화하여 반영해야 한다.

4) 상급자 설득

상급자에게 업무를 수행하기 위해 보고를 하였지만 승인받지 못해 지원받지 못했던 경험이 있을 것이다. 얼마나 적극적으로 협조하게 만드는지와 자원의 협조를 받느냐에 따라 성공하고 실패하게 되므로 상급자를 설득하는 것은 업무 수행의 근간이라 할 수 있다.

(1) 설득을 위한 준비

상급자를 설득하는 최선의 방법이 적절한 보고에 있으므로 상급자를 설득하였다는 것은 필요성이 이해되었다는 것이다. 설득은 사전 준비에 해당하는 계획이 치밀해야 하는데 설득될 수 있을 정도여야 한다. 즉 계획은 실행을 전제하기 때문에 진행하려는 바가 명확하고, 실행과정이 이해되고 예측되는 성과가 명확할수록 좋은 보고라 할 수 있다. 이러한 계획서가 승인받고 인정을 받는다. 결국 설득은 시행할 업무에 대한 동료 등의 이해를 말한다.

설득은 보고를 통해 이루어지기 때문에 최적의 보고 시기를 파악해야 한다. 상급자가 보고받을 상황이 아니라면 설득되지 않는다. 따라서 보고 시기를 확인해서 적절한 보고가 이루어질 수 있도록 상급자의 상황이 충분히 경청할 수 있는 상황인지를 확인하고 보고방식을 검토한다. 보고를 준비하는 것은 보고내용의 목적과 성과, 예측되는 사항을 일목요연하게 보고하는 것을 말한다. 이러한 보고만이 불필요한 의구심을 갖지 않고 상급자의 관심을 높이기 때문이다.

따라서 설득하는 보고는 상급자의 흥미와 관심을 유발하고 일관성이 있으며 보고내용이 간결하다. 설득하는 데 필요한 보고의 목적이 명확하고 이해되면서 무엇을 어떻게 진행하려는지가 분명하다. 사업의 시행 이유와 목적이 분명하고, 지원 사항이 명확하다.

(2) 설득 기술

① 공감을 이끌어 내는 역량

상대로부터 공감을 이끌어 내는 기술은 업무 주체인 직원에게 매우 중요하다. 공감은 업무에 관심을 갖도록 핵심내용을 설명하여 사업을 추진하는 이유가 이해될 때 인지되는 감정의 상태다. 따라서 공감을 이끌어내기 위해서는 대화의 목적이 분명하고 필요성이 이해되어야 하고 적절한 대화방식을 통해 긍정의 태도와 반응을 유발할 수 있어야 한다. 이 과정에서 필요성이 이해되면 상대방은 대화에 집중하게 되고 공감을 얻어낼 수 있게 되는 것이다. 표정, 태도로 확인되는 상대의 감정을 살피면서 대화를 진행하면 보다 효과적으로 설득할 수 있다. 상대방을 집중하게 만드는 또 하나의 방법은 신중하고 적극적인 태도로 임하는 것이다. 상대방의 입장에 공감하는 반응을 하고 이해하고 있다는 표정으로 최선을 다해 문제해결을 위해 노력할 것임을 약속하면서 좀 더 적극적으로 설득하는 대화를 이어 나가는 것이다. 동료의 공감하는 태도는 반응에 따라 확인되는데, 설득 여부에 따라 지원이 결정되므로 반응을 살피면서 대화하는 것은 중요하다.

② 업무이해를 높이는 보고기술

업무추진의 정당성을 확보하기 위한 최선의 대안은 상급자를 설득하는 데 있다. 하지만 업무의 시행 이유가 이해되어야 하고 업무의 필요성이 설득되어야 한다. 직원이 상급자 등을 설득하기 위한 방법 가운데 가장 많이 활용하는 방식이 구두보고와 문서를 통한 보고다.

보고는 구두보고, 유선보고, 문서보고 등이 있는데 최근에는 유선보고, 메일보고, 자료보고 등 보고유형이 다양해졌다. 하지만 보고는 보고의 목적이 있고 보고방식에 따라 설득방법을 다양화해야 한다. 그래야만 설득되기 때문이다.

Tip 업무이해를 높이는 보고절차

설득방법의 다양화는 구두, 유선, 메일, 문서 보고 등에 대한 업무필요성을 서류로 작성할 수 있어야 한다. 보고내용을 정리하고 설득에 필요한 자료준비가 철저해야 한다는 의미다. 상급자가 관심을 두고 있는 사항을 집중적으로 자료화하고 설명할 수 있는 시간을 확보한다. 보고 시에는 성과를 먼저 보고하고 진행사항과 결과적으로 얻게 되는 이익을 중심으로 보고한다. 보고과정에서 예측되는 장애물을 보고하고 필요한 지원을 요청한다. 핵심사항은 사업의 목적과 목표, 진행사항, 성과, 예측되는 장애물, 예산의 투입 등이다.

③ 표정과 태도로 호감을 일으키는 기술

승인받기 위해 여러 날을 고민하면서 준비한 보고를 상급자에게 거절당한 경험이 있을 것이다. 반려된 업무를 다시 설득하기 위해서는 더 많은 준비가 필요하다. 업무실행 이유를 다시 설득해야 하는 것은 물론 지적된 사항을 보완하고 설득하기 위한 준비 또한 철저해야 한다.

대개 보고하는 시간은 긴장이 따르기 마련인데 가급적 미소를 지으며 업무내용을 간결하게 보고하면서 지시사항을 어떻게 반영했는지를 명쾌하게 보고한다. 상급자의 호감을 일으키는 보고는 긍정적인 태도와 반드시 실행하겠다는 확신을 주는 데 있다.

보고는 긴장과 스트레스를 유발하기 때문에 자신의 보고 태도를 가늠하는 것은 쉽지 않다. 보고하면서 긴장하고 불안정한 상태에 놓이는 이유겠지만 준비한 만큼 보고하지 못한다면 설득하지 못한다. 따라서 보고 중에 불안정한 심리상태를 극복하기 위해서는 보고 태도를 주의 깊게 살피는 것 외에는 방법이 없다. 보고할 사항을 메모하고 거울을 보면서 연습하는 것도 도움이 된다. 보고는 상대적인 것으로 보고받는 상대의 마음을 움직이는 데 있기 때문에 연습하는 것만이 방법이다.

보고태도 관리는 업무를 잘 수행하겠다는 신뢰를 얻는 방법이므로 비언어적 표현에 주의하고, 태도와 표정을 평소부터 관리하는 것만이 대안이다. 태도는 사람됨을 평가하는 요소로 누구나 거칠게 항의하면서 이의를 제기하는 직원을 긍정적으로 인식하지 않는다.

④ 보고사항을 주도하는 기술

보고과정에서 대화를 주도하기 위해 상급자의 얘기에 주목하고 질문사항을 정확하게 답변하는 등 핵심사항을 설명하면서 지원이 필요한 이유를 설명할 수 있어야 한다. 모든 보고는 실행의 이유가 있기 때문에 설득하는 보고는 필요성이 충분하다.

이재용(2015: 77-78)은 직원이 업무보고를 하면서 자주 실수하는 바가 상급자의 말을 끊고 자기주장을 얘기하는 것이라며 이러한 태도를 주의해야 한다고 하였다. 요점을 찾지 못해 애매한 말을 하거나 모호한 태도와 표정을 짓는 것 또한 주의해야 한다고 하였다. 모르겠다는 표정을 짓고 관련 없는 사항을 주장하는 등의 보고태도는 호감을 일으키지 못한다고 하였다. 직원의 부정적인 태도는 피드백을 가로막고 말하는 것과 중간에 끼어들기, 질문에 답하지 않고 불쾌한 표정을 짓는 것, 자기주장을 고집하고, 다른 생각을 하는 듯한 표정을 짓는 것 등이라고 하였다. 이런 경우 보고는 짧게 끝나고, 다음번에 얘기하자는 것으로 마치게 된다. 만약 길어진다면 분명 불편한 감정을 드러내면서 직원의 태도를 문제 삼을 것이라고 하였다.

보고를 주도하기 위해 위의 사항을 주의하면서 보고의 필요성을 설득해야 하는데 직원은 항시 사람을 상대하기 때문에 누구를 만나더라도 소통하면서 공감하는 대화기술을 갖추어야 한다. 소통은 언어로만 전달되지 않는다. 직원의 태도를 통해 비언어적 표현에 따라 더 설득 있게 전달되므로 반응을 살피면서 소통하기 위해 노력해야 한다.

소통되었다는 것은 공감하고 있다는 반응을 통해 확인이 가능하다. 직원의 얘기에 반응한다면 이는 교감되었다는 신호로 공감하고 있다고 볼 수 있다. 이해를 갖는 때부터 공감하게 되므로 설명하면서 전달하는 데에만 집중하지 말고 신뢰를 가질 수 있도록 믿음을 주어야 한다.

> **Tip 소통하는 대화**
>
> 교감은 견해 차이를 줄이고 일체된 행동을 도모하는 정서적 소통상태로 마음이 통했다는 것은 상대가 이해했다는 긍정의 마음을 갖고 교감되었다는 의미다. 사실 대화를 하면서 이보다 좋은 관계 맺기는 없다. 따라서 교감하는 대화는 서로의 입장을 이해하고 의견의 대립이 없는 소통의 상태를 만들기 때문에 상급자 및 동료를 설득하게 한다. 따라서 자신만의 교감하는 대화 방법을 체득해야 한다(이재용, 2015: 78).

(3) 문서작성기술

① 보고서류 작성의 중요성

직원의 업무는 보고서 작성으로 시작하여 결과보고서의 보고로 마친다고 해도 과언이 아니다. 조직의 업무근간이 문서임을 감안하면 보고문서의 작성은 직원의 필수업무임에는 틀림이 없다.

직원은 수행해야 할 업무를 처리하기 위해 문서를 작성한다. 여기에서 문서는 계획서부터 수행사항을 포함하는 결과보고서 외에 사진, 도면, 영상 등을 포함한다. 이러한 보고문서는 조직에 채용되는 시점부터 퇴직하기까지 계속 수행할 업무다. 따라서 문서의 서류화는 필수 역량이다. 고객과 상담하는 중에도 면담일지를 작성하고 외근을 다녀왔다면 근무상황부를 작성하는 등 보고와 관련된 행정문서의 작성은 끊임이 없다. 따라서 보고와 관련된 행정문서는 직원의 기본중의 기본이 되는 업무라 할 수 있어 문서작성 역량은 직원의 업무능력을 드러내는 필수역량이다.

② 문서작성기술 수준과 근거기반 활동

직원은 다양한 보고 문서를 통해 업무활동의 근거를 마련하고 증명한다. 한 주의 계획은 일일 업무계획과 처리사항을 토대로 작성되고, 한 달의 계획 또한 마찬가지다. 조직의 연간 사업을 추진하기 위해서도 계획을 수립한다. 이러한 계획을 토대로 업무를 추진하는 조직이 대부분이다.

한편 보고행정업무는 업무활동의 근거를 마련하기 위해 문서작성을 확인하고 업무를 수행하기 위해 처리하는 모든 활동이 문서로 작성된다. 하지만 모든 문서는 작성원칙에 따라 생성해야 하고 업무처리 절차에 따라 보존해야 한다. 문서작성은 조직에서 정한 규정을 근거로 작성되고 생성된다. 즉 문서작성은 조직의 문서작성 방법에 따라 작성해야 한다는 것이다.

③ 구두보고에서 서류보고로

직원이 업무를 처리하기 위해 수시로 시행되는 많은 역할이 구두로 협의되고 결정된다. 구두보고는 문서의 시작과 마감에 해당하고 업무의 시작과 마감이라 할 수 있는 문서화를 통해 업무를 수행하고 보고를 통해 마친다. 하지만 구두보고는 근거기반 실행의 단초를 제공할 뿐 불완전한 인간의 기억의 한계로 인해 아쉽게도 반드시 문서로 작성되어야만 정당성을 갖는다.

구두로 보고한 사항을 문서로 작성하기 위해서는 작성방식 등의 정확한 이해가 필수다. 여기에서 의미하는 이해는 문서성격에 따라 서류작성 방법과 처리절차를 아는 것을 말한다. 구두보고는 짧은 시간 내에 방침을 이해하고 방침사항을 문서에 반영하기 때문에 정확한 의도파악이 먼저다. 구두로 이어지는 보고는 방침확인과 정보습득을 위해 시행되기 때문에 정확한 의도를 파악해서 문서에 반영한다.

구두보고는 문서보고와 다른 차이가 있는데 당시의 상황을 이해하는 데 유용하다. 하지만 정황을 문서로 작성해야 한다면 글쓰기 능력에 따라 상황이해가 높아지므로 문서작성은 고도의 연습이 필요하다. 이러한 문서작성 능력을 통해야만 적정한 보고서로 승인을 받기 때문이다. 결국 구두보고를 잘하기 위해서는 육하원칙에 따라 보고하고 추가적인 정보를 문서로 작성할 수 있어야 한다. 그래야만 보고내용에 더해 질 높은 보고서를 작성할 수 있기 때문이다.

여기에는 중요한 원칙이 있다. 모든 업무는 사안마다 문서를 작성해야 한다는 것이다. 모든 사안마다 문서를 작성하는 것은 일 건 일 문서주의 원칙을 적용하는 것을 말한다. 계획기안과 결과 기안이 동일한 문서라는 원칙을 적용하라는 것이다. 따라서 계획기안을 작성하면 생성된 문서를 토대로 결과 기안을 작성한다. 예로 기획팀 2019-36번이면 결과 기안은 기획팀 2019-36호와 관련하여 2019-37번으로 작성해야 한다. 즉 하나의 업무활동은 문서로 기안하고 활동이 종료된 후에는 기안하여 보고한다는 원칙을 지켜야 한다는 것이다.

6장

업무능력 인정과 보고

학습목표

1. 상급자에게 업무능력을 인정받기 위해 수행할 사항과 업무수행에 필요한 전략을 수립하여 실행할 수 있다.
2. 업무능력을 인정받지 못하는 요인과 직원들의 유형을 파악하여 보고업무능력을 강화하기 위한 방법을 설명할 수 있다.

1. 업무능력을 인정받는 보고

1) 상급자가 인정하는 보고와 업무능력

(1) 높은 업무이해도를 통한 업무능력

조직은 부서화를 통해 부서별로 사업과 업무를 분장하여 추진하고 부서특성에 의해 고유업무(사업 포함)를 수행하는 구조를 체계로 갖추고 있다. 즉 부서의 특성에 따라 신규사업, 특성화사업, 고유사업을 배정하여 운영한다. 상급자는 부서에서 추진하는 사업과 업무를 총괄하면서 직원들에게 분장하고 추진할 시기를 정하는데 이를 일정화라 한다. 일정화를 통해 부서의 업무와 직원들의 업무를 관리하면서 사업의 진행과정을 관장하고, 사업은 시행초기, 진행, 종료 과정으로 추진된다. 이런 식의 관리과정은 연초와 연말에 집중된다.

원활한 사업의 진행을 위해 모든 직원들이 부서의 사업규모와 업무사항을 파악하고 공통 업무와 담당하는 업무에 대한 이해가 높아야 한다. 업무파악은 업무이해를 위해 먼저 준비해야 할 사업추진의 기본이기 때문이다. 조직의 설립 목적을 이해하고 사업방향 등을 파악한다. 또한 해당 부서의 사업규모와 특화 사업, 공통 업무 외에 개인이 추진할 부서의 사업 등을 파악한다.

업무파악을 마치면 사업별로 추진시기를 확인하고 담당하는 업무이해를 높여야 한다. 파악이 끝나면 담당하는 업무를 일정화하고, 수행시기, 해당 사업에 대한 상급자의 개입시기, 협조받을 사항 등을 확인한다. 시기별로 진행되는 업무를 월별로 기록하고 추진 시기를 한눈에 파악할 수 있도록 중요 업무와 단순 업무를 구분하여 주간 또는 연간계획표를 작성한다. 이런 식으로 연간업무를 수립하면 업무범위와 업무처리 시기를 알게 되고 월별로 추진하는 사업과 업무를 파악하게 되어 규모 있는 업무수행이 가능해진다.

(2) 계획적인 업무추진을 위한 업무능력

계획적인 업무추진을 위해 직원이 고려해야 할 사항은 다음과 같다.

① 사업의 범위와 추진시기를 정한다

조직의 사업은 매년 정해진 시기에만 추진하는 사업이 있다. 시기를 파악하면 사업이 언제 추진되어야 하는지를 이해할 수 있다. 먼저 조직의 사업추진 사항을 분석하고 부서에서 시행해야 할 사업을 파악한다. 부서에서 시행하는 사업은 비슷한 시기에 추진하는 사업과 행사, 특별행사 등이 있다. 부서사업을 파악하고 자신의 역할을 확인한다. 정부회계연도를 기준으로 부서에서 수행하는 사업을 파악하면 한 달, 한 주에 수행하는 사업을 이해하게 된다. 조직의 사업은 일 년을 기준으로 반복적으로 시행하는 특성이 있다.

② 조직의 문서양식을 파악한다

조직은 양식중심으로 업무를 처리한다. 따라서 서류를 파악하고, 각각의 양식 작성 방법과 보고절차 등 공통적으로 사용하는 양식과 개인의 업무수행에 필요한 양식의 처리절차 및 보고방법을 확인한다.

③ 업무파악을 마쳤다면 업무참여를 확대하기 위한 기회를 찾는다

참여기회가 확인되면 참여할 것을 상급자에게 보고하여 승인을 받는다. 이러한 요구를 거절할 상급자는 없다. 담당하는 업무에 대한 경험이 많고 다양한 상황에 대처할 수 있는 임상능력은 중요하기 때문이다. 개인의 전문성은 해당 분야에서 지식이 출중하다고 하여 인정받는 것은 아니며 참여가 많고 경험이 축적되어 지식과 결부되었을 때 전문성을 인정받기 때문에 업무활동 영역을 넓히고 확대해야만 전문성이 신장된다. 비중 있고 중요한 업무에 참여하는 경험의 축적을 통해 확대된다는 의미다.

임상경험의 확대는 초임 직원일수록 더 필요하고 초임 상급자로 진급하거나 비중 있는 역할의 참여가 적은 경우 더 필요하다. 자신의 경험이 동료들과 부서에 직접적으로 영향을 미치는 업무는 직원의 시각을 넓히는 데에도 도움이 된다. 단순하고 쉬운 업무부터 시행하고 점차 비중 있고 중요한 업무에 참여하는 것이 효과적이며, 점차 중요한 업무를 담당할 수 있도록 상급자에게 요청하면서 업무영역을 넓혀 간다.

④ 조직의 중요 프로젝트에 참여한다

조직의 사업을 감안하여 기획 사업을 추진할 수 있는 역량을 갖추기 위한 준비를 말한다. 조직은 매년 추진하는 사업이 다양하다. 그 가운데 직원이 주도하여 추진할 수 있는 업무는 일부에 불과하다.

사업에 변화를 모색해야 한다면 관계된 사람들을 참여하게 하는 것이 효과적이다. 자원의 참여는 해당 사업의 실행 가능성을 높인다. 하지만 사업에 대한 이해가 높아야 한다. 이해가 많다는 것은 사업실행의 의미에 더해 더 높은 성과 도출을 위한 합의가 전제된 협조체계를 말하고, 새로운 기획 사업을 개발할 때도 다양한 아이디어를 생산하게 하여 성공 가능성을 높인다.

따라서 상급자, 또는 최고관리자와의 대면기회를 늘리고 담당하는 업무를 주변의 동료들에게 알려야 한다. 알릴 때부터 참여하는 동료들의 관심이 높아지기 때문이다.

Tip 실수극복

처음 해 보는 업무는 누구나 실수할 수 있고 원만하게 진행되지 않을 수 있다. 부족한 점은 상급자도 알고 있다. 임상경험이 쌓이고 많이 수행하면 능수능란하게 시행할 수 있다. 이것만이 직원을 중요 사업에 참여하게 만들기 때문에 역량 강화의 필요성이 인식되었다면 의지를 갖고 역량 개발에 전력해야 한다.

⑤ 다양한 업무상황에 대처할 수 있는 능력을 강화한다

업무를 수행하다 보면 예기치 않은 상황에 직면하게 되는데 생각지도 못한 상황이어서 대처에 어려움을 겪을 수 있다. 장애물은 예기치 못하는 것이어서 경험이 적거나 부족한 직원일수록 극복하는 것이 쉽지 않다. 사실 정해져 있는 업무라도 예기치 않은 상황이 너무나 다양하기 때문에 긴장하지 않는다면 사고로 이어질 수 있으므로 신중해야 한다.

철저한 준비는 예상하는 상황과 예기치 않은 상황을 대비하게 하고 업무처리 계획에 따라 준비하는 것을 말한다. 따라서 업무를 능숙하게 처리하기 위해 역량을 강화하면서 수행할 업무에 대한 지식을 갖추기 위해 노력하는 등 임상경험을 축적하기 위해 최선을 다한다. 그래야만 역량 강화는 물론 능동적으로 대처할 수 있기 때문이다.

⑥ 업무수행 의지가 확고해야 한다

전문지식과 임상경험이 부족하고 해당 업무를 처리할 만한 기술이 없다고 해도 성실한 업무태도는 상급자의 신임을 받는 유일한 것이다. 누가 성실한 직원을 소홀하게 여기면서 배제하겠는가? 이런 상급자는 없다. 오히려 시간이 걸리더라도 슈퍼비전을 제공하면서 역량을 강화하는 방법과 절차를 소개하는 등 기다려 줄 것이다.

상급자의 기대에 부응하고 업무능력을 갖추기 위해 최선을 다하는 것은 역량을 강화하는 준비다. 경험을 축적하면서 전문성 함양에 필요한 지식과 기술, 태도는 업무수행 의지가 많고 최선을 다하려는 태도에 의해 정립되기 때문에 노력하는 직원의 성실성에 의해 성장한다는 가정은 옳다.

3) 인정받은 직원의 업무수행전략

여러 직원이 근무하는 조직에서 승진하는 직원과 일 년, 또는 이년 후에 승진하는 직원의 업무능력은 분명 차이가 있다. 능력을 인정받은 직원과 그렇지 않은 직원, 단순 업무를 수행하는 직원과 중요 업무를 담당하는 직원이 있다. 분명한 것은 능력을 인정받은 직원만이 승진하고 조직의 중요 사업을 담당하게 된다는 것이다. 인정받은 직원은 다음의 사항을 위해 자신의 역량을 강화한다.

(1) 조직의 문서 분석

임용된 초기에는 업무수행의 모든 것들이 낯설다. 동료에게 물어보고 상급자에게 여러 업무에 관한 의견을 교환하지만 무엇부터 해야 할지 혼란을 겪을 수 있다. 이런 경우 가장 먼저 할 일이 선임자가 작성한 서류를 검토하는 것이다.

지난 연도에 수행한 사업을 검토하고 사업수행을 위해 작성된 문서를 확인하면 해당 시기에 처리된 사업의 처리절차와 문서작성 방식 등을 파악할 수 있다.

따라서 7월에 임용이 되었다면 3분기인 7월부터 9월까지의 서류를 파악한다. 또는 5월부터 7월까지의 서류철을 확인하고 세부내용을 분석한다. 주간단위로 처리된 사업명, 서류분석, 작성 방법을 분석하고 월별로 시행된 사업을 정리하여 예산규모와 참여인력, 시행 장소 등을 노트에 기록한다.

이렇게 하면 어느 시기에 무슨 사업이 시행되었는지를 이해할 수 있다. 또한 각각의 사업내용과 진행절차, 참여자원, 시행 장소 등의 파악이 용이해진다. 사업의 내용변경과 수정사업계획서를 작성하거나 신규 사업을 기획하는 데에도 도움이 된다.

(2) 보고 시기 및 보고내용 분석

사실 임용 초기는 행정 및 업무 절차를 이해하는 것만도 벅차다. 규정에 따라 업무를 처리하는 것은 버거운 일일 수밖에 없다. 업무가 주어져도 무엇부터 시작하고 처리해야 하는지 등 처리에 부담을 갖는다. 이는 업무가 생소하기 때문에 겪는 일이며 가급적 처리할 수 있는 업무를 담당하기 바라는 것도 이 같은 부담 때문이다.

하지만 신입직원 딱지는 일 년 내에 벗는다. 업무역량을 강화하기 위해 결재시간과 결재사항을 숙지하고 업무처리에 유용한 자료를 수집하는 것만이 방법이다. 보고는 상급자의 승인을 받기 위해 시행된다는 점에서 업무 중요성이 드러나야 한다.

보고하기 이전에 보고방식과 절차를 파악하는 것이 먼저다. 업무계획을 보고하면서 보고방법을 선임자에게 질문하고 보고방법을 숙지한다. 각각의 사업유형에 따라 업무계획 수립시기와 보고 시기, 추진실적의 보고 시기와 내용, 일반기안문서 생성방법과 보고서 작성 시 구성사항 등을 확인한다. 또한 조직의 사용양식을 파악하고 개인의 업무와 상급자의 보고스타일을 확인한다.

(3) 회의구조 및 성격 파악

조직은 주요 정책을 결정하고 협의하기 위해 회의체계를 마련하여 주요사항을 결정한다. 최고관리자를 비롯하여 평직원에 이르기까지 다양한 회의에 수시로 참여하는 등 사실 조직은 회의를 통해 중요의사를 결정하는 협의 중심으로 운영되는 곳이다.

조직의 회의는 다음과 같다. 전체 직원이 참여하는 전체 직원 회의, 중간상급자 이상의 상급자가 참여하고 최고관리자가 주도하여 진행하는 참모회의, 팀장 또는 부서장이 참여하는 부서장 회의, 평직원 회의 등 내부 회의가 있으며, 위의 회의를 통해 사업이 개발되고 실행사항이 결정된다. 업무관련 사항 외에 부서 관련사항, 연 사업 계획과 사업의 평가 등 중요의사를 결정한다.

또한 외부회의가 있는데 최고관리자가 참석하는 회의, 부서장 및 직원이 소속된 외부조직 담당자 또는 관계된 직원들과 정기적으로 시행하는 회의다. 이러한 회의는 지역에서 공동으로 시행하는 사업에 대한 의견을 교환하거나 추진방향을 모색하기 위해 시행된다. 최근에는 조직 간의 협의체계가 활발하여 지역의 현안 해결을 위한 회의가 활발하게 시행되고 있다.

조직의 회의구조를 파악하면 조직운영과 관련된 의사결정 구조를 이해할 수 있다. 먼저 조직의 정책결정 회의를 파악한다. 조직의 핵심 참모들이 참여하여 결정하는 사항과 부서장이 결정하는 사항, 전체 직원이 참여하는 회의를 파악하고 결정해야 하는 사항, 외부 조직에서 시행하는 회의를 파악한다. 또한 회의시기를 파악한다. 대개 긴급회의를 제외하고는 일일, 주간, 월간회의 등으로 진행되는데 각각의 회의는 한 주에 정례적으로 시행되기 때문에 회의개최 시기를 파악하면 협조방법과 절차, 협조 사항 등에 필요한 업무절차를 이해하게 된다.

(4) 업무권한과 역할 이해

조직의 운영체계는 부서화를 통해 구조화되는데 직위에 따라 역할을 달리하면서 권한을 행사하는 방식으로 업무를 추진한다. 업무분장을 통해 업무를 배정하고 사업을 시행할 수 있는 직원을 지정하여 분장하는 것이다. 업무는 직위가 높은 차상위 상급자, 또는 최고관리자가 배정하는 것이 일반적이다.

업무담당자의 배정은 업무분장과 차이가 있다. 해당 업무의 중요도와 처리역량이 고려된다. 따라서 업무태도와 관리 능력이 있는 직원이 담당하게 되므로 중요 업무를 배정받는 것은 그만큼 업무능력을 인정받았다는 것이다.

이렇게 배정된 업무는 최고관리자를 대신하여 추진하라는 권한을 위임받았다는 의미다. 당연히 업무담당자는 업무처리의 주체로 대표성을 갖는다. 직원들은 해당 업무의 원활한 처리를 위해 적극적으로 협조해야 할 책무가 부과된다. 여기에서 적극적인 협조는 무조건적으로 협조하라는 것이 아니라 성과달성을 위한 지원을 말한다. 상급자 및 선임직원을 비롯하여 직원들은 수행해야 하는 고유업무가 있기 때문에 지원할 수 있는 사항이 정해져 있다. 그래서 결재권자와 협조받을 대상, 부서에 요청해야 할 사항 등 협조사항을 구체적으로 정한 후 해당 부서의 담당자와 협의하여야 한다.

이러한 업무권한을 이해하게 되면 업무처리 시간을 단축하게 되어 업무효율성이 높아진다. 역할 수행에 따른 불필요한 활동과 낭비적인 활동을 줄이는 것은 물론 성과 도출을 위한 직원 간의 협조가 수월해진다.

(5) 활용 가능한 시설물 파악

어느 조직이든 다양한 사무실을 보유하고 있으며 부서별로 시설물을 비롯하여 기자재 등을 관리하는데 사업의 원활한 진행을 위해 각각의 시설물은 기능에 따라 최상의 상태로 관리되어야 한다.

직원이 업무를 수행하는 중에도 기자재가 필요한데, 필요하다는 것은 업무를 수행하는 데 충분해야 한다는 것이다. 충분하다는 것은 사업을 진행하고 성과 달성을 위한 기자재를 보유하는 것은 물론 양질의 성과 도출을 위해 활용 가능한 기자재가 충분하다는 것을 말한다. 따라서 기자재는 충분할 정도로 비치되어야 하고 누구나 이용할 수 있어야 하고 언제든 활용이 가능해야 한다.

조직의 시설물과 기자재는 이용이 많을수록 주민들로부터 인지도가 높아진다. 이용하지 못하는 기자재가 쓸모없는 것처럼 이용되지 않는 기자재는 기능을 다하지 못한다. 그렇다면 기자재는 언제든 필요한 때에 공급되고 활용될 수 있어야 한다.

(6) 조직문화 파악

사람이 모여 목적을 갖고 업무를 추진하는 조직이 조직이다. 개인들의 업무는 동료 및 부서의 협조가 필요하고 협조가 잘 이루어지는 정도에 따라 사업의 성과 또한 달라진다. 조직의 업무는 조직차원, 부서차원, 개인 차원으로 구분되고, 직위에 의해 최고관리자, 사무국장, 또는 부장, 과장, 팀장, 담당자 등 직위에 의해 업무를 분장하여 추진된다. 따라서 개인의 업무는 부서의 업무이고, 조직의 업무로 대표성을 갖는다.

고유 업무는 성격에 따라 협의를 통해 역할을 분장하고 직원들의 고유업무와 부서특성에 따라 직원 간, 부서 간의 합의하에 추진된다. 합의방식과 업무처리방식이 정착되면 행정업무는 일원화되는데 이를 조직문화라고 한다. 즉 직원간, 부서 간 협조, 업무추진 과정, 직원들의 업무태도 등에 의해 업무문화가 형성된다는 것이다.

Tip 좋은 직장 문화형성

업무과중이 빈번하고 중재능력이 부족한 상급자가 배치된 부서에 소속된다면 직원은 소속감을 갖지 못하고 직원들 간에 비공식적인 활동이 많아진다. 비공식활동은 업무에 대한 불만이 생기거나 소속감이 상실되어 단순 업무에 몰입하는 등 부정적 영향을 미친다.

조직의 업무는 업무문화 형성에 따라 위축되기도 하지만 조직의 소속감과 자긍심을 심어 준다면 업무 분위기는 언제든 변화될 수 있으며 활발한 직장문화를 형성해 나갈 수 있다. 또한 선임자들이 수행해 온 공적 활동과 비공식적으로 시행되는 업무처리 방식 외에 구성원의 업무이해정도, 처리 태도, 업무관점 등이 영향을 미치고 조직에 대한 소속감에 따라 건강한 업무관계가 형성된다. 이러한 업무관계가 지속적으로 이어지다 보면 조직의 문화로 정착된다. 따라서 좋은 업무문화를 만들고 지켜 가는 것은 직원들의 변화 대응 역량을 강화하고 사회변화에 능동적으로 대처하게 한다.

조직은 직원들의 업무수행에 대한 정체성에 따라 업무수행 분위기가 조성된다. 최고관리자의 마인드, 운영주체의 설립배경에도 영향을 받는다. 직원들의 업무관점 및 태도 또한 영향을 미치기 때문에 인정받는 직원은 업무분위기를 주도하고 긍정적으로 영향을 미치는 것은 분명하다(이재용, 2015: 31).

(7) 조직의 행사 파악

조직은 다양한 사업을 수행하게 되는데 지역의 여건에 따라 수행하는 것이 대부분이다. 조직이 이러한 행사를 추진하는 이유는 다양하겠지만 조직의 위상을 높이고 다양한 사람들에게 조직을 알리기 위해서이다.

행사는 행사 목적에 맞게 사전 준비가 철저해야 한다. 부서에서 추진하는 행사라 하여도 직원이 주체가 되고 부서차원의 행사, 조직의 행사 규모에 따라 지역의 행사로 추진된다. 따라서 자체적으로 시행되는 행사라도 내부적으로 시행하는가 또는 외부인사, 주민들 등 참여 대상에 따라 규모가 달라지기 때문에 행사규모는 내부행사로 진행되거나 외부시설을 대여하여 진행된다.

행사기획은 기획의도에 따라 성과 도출에 직결되기 때문에 시기를 정하는 것이 먼저다. 해당 시기는 계절과 관련되므로 계절에 맞는 지역의 행사에 부합해야 한다. 대개 외부에서 시행되는 행사는 조직 자체적으로 시행하는 행사보다 규모가 크고 외부조직의 참여 및 조직의 인사들이 참여하는데, 협조공문을 발송하여 협조를 받아야 한다. 따라서 행사 한 달 전에 시행하고 일주일 전에 확인되어야 한다. 전체 직원이 참여하는 행사 또한 마찬가지다.

(8) 운영주체의 설립목적 이해

산하기관을 대표하면서 운영의 주체로는 사단법인, 재단법인, 의료법인 등이 있다. 직원이 소속된 산하조직의 운영에 권한을 행사하면서 운영주체로 기능한다. 운영주체의 권한은 막강하다 할 수 있을 정도로 기능이 확대되었다. 조직의 장의 채용 시 인사권한을 행사하고 산하조직의 중간상급자에 대해 순환보직을 명령할 수 있다. 또한 산하조직이 많고 적음과 상관없이 운영의 주체로 기능하기 때문에 산하조직의 행정업무 등을 총괄한다.

즉 산하조직의 운영에 대표성을 갖는데 사업 계획 및 예산서 작성, 직원의 채용과 퇴직, 사업실적 및 결산서를 비롯하여 중요사업 등 조직운영을 총괄한다. 따라서 운영주체인 법인의 설립목적을 이해하고 산하조직과 사업 등을 파악하고 있어야 한다.

2. 업무능력을 인정받지 못하는 업무보고

직원은 보고를 통해 상급자로부터 업무능력을 인정받기 때문에 상급자의 권한임을 인지하고 성과보고에 최선을 다해야 한다.

1) 인정받지 못하는 업무보고

직원의 보고는 정보의 충분성과 시기의 적절성에 의하기 때문에 정보부실, 자료미흡 등은 업무능력을 의심받는 빌미를 제공한다. 따라서 보고를 잘하고 못하는가는 상대의 편에서 수용할 수 있는 정보에 의한다. 보고의 질은 보고절차의 준수와 업무절차에 따라 처리되었을 때 달라진다. 따라서 인정받는 보고는 처리 시기를 지키고 업무성과를 도출하는 데 필요한 정보가 충분하다.

좋은 보고는 업무수행 시기에 따라 적절하게 제공되기 때문에 업무 관련성이 높다. 반면 부실한 보고는 보고방식과 절차를 무시하고, 자의적인 판단에 의해 일방적으로 제공된다. 그래서 부실한 보고는 상급자가 인정하지 않는 불필요한 정보가 담겨 있다. 부서, 또는 개인들의 업무에 영향을 미치지 못해 소통을 방해할 뿐 아니라 업무처리를 지체하게 만든다.

(1) 보고 없는 진행

상급자가 직원의 업무수행 태도를 문제 삼는 것은 보고 없이 수행하기 때문이다. 이러한 직원은 자기중심적으로 업무를 처리한다. 하루에도 여러 업무를 수행하고 결과보고를 받는 상급자가 해당 업무의 원활한 수행을 위해 가장 중요하게 여기는 사항을 무시한다. 상급자는 업무수행계획과 진행, 처리의 결과를 중시한다. 계획대로 진행되고 있는지를 확인하고 성과가 도출되고 있는지 등 업무진행사항을 보고받기를 기대한다.

(2) 시기를 놓친 보고

보고 시기를 놓치는 경우가 빈번하다면 보고하는 직원은 업무능력을 의심받게 된다. 보고는 계획 수립, 진행과정, 결과도출까지 수시로 수행할 업무이기 때문에 보고 없는 진행은 역량을 격하시킨다. 최고관리자의 방침에 따라 서류를 작성하였다면 예정대로 시행되지만, 의도에 부합하지 않는다면 재작성해야 한다. 동료, 또는 상급자에게 업무가 이관되는 경우도 있다. 업무를 재배정하는 것은 최악의 상황으로 담당직원의 업무능력을 평가절하하거나 업무능력이 없다는 것이다. 그런데도 개선하지 않고 계속 같은 방식으로 추진한다면 결국 단순 업무만을 수행하게 된다.

따라서 계획서대로 업무를 수행하면서 성과 도출을 위해 자신의 업무역량을 향상하기 위해 전력해야 한다. 외부조직에서 재정을 보조받은 사업이라면 더욱 그러하다. 성과 도출은 진행과정에서 얼마나 정확한 정보를 보고하느냐에 따라 달라지므로 보고를 생략하고 마감기일을 지키지 못해 처리에 급급하면 성과 도출에 실패한다.

(3) 부정확한 보고

부정확한 정보를 보고하게 되는 가장 큰 요인은 직원들과 협조체계가 구성되지 않았기 때문이다. 사업의 시행초기부터 협조하지 못하는 등의 문제에 직면한다. 상황을 파악하지 못하는 것도 문제지만 정확한 정보를 제대로 전달하지 못하는 것, 기획의도와 다른 설명, 현상을 이해하지 못해 동료와 상급자에게 파악되지 않은 사항을 설명하려 하면서 발생한다. 즉 해당 업무에 대한 이해가 없는 동료, 또는 상급자는 담당자의 보고를 그대로 수용할 수밖에 없다.

시행 초기는 사업의 필요성을 제안하고 설명하기 때문에 사업을 파악하지 못한 타 부서의 직원들은 상황을 이해하지 못한다. 주무부서의 담당자의 얘기에 집중하면서 자신의 역할에만 관심을 둔다. 계속되는 회의참여를 통해 업무를 파악하면서 상황을 이해하게 되는데 기획의도와 다르다면 협조하지 않는다.

부정확한 정보제공은 초기 문서접수 과정에서 해당 문서에 대한 이해 부족이 요인이다. 파악되지 않은 정보가 제공되고 전달될수록 직원들의 혼란을 가중시키고 차후에는 요구한 결과와 다른 보고를 한다. 마감기간 내에 처리해야 한다는 압박감으로 인해 쫓기듯이 업무를 처리하고 이러한 보고는 잘못된 정보를 제공할 소지가 많아 개인의 업무에 영향을 미치는 것은 물론 부서와 조직에 치명적인 결과를 초래한다. 결국 사전 조치가 미흡하여 성과를 확인할 수 없고 진행 자체가 의미 없는 것은 물론 시간만 낭비한다.

(4) 성과 없는 보고

직원의 업무는 시행 요인이기 때문에 업무이해 부족, 상황파악의 불충분성, 문제대처를 위한 자료미흡 등을 극복해야 한다. 성과 없는 업무처리가 익숙해지면 성장할 수 있는 기회가 와도 기회임을 인지하지 못한다. 현재에 만족하면서 안일하게 지내고 자신의 업무에만 관심을 두는 등 협조하지 않는다. 이런 식의 업무처리가 오랫동안 지속되면 업무성향으로 고착된다. 결국 성과 도출에 실패하는 것은 물론 평이한 역할만을 수행하고 만족하기 때문에 인정받지 못한다.

(5) 정보파악이 제대로 되지 않은 보고

부실한 보고는 업무태도와 관련이 있다. 업무 관련성이 많은 정보를 수집하지 않는 등 정보 수집을 게을리 한다. 상급자에게 미루고 방침을 요구하지만 노력하지 않는다. 업무를 더 잘 수행하기 위해 노력해야 할 바를 알지 못하기 때문에 수행할 업무영역이 한정되어 있다.

(6) 업무계획이 없는 보고

업무를 수행하기 위해 계획의 수립은 중요하다. 하지만 다시 검토하라는 피드백을 받고, 재수정해야 하는 상황이 잦다면 업무태도를 점검해야 한다. 어느 상급자도 이런 식의 업무태도를 갖고 있는 직원을 유능하다고 생각하지 않는다.

업무계획이 중요한 이유는 직원의 업무가 다양하고 여러 업무를 상시적으로 처리하는 업무의 특성 때문이다. 직원의 업무가 계획적이어야 하는 이유로서 계획 수립은 업무 적시성이 높아야 한다. 상급자는 시기적절한 업무를 처리하는 직원을 인정한다는 점에서 고유 업무를 마감 일자에 처리하는 것은 상급자의 신뢰를 받는 데 매우 중요하다. 따라서 계획은 직원의 업무능력을 신장하는 전략에 해당한다.

2) 보고하지 않는 직원

(1) 진급배제

조직은 직위를 토대로 한 상급자 중심의 사업수행 조직이다. 즉 상급자가 중심이 되어 여러 부서의 직원들이 역할을 배정받아 해당 업무를 수행한다. 조직체계는 직위에 의해 구조화되어 있어 인정받은 소수의 직원만이 승진을 한다. 비중 있는 업무를 맡는가 아닌가에 따라 인정을 받고 진급한다.

승진은 조직에서 인정받았다는 의미다. 인정받을 때 진급하고 조직의 핵심업무 또한 수행하게 된다. 업무를 결정할 수 있는 권한 또한 갖는다. 따라서 상급자에게 인정받기 위한 나름의 준비가 철저해야 한다.

(2) 진급에 누락되는 직원유형

① 자신의 업무만 수행하는 직원

협조해야 할 때와 협의하여 처리해야 한다는 것을 알고 있지만 부여된 업무 외에는 관심을 두지 않기 때문에 동료들의 업무에 관심을 보이지 않는다. 자신의 일에는 적극적인 참여를 요구하기 때문에 동료는 많은 것을 양보해야 한다. 본인의 업무가 우선하고 독단적으로 처리하는 성향이 뚜렷하다. 동료들은 그와 업무를 처리하지 않기 위해 가급적 상황을 피한다. 결국 협조할 대상이 없어 업무처리 시기를 놓치고 성과는 개인적인 치적이라며 동료들의 수고를 인정하지 않는다.

② 목적을 무조건 추진하는 직원

옳다고 생각하는 것만 수행한다. 또한 목적을 달성하기 위해 자신의 뜻을 무조건 따라야 한다는 것을 주장한다. 협조해야 할 사항이나 동료의 일보다 자기 일만 우선한다. 그는 동료들에게 무엇이 잘못되었다는 식으로 부정적인 말을 하면서 갈등을 일으킨다. 자신의 생각과 반대되는 얘기에는 관심을 두고 문제가 있다는 식으로 치부하기 때문에 따르지 않으면 역적이 되는 것이다. 그와 논의하다 보면 모든 것이 문제라는 등 문제인식만 하게 된다. 하지만 개인적인 사견일 뿐 별문제가 아니라는 것을 알게 되어 가급적 관계하지 않는 것이 동료들의 판단이다.

③ 업무를 파악하지 못하는 직원

업무이해가 현저하게 부족한 직원으로 상급자의 피드백을 필요로 한다. 업무처리 방법과 절차를 생략하고 대충 넘어간다. 담당하는 업무마다 처리절차를 알려 주어야 하는 등 업무를 처리하지만 결국 슈퍼비전이 제공되어야만 처리할 수 있다. 사실 이런 직원과 부하직원, 또는 동료로 함께 일해야 한다면 업무처리는 고사하고 업무만 많아지게 되어 갈등하게 된다.

성실하여도 그의 업무는 늘 성과가 없다. 성과 도출을 위해 노력하지 않고 동료들과 상급자가 개입해야 하기 때문에 일일이 추진사항을 점검해야 한다. 업무이해가 낮아 무엇을 해야 할지 모르고 일정화된 계획을 수립하지 않기 때문에 상급자의 골칫거리다.

④ 동료의 업무를 간섭하는 직원

동료에 대한 얘기를 주로 하고 소문을 만들어 전파하는데 동료가 처리한 업무를 평가하면서 건건이 간섭하기 때문에 늘 소문이 따라다닌다. 부정적인 정보가 많기 때문에 한 번 들으면 어떤 얘기를 하는지 알게 되어 도움이 안 된다.

업무를 수행하는 내내 불평하면서 불평이 진실인 양 얘기한다. 하지만 중요한 업무를 추진해야 할 때는 침묵을 한다.

⑤ 갈등을 유발하는 직원

갈등은 지극히 자기중심적인 이기심에서 촉발되는 상대와의 분쟁상태로 갈등유발은 동료와의 협의부재, 또는 자기중심적인 독단적인 업무처리가 요인이다. 갈등을 유발하는 직원은 동료를 배려하지 않고 자신의 생각과 관점을 관철하는 등 양보하지 않는다.

⑥ 수동적으로 업무를 처리하는 직원

이러한 직원의 특성은 해야 할 일이 있음에도 스스로 처리하지 않는다. 해야 할 업무는 알고 있지만 처리방법을 모르고 상급자가 얘기해 주었을 때 업무를 처리한다. 적극적이지도 않은데 관심이 없기 때문이다. 처리할 업무가 있다는 것을 알면서도 지연하고 대수롭지 않게 생각한다. 계획을 수립하여도 업무마감시간을 지키지 않기 때문에 항상 확인해야 한다. 수시로 있는 일이어서 협조하는 것만으로도 피곤하다. 그래서 그는 동료의 기피대상이다.

⑦ 불성실한 직원

동료들에게 예의를 지키지 않고 시간약속을 하였음에도 대수롭지 않게 생각하는 등 약속사항을 지키지 않는다. 제시간에 업무를 처리하지 않는 것도 업무성향이다. 상급자의 지시사항을 협조받기 위해 오랜 시간을 설명해야 한다. 그런데도 자신의 입장을 이해해 달라는 식으로 요구가 많아 어울리기가 쉽지 않다.

⑧ 협조가 안 되는 직원

이런 식의 업무처리 방식이 고착되면 더 이상 동료들의 관심 밖의 대상이 되어 외톨이로 지낼 것이 뻔하다. 자기입장을 주장하기 때문에 동료들이 멀리 하는 것다.

Tip 일하지 않는 동료 또한 보고한다

불성실하게 업무를 처리하는 동료 또한 보고를 한다. 보고할 거리가 없기 때문에 치부를 감추고 자신을 더 드러내기 위해 거짓된 정보를 보고한다. 동료들은 그의 행실을 알기 때문에 가급적 어울리지 않으려고 하는데 언쟁을 피하기 위해서다.
때때로 불평과 불만을 얘기하며 다가오면 핑계를 대려는 수단임을 파악해야 한다. 때때로 어설픈 불평과 불만을 얘기하면서 다가오면 조심해야 한다. 자신이 벌인 실수 또는 상황을 무마하려는 의도가 있기 때문에 가급적 관계하지 않는 편이 낫다.

PART 02

공문서 관리 등 행정업무처리 실무

본문에서 '영'은 「행정 효율과 협업 촉진에 관한 규정」을, '규칙'은 「행정 효율과 협업 촉진에 관한 규정 시행규칙」을 의미함

7장

행정업무보고

학습목표

1. 공문서 작성의 원칙과 효력 발생에 대해 설명할 수 있다.
2. 문서의 작성기준을 이해하고 공문서를 작성할 수 있다.
3. 문서의 구성 체계를 설명할 수 있다.

1. 행정업무체계 구축

행정업무는 업무를 처리하는 절차를 말하고, 업무는 수행하는 업무를 행정기준에 맞게 분류해서 실행하는 체계에 관한 것이다. 직원 간, 부서 간의 고유업무를 처리하고 협의 및 협조 등은 절차에 따라야 하는데 조직의 업무는 업무행정절차를 준수해야 한다.

1) 문서관리 체계화

문서가 생성되면 문서의 성격에 따라 찾기 쉽게 보관하고, 보관기간이 끝나면 보존해야 하는데 모든 문서는 생성된 시점부터 문서성격에 따라 영구, 10년, 7년, 5년, 3년 1년의 보존 연한이 정해져 있다. 문서보존 기간에 따라 체계적으로 관리하지 않으면 업무수행 사항을 증명하지 못하게 되어 해당 업무의 진척사항 등을 확인할 수 없다.

조직은 상급기관으로부터 운영상황을 평가받는데 이 또한 서류를 통해서다. 따라서 문서관리체계를 행정업무절차에 따라 관리하고 문서의 생성시점에 따라 보존해야 한다.

2) 행정관리 체계화

행정관리는 업무를 원활하게 처리하기 위한 절차와 방법에 관한 것으로 업무수행에 필요한 정보를 적시에 습득해서 처리하는 것을 말한다. 행정업무체계는 조직의 절차에 따른 업무처리 원칙을 마련해야만 업무수행에 있어 직원 및 부서 간의 원활한 협조를 이끌어낼 수 있으며 의사소통이 원활해진다. 따라서 조직의 운영체계 수립은 필수사항이라 할 수 있으며 업무수행 등의 지원체계를 포함한다.

만약 개별 부서가 부서특성을 강조하면서 부서입장만을 고수한다면 행정업무처리는 부서에 따라 제각각일 것이다. 부서는 나름의 행정업무체계를 갖고 업무절차에 따라 처리하겠지만 조직은 업무처리가 일원화되지 않아 혼선을 빚게 된다. 업무의 처리 및 관리는 조직의 업무처리 절차에 따라 조직화된 시스템에 의해 정립된다는 점에서 부서 이기주의는 업무의 성과 도출을 실패하게 하는 요인이다.

3) 업무관리 체계화

직원의 임용과 퇴사를 관리하는 기획팀 또는 총무팀은 인사업무, 회계업무 외에 시설물 관리 등의 업무를 처리하는 부서다. 기자재의 수불과 재산적 가치가 있는 비품을 비롯하여 업무수행에 필요한 정보관리 등의 업무를 수행한다.

무엇보다 중요한 것은 중요 현안을 해결하기 위해 조직에서 수행하는 사업의 개발에 필요한 예산 지원 외에 상황을 개선하는 데 적합한 시설물 및 기자재 지원 등을 시기적절하게 지원해야만 사업이 활성화된다. 즉 홍보부서는 사업을 진행하면서 현안 등의 해결을 목적으로 지원하기 때문에 행정업무절차를 마련하지 않으면 지원조달에 차질을 빚는 것은 물론 서비스의 질이 저하된다.

2. 공문서 작성의 일반원칙

1) 공문서의 개념

(1) 행정상 공문서의 개념

문서는 일반적으로 사람의 의사나 사물의 형태·관계 등을 문자·기호·숫자 등을 활용하여 종이 등 매체에 기록·표기한 것을 말하는데, 행정기관의 의사도 문서의 형태로 표시된다.

행정상 공문서라 함은 행정기관 또는 공무원이 업무상 작성하고 처리한 문서 및 행정기관이 접수한 문서를 말한다.

「행정 효율과 협업 촉진에 관한 규정」 제3조 제1호에는 "공문서란 행정기관에서 공무상 작성하거나 시행하는 문서(도면, 사진, 디스크, 테이프, 필름, 슬라이드, 전자문서 등의 특수매체기록을 포함한다.)와 행정기관이 접수한 모든 문서를 말한다."라고 규정하고 있으며, 전자문서에 대해서는 영 제3조 제2호에서

"컴퓨터 등 정보처리 능력을 가진 장치에 의하여 전자적인 형태로 작성되거나, 송신·수신 또는 저장된 문서"로 규정하고 있다.

한편 「민원 처리에 관한 법률 시행령」 제30조 제1항에는 행정기관의 장이 ① 위·변조방지조치, ② 출력한 문서의 진위 확인조치 등을 취하여 민원인에게 통지한 전자문서를 민원인이 출력한 경우 이를 「행정 효율과 협업 촉진에 관한 규정」 제3조 제1호에 따른 공문서로 인정하고 있다.

Tip 출력한 민원문서를 공문서로 보는 경우(예시)

토지(임야)대장 등본, 주민등록표등본(초본), 병적증명서, 출입국 사실증명, 국민기초생활수급자 증명서, 장애인증명서, 사법시험 합격증명(확인)서, 지방세세목별과세(납세)증명서 등

(2) 법률상의 공문서의 개념

① 「형법」상의 공문서

「형법」에서 말하는 '공문서'라 함은 공무소 또는 공무원이 그 명의로써 권한 내에서 소정의 형식에 따라 작성한 문서를 말하며, 공문서 위조·변조, 허위공문서 등의 작성 및 행사 등 공문서에 관한 죄(제225조 내지 제230조, 제235조 및 제237조)를 규정하여 공문서의 진정성(眞正性)을 보호하고 있는 데, 일반적으로 공문서에 관한 죄는 사문서에 관한 죄보다 무겁게 처벌되고 있다.

② 「민사소송법」상의 공문서

「민사소송법」 제356조에서는 "문서의 작성방식과 취지에 의하여 공무원이 직무상 작성한 것으로 인정한 때에는 이를 진정한 공문서로 추정한다."라고 규정하여 증거능력을 부여하고 있다.

2) 문서의 필요성

"모든 행정업무는 문서로 시작해서 문서로 끝난다."고 할 정도로 행정활동은 대부분 문서로 이루어진다. 이처럼 문서는 인체의 혈액처럼 행정업무를 수행하는 과정에서 필수적인 요소로서 일반적으로 다음과 같은 경우에 문서가 필요하게 된다.

① 내용이 복잡하여 문서 없이는 업무처리가 곤란할 때
② 업무처리에 대한 의사소통이 대화로는 불충분하여 문서가 필요한 때
③ 행정기관의 의사표시 내용을 증거로 남겨야 할 때
④ 업무처리의 형식상 또는 절차상 문서가 필요한 때
⑤ 업무처리 결과를 보존할 필요가 있을 때

3) 문서의 기능

(1) 의사의 기록·구체화

문서는 사람의 의사를 구체적으로 표현하는 기능을 갖는다. 사람이 가지고 있는 주관적인 의사는 문자, 숫자, 기호 등을 활용하여 종이나 다른 매체에 표시하여 문서화함으로써 그 내용이 구체화된다. 이 기능은 문서의 기안에서부터 결재까지 문서가 성립하는 과정에서 나타나는 것이다.

(2) 의사의 전달

문서는 자기의 의사를 타인에게 전달하는 기능을 갖는다. 문서에 의한 의사전달은 전화나 구두로 전달하는 것보다 좀 더 정확하고 변함없는 내용을 전달할 수 있다. 이것은 의사를 공간적으로 확산하는 기능으로서 문서의 발송·도달 등 유통과정에서 나타난다.

(3) 의사의 보존

문서는 의사를 오랫동안 보존하는 기능을 갖는다. 문서로써 전달된 의사는 지속적으로 보존할 수 있고 역사자료로서 가치를 갖기도 한다. 이는 의사표시를 시간적으로 확산시키는 역할을 한다.

(4) 자료 제공

보관·보존된 문서는 필요한 경우 언제든 참고자료 내지 증거자료로 제공되어 행정활동을 지원·촉진시킨다.

(5) 업무의 연결·조정

문서의 기안·결재 및 협조 과정 등을 통해 조직 내외의 업무처리 및 정보순환이 이루어져 업무의 연결·조정 기능을 수행하게 된다.

4) 문서의 종류

(1) 작성주체에 의한 구분

① 공문서

행정기관에서 공무상 작성하거나 시행하는 문서(도면, 사진, 디스크, 테이프, 필름, 슬라이드, 전자문서 등 특수매체기록 포함)와 행정기관이 접수한 모든 문서를 말한다.

② 사문서

개인이 사적(私的)인 목적을 위하여 작성한 문서를 말한다. 그러나 사문서도 각종 신청서, 증명서, 진정서 등과 같이 행정기관에 제출하여 접수가 된 것은 사문서가 아니고 공문서로 취급되며 그 문서를 제출한 사람도 접수된 문서를 임의로 회수할 수는 없다.

(2) 유통대상 여부에 의한 구분

① 유통되지 않는 문서: 내부결재문서

행정기관이 내부적으로 계획 수립, 처리방침 결정, 업무보고, 소관사항 검토 등을 하기 위하여 결재를 받는 문서를 말한다. 내부적으로 결재를 받는 문서이므로 발신하지 않는다.

② 유통대상 문서

가. 대내문서

해당 기관 내부에서 보조기관 또는 보좌기관 상호 간 협조를 하거나 보고 또는 통지를 위하여 수신·발신하는 문서를 말한다.

나. 대외문서

해당 기관 이외에 다른 행정기관(소속기관 포함)이나 국민, 단체 등에 수신·발신하는 문서를 말한다.

다. 발신자와 수신자 명의가 같은 문서

행정기관의 장 또는 합의제 행정기관이 자신의 명의로 발신하고 자신의 명의로 수신하는 문서를 말한다.

(3) 문서의 성질에 의한 분류(영 제4조)

「행정 효율과 협업 촉진에 관한 규정」은 공문서를 그 성질에 따라 법규문서, 지시문서, 공고문서, 비치문서, 민원문서 및 일반문서로 구분하고 있다.

① 법규문서

주로 법규사항을 규정하는 문서로서 헌법, 법률, 대통령령, 총리령, 부령, 조례 및 규칙 등에 관한 문서를 말한다.

② 지시문서

훈령, 지시, 예규, 일일명령 등 행정기관이 그 하급기관이나 소속 공무원에 대하여 일정한 사항을 지시하는 문서를 말한다. 행정법에서는 지시문서를 행정규칙 또는 행정명령이란 용어로 사용하고 있다.

훈령	상급기관이 하급기관에 대하여 장기간에 걸쳐 그 권한의 행사를 일반적으로 지시하기 위하여 발하는 명령
지시	상급기관이 직권 또는 하급기관의 문의에 의하여 하급기관에 개별적·구체적으로 발하는 명령
예규	행정업무의 통일을 기하기 위하여 반복적인 행정업무의 처리기준을 제시하는 문서로서 법규문서를 제외한 문서
일일명령	당직·출장·시간외근무·휴가 등 일일업무에 관한 명령

③ 공고문서

고시·공고 등 행정기관이 일정한 사항을 일반에게 알리기 위한 문서를 말한다.

고시	법령이 정하는 바에 따라 일정한 사항을 일반에게 알리는 문서 〈예시〉 지가고시, 철도요금고시
공고	일정한 사항을 일반에게 알리는 문서 〈예시〉 입찰공고, 시험시행공고

④ 비치문서

행정기관이 일정한 사항을 기록하여 행정기관 내부에 비치하면서 업무에 활용하는 대장·카드 등의 문서를 말한다.

⑤ 민원문서

민원인이 행정기관에 허가, 인가, 그 밖의 처분 등 특정한 행위를 요구하는 문서와 그에 대한 처리문서를 말한다.

⑥ 일반문서

위 각 문서에 속하지 아니하는 모든 문서를 말한다. 일반문서 중 특수한 것으로서 회보와 보고서가 있다.

회보	행정기관의 장이 소속 공무원이나 하급기관에 업무연락·통보 등 일정한 사항을 알리기 위한 경우에 사용하는 문서 〈예시〉 회보 제2호
보고서	특정한 사안에 관한 현황 또는 연구·검토 결과 등을 보고하거나 건의하고자 할 때 작성하는 문서

5) 문서의 번호(규칙 제8조)

문서종류		작성 형식 및 문서 번호
법규문서		조문 형식, 누년 일련번호 사용(예: 법률 제1234호)
지시문서	훈령 예규	조문 또는 시행문 형식, 누년 일련번호 사용 (예: 훈령 제5호, 예규 제5호)
	지시	시행문 형식, 연도표시 일련번호 사용 (예: 지시 제2018-5호)
	일일명령	시행문 또는 회보 형식, 연도별 일련번호 사용 (예: 일일명령 제5호)
공고문서	고시공고	연도표시 일련번호 사용(예: 고시 제2018-5호)
민원문서		시행문 또는 서식 형식, 생산등록번호 또는 접수등록번호 사용 (예: 정보공개정책과-123)
일반문서	일반문서	
	회보	회보 형식, 연도별 일련번호 사용(예: 회보 제5호)
	보고서	기안문 형식, 생산등록번호 사용(예: 정보공개정책과-123)

※ 일련번호 구분

- **누년 일련번호**: 연도구분과 관계없이 누년 연속되는 일련번호
- **연도별 일련번호**: 연도별로 구분하여 매년 새로 시작되는 일련번호로서 연도표시가 없는 번호
- **연도표시 일련번호**: 연도표시와 연도별 일련번호를 붙임표(-)로 이은 번호

※ 회보형식 예시

기관명	회보	제5호 2018. 1. 10.

(지시사항)

(일일명령)

(연락사항)

(공지사항)

(상벌사항)

(기타)

발신명의

수신

공람								

3. 문서의 성립과 효력 발생

1) 문서의 성립

(1) 성립요건

① 행정기관의 적법한 권한 범위 내에서 작성되어야 한다.

② 위법·부당하거나 시행 불가능한 내용이 아니어야 한다.

③ 법령에 규정된 절차 및 형식을 갖추어야 한다.

(2) 성립시기

문서는 결재권자가 해당 문서에 대하여 서명(전자이미지서명·전자문자서명 및 행정전자서명 포함)의 방식으로 결재함으로써 성립한다. (영 제6조 제1항)

결재권자란 행정기관의 장, 법령에 따라 행정권한을 위임받거나 위탁받은 자, 위임전결 또는 대결하는 자를 말한다. (영 제3조 제5호)

- ▶ **서명:** 기안자·검토자·협조자·결재권자 또는 발신명의인이 공문서(전자문서 제외)상에 자필로 자기의 성명을 다른 사람이 알아볼 수 있도록 한글로 표시하는 것
- ▶ **전자이미지서명:** 기안자·검토자·협조자·결재권자 또는 발신명의인이 전자문서상에 전자적인 이미지 형태로 된 자기의 성명을 표시하는 것
- ▶ **전자문자서명:** 기안자·검토자·협조자·결재권자 또는 발신명의인이 전자문서상에 자동 생성된 자기의 성명을 전자적인 문자 형태로 표시하는 것
- ▶ **행정전자서명:** 기안자·검토자·협조자·결재권자 또는 발신명의인의 신원과 전자문서의 변경여부를 확인할 수 있도록 그 전자문서에 첨부되거나 결합된 전자적 형태의 정보로서 「전자정부법 시행령」 제29조에 따른 인증기관으로부터 인증을 받은 것

〈행정전자서명의 인증〉
- 「전자정부법 시행령」 제28조에 따른 인증관리센터가 인증 업무 수행

〈행정전자서명의 효력〉
- 인증받은 행정전자서명이 있으면 그 행정전자서명이 서명자의 서명이고, 그 전자문서는 행정전자서명이 된 후에 내용이 변경되지 아니하였다고 추정(「전자서명법」 제3조)

2) 문서의 효력 발생

(1) 효력 발생에 대한 입법주의

① 표백주의(表白主義)

문서가 성립한 때 즉 결재로써 문서의 작성이 끝난 때에 효력이 발생한다는 견해이다. 이는 내부결재문서와 같이 상대방이 없는 문서의 경우에는 합당하나, 상대방이 있는 경우에는 그 상대방이 해당 문서의 작성에 관해 전혀 알지 못하는데도 효력이 생기게 되어 문서발신 지연 등 발신자의 귀책사유로 인한 불이익을 상대방이 감수해야 하는 부당함이 발생한다.

② 발신주의(發信主義)

성립한 문서가 상대방에게 발신된 때 효력이 발생한다는 견해이다. 이는 신속한 거래에 적합하며, 특히 다수의 자에게 동일한 통지를 해야 할 경우에 획일적으로 효력을 발생하게 할 수 있다는 장점이 있지만, 문서의 효력 발생 시기가 발신자의 의사에 좌우되고, 상대방이 아직 알지 못하는 상황에서 효력이 발생한다는 단점이 있다. 발신주의를 채택한 예로는 「민법」 제531조(격지자간의 계약성립시기)[1]를 들 수 있다.

---

1) 「민법」 제531조(격지자간의 계약성립시기) 격지자간의 계약은 승낙의 통지를 발송한 때에 성립한다.

③ 도달주의(到達主義)

문서가 상대방에게 도달해야 효력이 생긴다는 견해이며 수신주의(受信主義)라고도 한다. 여기서 도달이라 함은 문서가 상대방의 지배범위 내에 들어가 사회통념상 그 문서의 내용을 알 수 있는 상태가 되었다고 인정되는 것을 의미한다. 이는 쌍방의 이익을 가장 잘 조화시키는 견해라고 볼 수 있다. 「민법」상의 의사표시와 「행정 효율과 협업 촉진에 관한 규정」상의 문서의 효력 발생 시기는 도달주의를 원칙으로 하고 있다.[2)]

④ 요지주의(了知主義)

상대방이 문서의 내용을 안 때에 효력이 발생한다는 견해이다. 이는 상대방의 부주의나 고의 등으로 인한 부지(不知)의 경우 발신자가 불이익을 감수해야 하는 폐단이 발생하고, 지나치게 상대방의 입장에 치우친 것으로 타당한 견해라고 보기 어렵다.

(2) 문서의 효력 발생 시기(영 제6조 제2항)

① 일반 원칙

「행정 효율과 협업 촉진에 관한 규정」은 문서가 수신자에게 도달됨으로써 그 효력이 발생하되, 전자문서는 수신자가 관리하거나 지정한 전자적 시스템 등에 입력됨으로써 그 효력이 발생한다고 규정하고 있어 도달주의를 원칙으로 하고 있다.

▶ **전자문서:** 컴퓨터 등 정보처리능력을 가진 장치에 의하여 전자적인 형태로 작성되거나, 송신·수신 또는 저장된 문서(영 제3조 제2호)

2) 「민법」 제111조(의사표시의 효력 발생시기) ① 상대방 있는 의사표시는 그 통지가 상대방에 도달한 때로부터 그 효력이 생긴다.

② 공고문서의 효력 발생(영 제6조 제3항)

고시, 공고 등 공고문서는 그 문서상에 효력 발생 시기를 명시하고 있지 않으면 그 고시 또는 공고가 있은 날부터 5일이 경과한 때에 효력이 발생한다.

여기서 5일의 경과기간은 일반에게 그 내용을 알리는 데 필요한 최소한의 주지기간으로 볼 수 있기 때문에 공고문서에 효력 발생 시기를 명시하는 때에는 최소한 5일 이상의 주지기간을 주어야 할 것이다.

다만, 「행정절차법」 제15조 제3항에서 "제14조 제4항의 경우 다른 법령 등에 특별한 규정이 없으면 공고일부터 14일이 경과한 때에 그 효력이 발생한다."라고 규정하고 있는데 여기서 14일의 경과기간은 처분, 신고, 행정상 입법예고, 행정예고 및 행정지도의 절차에 관하여 송달받을 자에게 공고를 통하여 송달하는 경우에 한하여 우선적으로 적용된다 할 것이다.

「행정절차법」 제14조(송달) ④ 다음 각호의 어느 하나에 해당하는 경우에는 송달받을 자가 알기 쉽도록 관보, 공보, 게시판, 일간신문 중 하나 이상에 공고하고 인터넷에도 공고하여야 한다.
1. 송달받을 자의 주소 등을 통상의 방법으로 확인할 수 없는 경우
2. 송달이 불가능한 경우

4. 문서작성의 일반원칙

1) 문서의 전자적 처리(영 제5조)

문서의 기안, 검토, 협조, 결재, 등록, 시행, 분류, 편철, 보관, 보존, 이관, 접수, 배부, 공람, 검색, 활용 등 모든 처리 절차는 업무관리시스템 또는 전자문서시스템상에서 전자적으로 처리되도록 하여야 한다.

2) 이해하기 쉽게 작성

문서는 어문규범을 준수하여 한글로 작성하되 특별한 사유가 없으면 이해하기 쉬운 용어를 사용하여야 한다.

(1) 어문규범의 준수(영 제7조 제1항)

문서는 「국어기본법」 제3조 제3호에 따른 어문규범에 맞게 한글로 작성하되, 뜻을 정확하게 전달하기 위하여 필요한 경우에는 괄호 안에 한자나 그 밖의 외국어를 함께 적을 수 있으며, 가로로 쓴다.

Tip 어문규범

한글 맞춤법, 표준어 규정, 표준 발음법, 외래어 표기법, 국어의 로마자 표기법 등 올바른 국어 사용법에 대해 문화체육관광부장관이 정하는 규범

(2) 국민이 이해하기 쉬운 용어 사용(영 제7조 제2항)

문서의 내용은 간결하고 명확하게 표현하고 일반화되지 않은 약어와 전문용어 등의 사용을 피하여 이해하기 쉽게 작성하여야 한다.

특히 국립국어원 등에서 선정한 행정용어 순화어를 활용하여 쉬운 우리말을 사용할 수 있도록 노력하여야 한다.

※ 공공언어 바로 쓰기 참고사항

※ 국립국어원 인터넷 누리집 참고

한글 맞춤법 및 어법

1. [고/라고]
   - "~가 중요하다."고 말했다. → "~가 중요하다."라고 말했다.
     - (해설) 앞말이 직접 인용되는 말임을 나타내는 조사는 '라고'이다. '고'는 앞말이 간접 인용되는 말임을 나타내는 격 조사(예: 아이들이 소풍을 가자고 떼를 쓴다.)이므로 직접 인용되는 말 뒤에는 쓰기 어렵다.
2. [로써/로서]
   - 그것은 교사로써 할 일은 아니다. → 그것은 교사로서 할 일은 아니다.
     - (해설) 지위나 신분 또는 자격을 나타내는 격 조사는 '로서'이다. '로써'는 어떤 일의 수단이나 도구를 나타내는 격 조사이다. (예: 대화로써 갈등을 풀 수 있을까?)
3. [율/률]
   - 백분률 → 백분율
     - (해설) 받침이 있는 말 뒤에서는 '렬, 률', 받침이 없는 말이나 'ㄴ' 받침으로 끝나는 말 뒤에서는 '열, 율'로 적는다. (예: 비율, 실패율, 매칭률)
4. [년도/연도]
   - 시설년도 → 시설 연도
     - (해설) 한자음 '녀, 뇨, 뉴, 니'가 단어 첫머리에 올 때에는 두음 법칙에 따라 '여, 요, 유, 이'로 적는다. '시설년도'는 한 단어가 아니므로 '시설 년도'로 띄어 써야 하고, '연도'는 독립된 단어이므로 '년도'가 아니라 '연도'로 적어야 한다.
5. [연월일의 표기]
   - '06. 1 → '06. 1. / 2013. 6. 27.(목) → 2013. 6. 27.(목)
     - (해설) 아라비아 숫자만으로 연월일을 표시할 경우에 마침표는 연월일 다음에 모두 사용해야 한다.
6. [가운뎃점의 표기]
   - 융복합 → 융·복합
     - (해설) 열거된 단위, 용어가 대등하거나 밀접한 경우 '가운뎃점'을 사용한다. (단, 한 단어로 사전에 등재된 말은 가운뎃점을 찍지 않음. 예: 시도, 내외, 대내외, 장차관)

띄어쓰기

1. [달러, 원, 명, 톤 등 단위를 나타내는 명사]

- 296억달러 → 296억 달러 / 10만톤 → 10만 톤 / 오십명→ 오십 명

  (해설) 단위를 나타내는 명사는 앞말과 띄어 쓴다.

2. ['제-'와 같은 접두사]

- 제1섹션 → 제1 부문/제1부문
  - (해설) '제-'는 '그 숫자에 해당되는 차례'의 뜻을 더하는 접두사이므로 뒷말과 붙여 쓴다. (예: 제1 과(원칙) / 제1과(허용))
  - 또한 외래어(섹션)보다는 순우리말을 사용하는 것이 바람직하다.

3. ['-여 / -쯤 / -가량'과 같은 접미사]

- 50여명의→ 50여 명의/ 내일 쯤→ 내일쯤/ 일주일 가량→ 일주일가량
  - (해설) '-여', '-쯤', '-가량'은 접미사이므로 앞말과 붙여 쓴다.

4. [호칭어나 관직명]

- 홍길동씨 → 홍길동 씨 / 행정안전부장관 → 행정안전부 장관
  - (해설) 성과 이름은 붙여 쓰고 이에 덧붙는 호칭어, 관직명 등은 띄어 쓴다.

5. ['본, 총'과 같은 관형사]

- 2010년부터 본제도 시행. → 2010년부터 본 제도 시행.
  - (해설) '본'은 관형사로 뒷말과 띄어 써야 한다. (한자어 '본'보다는 고유어 '이'를 권장함.)
- 총300대 → 총 300대
  - (해설) '총'은 모두 합하여 몇임을 나타내는 관형사로 뒷말과 띄어 써야 한다. (단, 접두사로 쓰일 때는 뒷말과 붙여 쓴다. (예: 총감독, 총결산, 총인원)

6. [문장 부호]

- 원장 : 김갑동 → 원장: 김갑동
  - (해설) 쌍점(:)은 앞말에 붙여 쓰고 뒷말과는 띄어 쓴다.
- 4. 23. ~ 6. 15. → 4. 23.~6. 15.
  - (해설) 물결표(~)는 앞말과 뒷말에 붙여 쓴다.

7. [그 밖의 띄어쓰기]

- 가야할지 모르겠다. → 가야 할지 모르겠다.
  - (해설) 단어 단위로 띄어 쓰는 것이 원칙이므로 각각 다른 단어인 '가야'와 '할지'를 띄어 쓴다.
- 기관간 칸막이 → 기관 간 칸막이
  - (해설) 의존 명사는 앞말과 띄어 쓴다. '간'은 의존 명사이므로 띄어 쓴다. (단, 기간을 나타내는 말 뒤에 붙는 '간'은 접미사이므로 붙여 씀. 예: 이틀간, 한 달간)
- 자전거열차운행 → 자전거 열차 운행/ 일제점검 → 일제 점검
  - (해설) 각기 독립된 뜻을 가진 명사는 띄어 쓴다.
- 지방공무원 뿐만 아니라 → 지방공무원뿐만 아니라
  - (해설) 조사는 앞말에 붙여 쓴다. '뿐'과 '만'은 조사이다.
- 그 동안 → 그동안
  - (해설) '그동안'은 한 단어이므로 붙여 쓴다. (틀리기 쉬운 예: 이후, 그중, 지난해, 더욱더)

우리말다운 표현 사용

1. 과도한 명사화 구성을 피한다.

- 적극 뒷받침하기 위해 → 적극적으로 뒷받침하기 위해
  - (해설) 과도한 명사화 구성은 문장 의미 파악을 어렵게 하므로 조사나 어미를 써서 의미를 명확히 표현한다.

2. 번역 투 표현을 지양한다.

- 선정된 점포에 대해서는 → 선정된 점포에는
  - (해설) '~에 대해서'는 번역 투 표현이므로 피한다.

쉽고 친숙한 표현 사용

1. MOU → 업무협정(MOU) / IT → 정보기술(IT)

- (해설) 외국 문자를 표기해야 할 경우 괄호 안에 병기한다. (국어기본법)

2. 힐링 → 치유 / 인프라 → 기반 시설 / 매뉴얼 → 지침

- (해설) 외래어나 외국어 대신 이해하기 쉬운 우리말을 쓴다.

3. 지자체 → 지방자치단체(이하 지자체)

- (해설) 준말(줄임말)을 사용할 때에는 원래의 온전한 용어를 기재한 뒤 괄호 안에 '이하 지자체' 형태로 준말을 기재해 사용한다.

4. 21,345천원 → 2,134만 5천 원

- (해설) '천 원' 단위는 일반인이 이해하기 어려우므로 일반적인 숫자 표현(만 단위)으로 쓴다.

5. 제고하기 → 높이기 / 내수진작과 → 국내 수요를 높이고

- (해설) 어려운 한자어 대신 이해하기 쉬운 표현을 사용한다.

공공성 있는 표현 사용

1. 품격 있는 표현을 사용한다.

- (해설) 신조어 사용을 지양하며 표준어를 사용한다.
  - 예 R&D → 연구 개발 / 모니터링 → 점검, 실태 조사 등

2. 고압적 · 권위적인 표현을 사용하지 않는다.

- (해설) 시혜적인 표현을 사용하지 않는다.
  - 예 장관은 ~라며 치하했다. → 장관은 ~라고 말했다.
    작성할 것 → 작성해 주십시오. 제출바람 → 제출해 주십시오.

3. 차별적 표현을 사용하지 않는다.

- (해설) 성별, 지역, 인종, 장애에 대한 차별적 표현을 사용하지 않는다.
  - 예 소외계층, 결손가정 등

※ 행정용어 순화 사용 참고사항

1. 국어기본법 위반

- 어렵거나 낯선 전문어나 신조어 사용(괄호 안에 한자나 외국 글자 쓰기)

개선이 필요한 표현	개선된 표현	개선이 필요한 표현	개선된 표현
AI	인공 지능(AI)	AI	조류 독감 /조류인플루엔자(AI)
B2B	기업 간 거래(B2B)	P2P	개인 간(P2P)
ICT	정보 통신 기술(ICT)	IoT	사물 인터넷(IoT)
MOU	업무 협약/양해 각서 (MOU)	R&D	연구 개발(R&D)

2. 불필요한 외국어 사용

개선이 필요한 표현	개선된 표현	개선이 필요한 표현	개선된 표현
As-is	개선 전	To-be	개선 후
Bottom-up식	상향식	노하우	비법/기술/비결/방법
가이드라인	지침/방침	가이드북	안내서/지침서/길잡이
글로벌 경쟁력	국제 경쟁력/ 세계 경쟁력	글로벌 스탠더드	국제 표준
네트워크	연결망/관계망 /연계망	니즈	요구/필요/바람
데모데이	시연회	드론	무인기
디지털 포렌식	전자법의학(수사)	라운드 테이블 토론/회의	원탁 토론/원탁회의
레시피	조리법	로드맵	(단계별) 이행안 /단계별 계획
로드 쇼	투자 설명회	로컬 푸드	지역 음식/향토 음식
론칭	개시	리스크	위험/손실
마스터 플랜	종합 계획/기본 계획	매뉴얼	안내서/설명서/지침
매칭	연결	모니터단	점검단/감시단
모니터링	점검/감시/감독	미스매치	부적합한 연결
바우처	상품권/이용권	벤치마킹하다	본을 따르다/견주다
블라인드 채용	정보 가림 채용	세션	분과/부문/부분

개선이 필요한 표현	개선된 표현	개선이 필요한 표현	개선된 표현
스와프	교환	스크린도어	안전문
스타트업	창업(초기)기업 /새싹 기업	시너지 효과	(동반)상승효과 /상생 효과
아웃리치	현장 지원(활동)	액셀러레이팅	창업 (초기)기업 육성 기관/새싹 기업
액션 플랜	실행 계획	원스톱 서비스	통합 서비스 /일괄 서비스
웨어러블 디바이스	착용형 기기	윈윈 효과	상생 효과
이슈	쟁점/논쟁	인센티브	혜택/특전
인큐베이팅	보육/도움(인큐베이팅) 등	인프라 구축	기반 (시설) 구축
카 셰어링	차량 공유	컨트롤타워	(조정)관리 조직/ (조정)관리 기구/전담
콘퍼런스	학술회의/학술 대회	킥오프 회의	첫 회의
타깃	대상/목표	태스크포스(TF)	전담팀/ 특별팀
테마 공원	주제 공원	테스트 베드	시험장/시험대/시범 공간
톱다운식	하향식	트렌드	유행/흐름/동향/경향
패러다임	인식	패키지 지원	종합 지원/통합 지원
페스티벌	축제	페이백	보상 환급
페이백	보상 환급	프로세스	과정/절차
프로젝트	과제/사업/기획	핫라인	(비상)직통 회선 /(비상)직통 전화
허브	중심/중심지/거점	헬스케어	건강 관리
힐링	치유		

3. 불필요한 한자어 사용

개선이 필요한 표현	개선된 표현	개선이 필요한 표현	개선된 표현
가격 투찰	가격 제시	가용한	쓸 수 있는
가일층	한층 더/더한층	거양하다	올리다
경주하다	기울이다/쏟다/다하다	계도하다	알려 주다/일깨워 주다
금번	이번	기	이미( )/기존의( )
기망하다	속이다	긴요하다	아주 중요하다
동( )	이( )	만전을 기할 예정이다	최선을 다할 예정이다
본( )	이( )	부기하다	덧붙여 기재하다
불식하다	없애다	불요	필요 없음
비첨두시	붐비지 않을 때	상기(의)	위(의)
상이한	다른	상존	늘 있음
상회하다	웃돌다	서훈된 자	훈장을 받은 사람
송달하다	보내다	수범사례	모범사례
수취	수령/받음	시찰하다	살펴보다
시현하다	나타내다/나타내 보이다	예찰하다	미리 살피다
용이하다	쉽다	이첩하다	넘기다
적기	알맞은 시기/제철	적시	제때
제고하다	높이다	제반	여러
존치하다	그대로 두다	차기	다음(번)
천명하다	밝히다	첨두시	가장 붐빌 때
추서하다	훈장을 내리다	타( )	다른( )
패용/패용하다	달기/달다	편취하다	속여 빼앗다
하회하다	밑돌다	현출	두드러짐
확행 바랍니다	꼭 하시기 바랍니다		

5. 문서의 작성기준

1) 숫자 등의 표시

(1) 숫자(영 제7조 제4항)

아라비아 숫자로 쓴다.

(2) 날짜(영 제7조 제5항)

숫자로 표기하되 연, 월, 일의 글자는 생략하고 그 자리에 마침표를 찍어 표시한다.

〈예시〉 2011. 12. 12./1월 31일 → 1. 31.

(3) 시간(영 제7조 제5항)

시·분은 24시각제에 따라 숫자로 표기하되, 시·분의 글자는 생략하고 그 사이에 쌍점(:)을 찍어 구분한다.

〈예시〉 오후 3시 20분(×) → 15:20(○), 오전 7시 9분(×) → 07:09(○)

(4) 금액(규칙 제2조 제2항)

금액을 표시할 때에는 아라비아 숫자로 쓰되, 숫자 다음에 괄호를 하고 한글로 기재한다.

〈예시〉 금113,560원(금일십일만삼천오백육십원)

2) 바코드 등 표시(영 제7조 제3항)

문서에는 시각장애인 등의 편의 도모를 위해 음성정보 또는 영상정보 등이 수록되거나 연계한 바코드 등을 표기할 수 있다. 이 경우 바코드는 문서 상단의 '행정기관명' 표시줄의 오른쪽 끝에 2㎝×2㎝ 범위 내에서 표기한다.

3) 문서의 쪽 번호 등 표시

(1) 쪽 번호 등의 개념

2장 이상으로 이루어진 중요 문서의 앞장과 뒷장의 순서를 명백히 하기 위하여 매기는 번호를 말한다.

(2) 쪽 번호 등의 표시 대상문서(영 제19조)

① 문서의 순서 또는 연결 관계를 명백히 할 필요가 있는 문서
② 사실관계나 법률관계의 증명에 관계되는 문서
③ 허가, 인가 및 등록 등에 관계되는 문서

(3) 표시 방법

① 전자문서: 쪽 번호 표시 또는 발급번호 기재(영 제19조/규칙 제18조)

(1) 쪽 번호: 각종 증명 발급 문서 외의 문서에 표시
(가) 중앙 하단에 일련번호를 표시하되, 문서의 순서 또는 연결관계를 명백히 할 필요가 있는 중요 문서에는 해당 문서의 전체 쪽수와 그 쪽의 일련번호를 붙임표(-)로 이어 표시한다.
예 1, 2, 3, 4 또는 4-1, 4-2, 4-3, 4-4로 표시
(나) 양면을 사용한 경우에는 양면 모두 순서대로 쪽수를 부여한다.
(2) 발급번호: 각종 증명 발급 문서의 왼쪽 하단에 표시
예 단말번호-출력연월일/시·분·초-발급 일련번호-쪽 번호

② 종이문서: 관인으로 간인 또는 천공(영 제19조)

> (1) 간인: 관인 관리자가 관인으로 간인하되, 시행문은 간인하기 전의 기안문을 복사하여 간인한다.
> (2) 천공: 민원서류나 그 밖에 필요하다고 인정하는 문서에는 간인을 갈음하여 천공한다.

Tip 문서철의 쪽 번호 표시

- 해당 문서철의 우측 하단에 첫 쪽부터 시작하여 일련번호로 쪽수 부여 및 표기
- 표지와 색인목록은 쪽수 부여 및 표기 대상에서 제외
- 동일한 문서철을 2권 이상으로 나누어 편철한 경우, 2권 이하의 문서철별 쪽수는 전권 마지막 쪽수 다음의 일련번호로 시작
- 연필로 먼저 표시한 후 기록물 정리가 끝나면 잉크 등으로 표시

4) 발의자 및 보고자의 표시(영 제8조 제4항/규칙 제6조 제1항)

정책실명제를 실현하기 위하여 1998년 7월 1일「사무관리규정」을 개정하여 기안문에 발의자와 보고자를 표시하도록 규정하였다.

(1) 발의자 및 보고자의 개념

발의자란 기안하도록 지시하거나 스스로 기안한 사람을 말하는데 지시 여부는 기안 내용의 구체성 여부를 감안하여 판단한다. 또한 보고자란 결재권자에게 직접 보고하는 자를 말한다.

(2) 표시 기호 및 표시 방법(규칙 제6조 제1항)

① 발의자는 '★'로, 보고자는 '⊙'로 표시하고, 발의자와 보고자가 동일인인 경우에는 '★', '⊙'를 함께 표시한다.

② 기호는 기안문의 해당 직위나 직급의 앞 또는 위에 표시한다.

(3) 보고자의 표시 생략

업무관리시스템 또는 전자문서시스템을 이용하여 보고하거나 결재권자에게 직접 보고하지 아니하는 경우에는 보고자 표시를 생략한다.

(4) 발의자 및 보고자의 표시 생략 문서(영 제8조 제4항)

① 검토나 결정이 필요하지 아니한 문서
② 각종 증명 발급, 회의록, 그 밖의 단순 사실을 기록한 문서
③ 일상적·반복적인 업무로서 경미한 사항에 관한 문서

5) 항목의 구분

(1) 항목의 표시(규칙 제2조 제1항)

문서의 내용을 둘 이상의 항목으로 구분할 필요가 있으면 다음 구분에 따라 그 항목을 순서대로 표시하되, 필요한 경우에는 ㅁ, ㅇ, –, • 등과 같은 특수한 기호로 표시할 수 있다.

구분	항목기호	비고
첫째 항목	1., 2., 3., 4., …	둘째, 넷째, 여섯째, 여덟째 항목의 경우, 하., 하), (하), ㉻ 이상 계속되는 때에는 거., 거), (거), ㉠, 너., 너), (너), ㉡…등 단모음 순으로 표시
둘째 항목	가., 나., 다., 라., …	
셋째 항목	1), 2), 3), 4), …	
넷째 항목	가), 나), 다), 라), …	
다섯째 항목	(1), (2), (3), (4), …	
여섯째 항목	(가), (나), (다), (라), …	
일곱째 항목	①, ②, ③, ④, …	
여덟째 항목	㉮, ㉯, ㉰, ㉱, …	

(2) 표시 위치 및 띄우기

① 첫째 항목기호는 왼쪽 기본선에서 시작한다.

② 둘째 항목부터는 바로 위 항목 위치에서 오른쪽으로 2타씩 옮겨 시작한다.

③ 항목이 두 줄 이상인 경우에 둘째 줄부터는 항목 내용의 첫 글자에 맞추어 정렬한다. (예시: Shift + Tab 키 사용)

④ 항목기호와 그 항목의 내용 사이에는 1타를 띄운다.

⑤ 항목이 하나만 있는 경우 항목기호를 부여하지 아니한다.

수신∨∨ㅇㅇㅇ장관(ㅇㅇㅇ과장)
(경유)
제목∨∨ㅇㅇㅇㅇㅇ

1.∨ㅇㅇㅇㅇㅇㅇㅇㅇㅇㅇㅇㅇㅇ
∨∨가.∨ㅇㅇㅇㅇㅇㅇㅇㅇㅇㅇㅇㅇㅇㅇㅇㅇㅇㅇㅇㅇㅇㅇㅇㅇㅇㅇㅇㅇㅇㅇㅇㅇㅇㅇㅇㅇㅇㅇㅇ
∨∨∨∨1)∨ㅇㅇ
∨∨∨∨∨∨가)∨ㅇㅇㅇㅇㅇㅇㅇㅇㅇㅇㅇㅇ
∨∨∨∨∨∨∨∨(1)∨ㅇㅇㅇㅇㅇㅇㅇㅇㅇㅇㅇㅇ
2.∨ㅇㅇㅇㅇㅇㅇㅇㅇㅇㅇㅇㅇㅇㅇㅇㅇㅇㅇㅇㅇㅇㅇㅇㅇㅇㅇㅇㅇㅇㅇㅇ∨∨∨ㅇㅇㅇㅇㅇ

※ 2타(∨∨ 표시)는 한글 1자, 영문·숫자 2자에 해당함.

※ 가), 다) 항목이 2017년 11월 1일에 개선된 공문서 양식에 해당함.

(3) 하나의 본문 아래 항목 구분

하나의 본문에 이어서 항목이 나오는 경우에 항목의 순서 및 띄어쓰기는 다음 요령에 따른다.

① 첫째 항목은 1., 2., 3., … 등부터 시작한다. (둘째 항목: 가., 나.…)

② 첫째 항목은 왼쪽 기본선부터 시작한다.

※ 공문서 여백: 위(3cm)·왼쪽(2cm) 기본선, 아래·오른쪽(1.5cm) 한계선

수신∨∨ㅇㅇㅇ장관(ㅇㅇㅇ과장)
제목∨∨ㅇㅇㅇㅇㅇㅇ

문서관리교육을 다음과 같이 실시하오니 참석하여 주시기 바랍니다.
1.∨일시:∨ㅇㅇㅇㅇㅇ
2.∨장소:∨ㅇㅇㅇㅇㅇㅇㅇㅇㅇㅇㅇㅇ
3.∨참석대상:∨ㅇㅇㅇㅇㅇㅇㅇㅇㅇㅇㅇㅇ.∨∨끝.

6) 규격 용지의 사용

(1) 규격 표준화의 필요성

용지의 규격 표준화는 문서, 서식 등에 사용되는 용지의 크기를 통일한다는 것을 말한다. 규격을 표준화함으로써 문서의 작성, 처리, 편철, 보관, 보존 등 뿐만 아니라 프린터, 복사기, 팩스 등 각종 사무자동화기기의 활용을 용이하게 할 수 있다.

(2) 용지의 기본규격(영 제7조 제6항)

문서의 작성에 사용하는 용지는 가로 210mm, 세로 297mm(A4용지)의 직사각형으로 한다. A4용지는 국제적으로 널리 통용되고 있을 뿐만 아니라 국내의 대다수 조직체에서 문서의 기본규격으로 하고 있다.

도면 작성 등 기본규격을 사용하기 어려운 특별한 경우에는 A열 또는 B열 용지를 사용할 수 있고, 증표류 또는 컴퓨터에 의한 기록서식 등은 그에 적합한 규격용지를 사용할 수 있다.

A열 (단위 ㎜)				B열 (단위 ㎜)			
A0	841	×	1,189	B0	1,030	×	1,456
A1	594	×	841	B1	728	×	1,030
A2	420	×	594	B2	515	×	728
A3	297	×	420	B3	364	×	515
A4	**210**	×	**297**	B4	257	×	364
A5	148	×	210	B5	182	×	257
A6	105	×	148	B6	128	×	182
A7	74	×	105	B7	91	×	128
A8	52	×	74	B8	64	×	91
A9	37	×	52	B9	45	×	64
A10	26	×	37	B10	32	×	45

▶ A열은 국제표준규격(ISO규격)을, B열은 일본공업규격(JIS)을 한국산업표준(KS)으로 채택
▶ A0의 면적은 1㎡, B0의 면적은 1.5㎡인데 각각 긴 변을 절반으로 절단하여 1~10까지 규격 설정

〈공문서 기본규격 변경 연혁〉

- 1961년 9월 13일 16절지(190㎜ × 268㎜)
  ⇒ 1965년 9월 14일 18절지(180㎜ × 260㎜)
  ⇒ 1966년 5월 21일 B5(182㎜ × 257㎜)
  ⇒ 1969년 5월 2일 16절지(190㎜ × 268㎜)
  ⇒ 1991년 6월 19일 A4(210㎜ × 297㎜)

(3) 용지의 여백

문서를 작성할 때에는 문서의 편철이나 내용의 보호 등 관리상의 필요에 의하여 용지에 일정한 여백을 둔다. 공문서의 경우 용지의 여백은 다음과 같이 두도록 하고 있다.

다만, 문서의 편철 위치나 용도에 따라 각 여백을 달리할 수 있다.

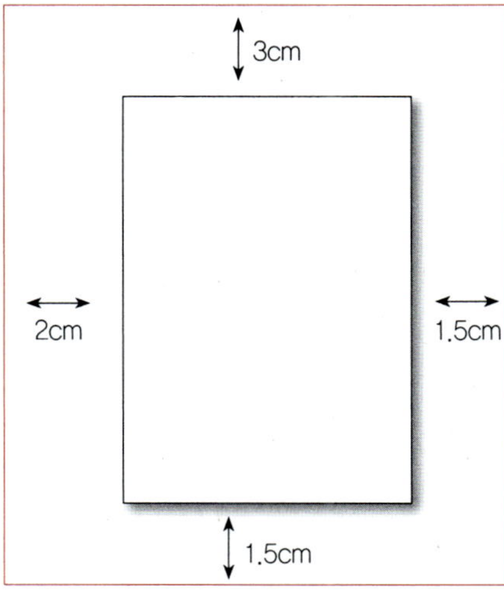

- 용지의 위쪽 3cm
- 용지의 왼쪽 2cm
- 용지의 오른쪽 1.5cm
- 용지의 아래쪽 1.5cm

(4) 용지 및 글자의 색깔

문서에 쓰이는 용지의 색깔은 흰색으로 하고, 글자의 색깔은 검은색 또는 푸른색으로 한다. 다만, 도표의 작성이나 수정, 주의환기 등 특별한 표시가 필요한 때에는 다른 색깔로 할 수 있다.

6. 문서의 구성 체계

1) 문서의 구성

(1) 일반기안문(규칙 제3조 제1항, 별지 제1호 서식)

일반적으로 사용하는 기안문·시행문은 두문·본문·결문으로 구성한다. (규칙 제4조 제1항 및 제9조 제1항)

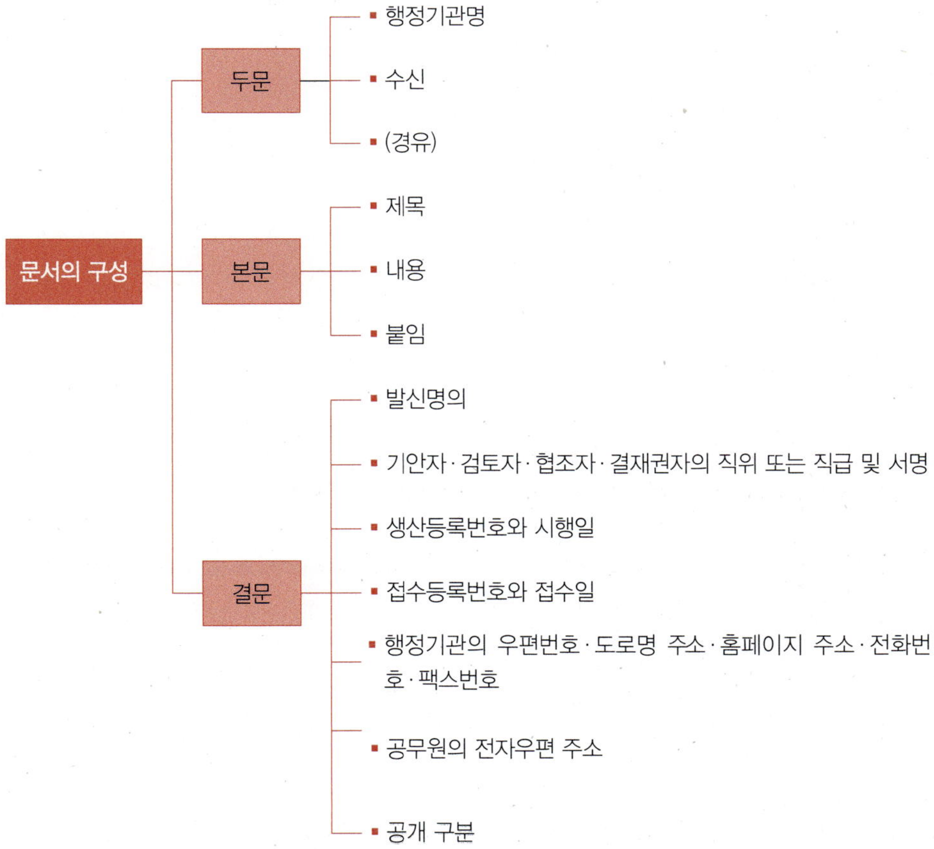

두문

행정기관명

수신 ( )
(경유)
제목

본문

붙임

발신명의

결문

기안자(직위/직급) 서명 검토자(직위/직급) 서명 결재권자(직위/직급) 서명
협조자(직위/직급) 서명
시행 처리과명-연도별 일련번호(시행일) 접수 처리과명-연도별 일련번호(접수일)
우 도로명 주소 / 홈페이지 주소
전화번호( ) 팩스번호( ) / 공무원의 전자우편 주소 / 공개 구분

(2) 간이기안문(규칙 제3조 제1항, 별지 제2호 서식)

왼쪽 상단에 문서등록 표시(생산등록번호, 등록일, 결재일 및 공개구분), 오른쪽 상단에 결재란(기안자, 검토자, 협조자, 결재권자)을 표시하고 그 아래에 제목, 작성일, 작성기관을 표시한다. 요약설명문이 필요한 경우에는 제목과 작성일 사이에 적는다.

생산등록번호	
등록일	
결재일	
공개 구분	

협조자			

(제목)

※ 필요한 경우 보고 근거 및 보고내용을 요약하여 적을 수 있음

○○○○부(처·청·위원회 등) ○○○○국 또는 ○○○○부(처·청·위원회 등) ○○○○과

※ 이 서식은 보고서, 계획서, 검토서 등 발신할 필요가 없는 내부결재문서에만 사용하며, 시행문으로 변환하여 사용할 수 없음(규칙 제3조 제3항)

2) 두문(규칙 제4조 제2항)

(1) 행정기관명의 표시

그 문서를 기안한 부서가 속한 행정기관 명칭을 표시하되, 다른 행정기관과 명칭이 동일한 경우에는 바로 위 상급기관 명칭을 함께 표시할 수 있다.

〈예시 1〉 동구 ⇒ 대구광역시 동구, 부산광역시 동구 등

〈예시 2〉 서면 ⇒ 춘천시 서면, 홍천군 서면, 남해군 서면 등

(2) 수신자의 표시

① 수신자가 없는 내부결재문서의 수신란에는 '내부결재'로 표시한다.

〈예시〉 수신 내부결재

② 독임제 기관의 장 또는 합의제 기관의 장의 권한에 관한 사항인 경우에는 수신란에 해당 기관의 장의 직위(수신명)를 쓰고, 그 다음에 이어서 ( ) 안에 그 업무를 처리할 보조기관이나 보좌기관의 직위를 쓴다. 다만, 보조기관이나 보좌기관의 직위가 분명하지 아니한 경우에는 ㅇㅇ업무담당과장 등으로 표시할 수 있다.

〈예시 1〉 수신 행정안전부장관(정보공개정책과장)

〈예시 2〉 수신 방송통신위원회위원장(정보공개업무담당과장)

③ 합의제기관의 권한에 관한 사항인 경우에는 수신란에 해당 기관의 명칭을 표시한다.

〈예시 1〉 수신 방송통신위원회(○○과장)

〈예시 2〉 수신 금융위원회(○○업무담당과장)

④ 민원회신 문서에는 수신란에 민원인의 성명을 먼저 쓰고 이어서 ( )안에 우편번호와 도로명 주소를 쓴다.

〈예시〉 수신 ○○○ (우03171 서울시 종로구 세종대로 209)

⑤ 수신자가 많아 본문의 내용을 기재할 난이 줄어들어 본문의 내용을 첫 장에서 파악하기 곤란한 경우에는 두문의 수신란에 '수신자 참조'라고 쓰고, 결문의 발신명의 다음 줄의 왼쪽 기본선에 맞추어 수신자란을 따로 설치하여 수신자명을 표시한다.

〈예시〉 (두문) 수신 수신자 참조(문서관리업무담당과장)
(결문) 수신자 기획재정부장관, 교육부장관, ……

(3) 경유의 표시(영 제15조 제2항 및 제3항)

① 경유기관이 없는 경우: 아무것도 적지 않고 빈칸으로 둠

② 경유기관이 하나인 경우: (경유)란에 "이 문서의 경유기관의 장은 ○○○이고 최종 수신기관의 장은 ○○○입니다."로 표시한다.

③ 경유기관이 둘 이상인 경우: (경유)란에 "이 문서의 제1차 경유기관의 장은 ○○○이고, 제2차 경유기관의 장은 ○○○, ……, 최종 수신기관의 장은 ○○○입니다."로 표시한다.

(4) 로고·상징 등 표시(영 제28조 제5항/규칙 제4조 제2항)

① 기안문 및 시행문에는 가능하면 행정기관의 로고, 상징, 마크, 홍보문구 등을 표시하여 행정기관의 이미지를 높일 수 있도록 하여야 한다.

② 로고(상징)는 문서 상단의 '행정기관명' 표시줄의 왼쪽 끝에 2㎝×2㎝범위 내에서 표시하고, 홍보문구는 행정기관명 바로 위에 표시한다.

3) 본문(규칙 제4조 제3항)

(1) 제목

그 문서의 내용을 쉽게 알 수 있도록 간단하고 명확하게 기재한다.

(2) 첨부물의 표시(규칙 제4조 제4항)

문서에 서식, 유가증권, 참고서류, 그 밖의 문서나 물품이 첨부되는 때에는 본문이 끝난 줄 다음에 '붙임'의 표시를 하고 첨부물의 명칭과 수량을 쓰되, 첨부물이 두 가지 이상인 때에는 항목을 구분하여 표시한다.

〈예시 1〉

(본문)____________________주시기 바랍니다.
붙임∨∨ㅇㅇㅇ계획서 1부.∨∨끝.

〈예시 2〉

(본문)____________________주시기 바랍니다.

붙임∨∨1.∨ㅇㅇㅇ계획서 1부.
　　　　2.∨ㅇㅇㅇ서류 1부.∨∨끝.

* 붙임은 본문과 구분하여 본문이 끝난 줄 다음(구 사무관리규정은 본문이 끝난 다음 줄)에 쓰도록 개정하여 붙여 쓰거나, 띄어 쓸 수도 있습니다.
* 본문 항의 구분도 읽고 이해하기 쉽도록 기안자가 위와 아래 여백을 조정할 수 있습니다.

※ 기안문에 첨부되는 계산서·통계표·도표 등 작성상의 책임을 밝힐 필요가 있다고 인정되는 첨부물에는 그 여백에 작성자를 표시하여야 함(규칙 제6조 제2항).

(3) 문서의 '끝' 표시(규칙 제4조 제5항)

① 본문 내용의 마지막 글자에서 한 글자(2타) 띄우고 '끝' 표시를 한다.

〈예시〉 ________ 주시기 바랍니다.∨∨끝.

② 첨부물이 있으면 붙임 표시문 다음에 한 글자(2타) 띄우고 표시한다.

〈예시〉 붙임 1. 서식승인 목록 1부.
2. 승인서식 2부.∨∨끝.

③ 본문 또는 붙임 표시문이 오른쪽 한계선에서 끝났을 경우에는 그 다음 줄의 왼쪽 기본선에서 한 글자(2타) 띄우고 '끝' 표시를 한다.

〈예시〉 (본문 내용) __________________________ 주시기 바랍니다.
∨∨끝.

④ 본문이 표로 끝나는 경우

- 표의 마지막 칸까지 작성되는 경우: 표 아래 왼쪽 기본선에서 한 글자 띄우고 '끝' 표시

응시번호	성	생년월일	주소
10	김○○	1980. 3. 8.	서울시 종로구 ○○로 12
21	박○○	1982. 5. 1.	부산시 서구 ○○로 5

∨∨끝.

- 표의 중간에서 기재사항이 끝나는 경우: '끝' 표시를 하지 않고 마지막으로 작성된 칸의 다음 칸에 '이하 빈칸' 표시

응시번호	성명	생년월일	주소
10	김ㅇㅇ	1980. 3. 8.	서울시 종로구 ㅇㅇ로 12
이하 빈칸			

※ 표의 위치는 정해진 사항이 없으며, 왼쪽 기준선부터 전체를 사용하거나 또는 표 제목의 아래 위치부터 시작한다.

4) 결문(규칙 제4조 제6항)

(1) 발신 명의의 표시(영 제13조 제1항)

① 행정기관의 장의 권한인 경우에는 해당 행정기관의 장의 명의로 발신한다.
〈예시〉 ○○○○부장관, ○○시장, ○○군수, ○○위원회위원장 등

② 합의제기관의 권한에 속하는 사항은 그 합의제기관 명의로 발신한다.
〈예시〉 ○○위원회

③ 법령에 의하여 행정권한이 위임·위탁된 경우에는 그 위임 또는 위탁을 받은 자(수임자 또는 수탁자)의 명의로 발신한다. (영 제5조 및 제13조 제1항)

④ 행정기관 내의 보조기관 및 보좌기관 상호 간에 발신하는 문서(대내문서)는 해당 보조기관 또는 보좌기관 명의로 발신한다. (영 제13조 제2항)
〈예시〉 ○○과장, ○○담당관, ○○실장 등

⑤ 발신할 필요가 없는 내부결재문서에는 발신명의를 표시하지 아니한다. (영 제13조 제3항)

(2) 권한대행 또는 직무대리의 표시(규칙 제10조)

① 행정기관의 장의 권한을 대행하거나 직무를 대리하는 사람이 발신명의와 함께 본인의 성명을 적는 경우에는 다음 예시와 같이 그 직위를 적고 '권한대행' 또는 '직무대리'의 표시를 하여야 한다.

〈예시〉 행정안전부장관 직무대리 차관 ○○○

〈예시〉 서울특별시장 권한대행 행정1부시장 ○○○

② 보조기관이나 보좌기관의 직무를 대리하는 사람이 발신명의에 서명(전자이미지서명, 전자문자서명 포함)을 하는 경우에는 서명 앞에 '직무대리'의 표시를 하여야 한다. (규칙 제11조 제3항)

〈예시〉 정보공개정책과장 직무대리 ○○○

(3) 기안자, 검토자, 협조자, 결재권자의 직위 또는 직급과 서명

① 기안자는 기안문의 기안자란에, 검토 또는 협조자는 검토자 또는 협조자란에, 결재권자는 결재자란에 직위 또는 직급을 쓰고 서명란에 서명한다. (규칙 제4조 제6항) 이 경우 기안자 및 검토자 및 결재권자의 용어는 표시하지 않는다.

② 직위가 있으면 그 직위를 온전하게 쓰되, 기관장과 부기관장의 직위는 간략하게 쓸 수 있다.

③ 직위가 없으면 직급을 온전하게 쓰되, 6급 이하 공무원의 직급은 각급 행정기관이 직급을 대신하여 대외적으로 사용하도록 정한 대외직명을 적을 수도 있다.

〈예시 1〉 정부혁신기획관 ○○○, 정부혁신조직실장 ○○○, 차관 ○○○, 장관 ○○○

〈예시 2〉 주무관 ○○○, 행정사무관 ○○○, 정보공개정책과장 ○○○

④ 서명은 기안자, 검토자, 협조자, 결재권자가 자기의 성명을 다른 사람이 알아볼 수 있도록 한글로 쓰거나 전자이미지서명 또는 전자문자서명을 전자적으로 표시한다.

> ▶ **전자이미지서명**: 기안자·검토자·협조자·결재권자 또는 발신명의인이 전자문서상에 전자적인 이미지 형태로 된 자기의 성명을 표시하는 것
> ▶ **전자문자서명**: 기안자·검토자·협조자·결재권자 또는 발신명의인이 전자문서상에 자동 생성된 자기의 성명을 전자적인 문자 형태로 표시하는 것

(4) 생산등록번호(시행일) 및 접수등록번호(접수일)

①「공공기록물 관리에 관한 법률 시행령」제20조에 따른 생산등록번호 또는 접수등록번호를 업무관리시스템이나 전자문서시스템에 의하여 전자적으로 표시한다.

② 문서에 생산 또는 접수 등록번호를 표시하는 때에는 같은 법률 시행규칙 제5조 제3항에 따라 처리과명과 연도별 일련번호를 붙임표(-)로 이어 쓰되, 처리과가 없는 행정기관의 경우에는 처리과명을 대신하여 행정기관명 또는 10자 이내의 행정기관명 약칭을 쓴다.

③ 민원문서로서 필요한 경우에는 시행일과 접수일란에 시·분까지 기재한다.

(5) 우편번호, 주소, 홈페이지 주소, 전화번호, 팩스번호, 공무원의 전자우편 주소와 공개구분

① 우 도로명 주소: 우편번호를 기재한 다음, 행정기관이 위치한 도로명 및 건물번호 등을 기재하고 괄호 안에 건물명칭과 사무실이 위치한 층수와 호수를 기재한다.

〈예시〉 우03171 서울특별시 종로구 세종대로 209 (세종로)

② 공무원의 전자우편 주소: 행정기관이 공무원에게 부여한 전자우편 주소를 쓴다.

③ 공개구분: 공개, 부분공개, 비공개로 구분하여 표시하되, 부분공개 또는 비공개인 경우에는 「공공기록물 관리에 관한 법률 시행규칙」 제18조에 따라 '부분공개( )' 또는 '비공개( )'로 표시하고 「공공기관의 정보공개에 관한 법률」 제9조 제1항 각호의 해당 호수를 괄호 안에 표시한다.

8장 공문서 기안 및 처리

학습목표

1. 문서의 기안에 대해 설명할 수 있다.
2. 문서의 결재 과정에 대해 설명하고 등록 및 실행을 할 수 있다.
3. 문서의 접수 및 처리를 할 수 있다.

1. 문서의 기안

1) 기안의 개요

(1) 기안의 개념

기안이라 함은 행정기관의 의사를 결정하기 위하여 문안을 작성하는 것을 말한다. 기안은 주로 상급자의 지시사항이나 접수한 문서를 처리하기 위하여 행하여지나 법령·훈령·예규 등을 근거로 하거나 또는 순수한 자기발안(自己發案)으로 이루어지기도 한다.

(2) 기안의 원칙(영 제8조 제1항)

문서의 기안은 전자문서로 하는 것을 원칙으로 한다. 다만, 업무의 성질상 전자문서로 기안하기 곤란하거나 그 밖의 특별한 사정이 있으면 종이문서로 기안할 수 있다.

(3) 기안자의 자격

① 기안자의 범위에 관하여는 아무런 제한이 없다. 공무원이면 누구든지 기안자가 된다.

② 영 제60조에 따라 분장 받은 업무에 대하여 그 업무를 담당하는 자는 직급 등에 관계없이 기안할 수 있다.

③ 또한 결재권자는 영 제18조 제5항에 따라 접수문서를 공람할 때 처리담당자를 따로 지정할 수 있으므로 이 경우 지정된 자도 기안자가 된다.

2) 기안문의 작성 시 고려사항

(1) 작성 전 고려사항

① 기안자는 안건에 관련된 문제를 파악하고 관계 규정 및 과거 행정선례를 숙지하고 있어야 한다.

② 또한 기안하는 목적과 필요성을 파악하고 자료를 수집·분석하며 필요한 경우에는 설문조사, 실태조사, 회의 등을 통하여 의견을 청취한다.

③ 복잡한 기안의 경우에는 초안을 작성하여 논리의 일관성을 해치는 내용이나 빠지는 사항이 없도록 검토한 다음 작성한다.

④ 기안자는 담당 업무에 대한 책임의식을 가져야 하며 해당 기관과 수신자와의 관계 및 입장 등을 고려하여 기안하여야 한다.

(2) 작성 시 유의사항

올바른 문서 작성은 정확한 의사소통을 위하여 필요할 뿐만 아니라 문서 자체의 품격을 높이고, 그 기관의 대외적인 권위와 신뢰도를 높여 준다. 문서의 올바른 작성을 위하여 다음과 같은 사항에 유의할 필요가 있다.

① 정확성(바른 글)

- 일반적으로 육하원칙에 따라 작성하고 오·탈자나 계수 착오가 없도록 한다.
- 필요한 내용을 빠뜨리지 않고, 잘못된 표현이 없도록 문서를 작성한다.
- 의미전달에 혼동을 일으키지 않도록 정확한 용어를 사용하고 문법에 맞게 문장을 구성한다.
- 애매모호하거나 과장된 표현에 의하여 사실이 왜곡되지 않도록 한다.

잘못된 사례

광복절 기념행사에 직원 2명을 참석하도록 하시기 바랍니다.

- 직원 2명의 성별 및 직급 불분명
- 각 과에서 2명인지, 국 전체에서 2명인지 불분명
- 직원 2명이 행사장 참석자인지, 행사지원 요원인지 불분명

② 용이성(쉬운 글)

- 상대방의 입장에서 이해하기 쉽게 작성한다.
- 문장은 가급적 짧게 끊어서 항목별로 표현한다.
- 복잡한 내용일 때는 먼저 결론을 내린 후 이유를 설명하는 것이 좋다.
- 추상적이고 일반적인 용어보다는 구체적이고 개별적인 용어를 쓴다.
- 읽기 쉽고 알기 쉬운 용어를 사용하고, 한자나 어려운 전문용어 또는 일반화되지 않은 약어는 사용하지 않는다. 한자나 전문용어를 쓸 필요가 있을 때에는 ( )에 한자를 쓰거나 용어의 해설을 붙인다.

③ 성실성(호감 가는 글)

- 문서는 성의 있고 진실하게 작성한다.
- 상대방에게 불쾌감을 주거나 상대를 무시하는 듯한 표현은 피하고 적절한 경어를 사용한다.
- 감정적이고 위압적인 표현을 쓰지 않는다. 상급기관이 하급기관에 보내는 문서에 "…… 할 것", "…… 하기 바람" 등과 같이 위압감을 주는 문구를 쓰게 되면 조직 상하 간의 관계를 경직시켜 원활한 의사소통에 지장을 초래하기 쉽기 때문에 바람직하지 않다. 조직구조상 지휘·감독관계에 있다 하더라도 상호 간에 존중한다는 의미에서 "…… 하시기 바랍니다."와 같은 표현을 사용하는 것이 좋다.

④ 경제성(효율적으로 작성하는 글)

- 일상 반복적인 업무는 표준 기안문을 활용한다.
- 용지의 규격·지질을 표준화한다. 규격이나 지질이 다르면 표준화된 경우에 비하여 많은 시간과 노력이 요구된다.
- 서식을 통일하여 규정된 서식을 사용하는 것이 경제적이다.
- 한눈에 내용을 파악할 수 있고 다루기 쉽게 1건 1매 주의로 하는 것이 효율적이다.

3) 기안의 종류

(1) 일반기안(영 제8조 제2항 / 규칙 제3조 제1항)

일반기안이라 함은 가장 일반적인 형태로 어떤 하나의 안건을 처리하기 위하여 정해진 기안서식에 문안을 작성하는 것을 말한다. 기안문 서식은 일반기안문, 간이기안문의 두 가지가 있다.

① 일반기안문

<table>
<tr><td>

행정기관명

수신
(경유)
제목

</td></tr>
<tr><td>

발신명의

기안자(직위/직급) 서명　　검토자(직위/직급) 서명　　결재권자(직위/직급) 서명
협조자(직위/직급) 서명
시행　처리과명-연도별 일련번호(시행일)　　접수　처리과명-연도별 일련번호(접수일)
우　도로명 주소　　/ 홈페이지 주소
전화번호(　)　　팩스번호(　)　　/ 공무원의 전자우편 주소　　/ 공개 구분

</td></tr>
</table>

210mm×297mm(백상지80g/㎡)

비고(이 난은 서식에 포함하지 아니한다.)
- 문서를 작성할 때 '행정기관명', '발신명', '기안자', '검토자', '결재권자', '직위(직급) 서명', '처리과명-연도별 일련번호(시행일)', '도로명 주소', '홈페이지 주소', '공무원의 전자우편 주소', '공개 구분'의 용어는 표시하지 아니하고 그 내용을 적는다.

작성 방법

1. **행정기관명**: 그 문서를 기안한 부서가 속한 행정기관명을 기재한다. 행정기관명이 다른 행정기관명과 같은 경우에는 바로 위 상급 행정기관명을 함께 표시할 수 있다.
2. **수신**: 수신자명을 표시하고 그다음에 이어서 괄호 안에 업무를 처리할 보조·보좌 기관의 직위를 표시하되, 그 직위가 분명하지 않으면 ㅇㅇ업무담당과장 등으로 쓸 수 있다. 다만, 수신자가 많은 경우에는 두문의 수신란에 '수신자 참조'라고 표시하고 결문의 발신명의 다음 줄의 왼쪽 기본선에 맞추어 수신자란을 따로 설치하여 수신자명을 표시한다.
3. **(경유)**: 경유문서인 경우에 '이 문서의 경유기관의 장은 ㅇㅇㅇ (또는 제1차 경유기관의 장은 ㅇㅇㅇ, 제2차 경유기관의 장은 ㅇㅇㅇ)이고, 최종 수신기관의 장은 ㅇㅇㅇ입니다.'라고 표시하고, 경유기관의 장은 제목란에 '경유문서의 이송'이라고 표시하여 순차적으로 이송하여야 한다.
4. **제목**: 그 문서의 내용을 쉽게 알 수 있도록 간단하고, 명확하게 기재한다.
5. **발신명의**: 합의제 또는 독임제 행정기관의 장의 명의를 기재하고, 보조기관 또는 보좌기관 상호 간에 발신하는 문서는 그 보조기관 또는 보좌기관의 명의를 기재한다. 시행할 필요가 없는 내부결재문서는 발신명의를 표시하지 않는다.
6. **기안자·검토자·협조자·결재권자의 직위/직급**: 직위가 있는 경우에는 직위를, 직위가 없는 경우에는 직급(각급 행정기관이 6급 이하 공무원의 직급을 대신하여 사용할 수 있도록 정한 대외직명을 포함한다. 이하 이 서식에서 같다.)을 온전하게 쓴다. 다만, 기관장과 부기관장의 직위는 간략하게 쓴다.
7. **시행 처리과명-연도별 일련번호(시행일), 접수 처리과명-연도별 일련번호(접수일)**: 처리과명(처리과가 없는 행정기관은 10자 이내의 행정기관명 약칭)을 기재하고, 시행일과 접수일란에는 연월일을 각각 마침표(.)를 찍어 숫자로 기재한다. 다만, 민원문서인 경우로서 필요한 경우에는 시행일과 접수일란에 시·분까지 기재한다.
8. **우 도로명 주소**: 우편번호를 기재한 다음, 행정기관이 위치한 도로명 및 건물번호 등을 기재하고 괄호 안에 건물 명칭과 사무실이 위치한 층수와 호수를 기재한다.
   예 우03171 서울특별시 종로구 세종대로 209 (세종로)
9. **홈페이지 주소**: 행정기관의 홈페이지 주소를 기재한다.
   예 www.mois.go.kr
10. **전화번호( ), 팩스번호( )**: 전화번호와 팩스번호를 각각 기재하되, ( )안에는 지역번호를 기재한다. 기관 내부문서의 경우는 구내 전화번호를 기재할 수 있다.
11. **공무원의 전자우편 주소**: 행정기관에서 공무원에게 부여한 전자우편 주소를 기재한다.
12. **공개구분**: 공개, 부분공개, 비공개로 구분하여 표시한다. 부분공개 또는 비공개인 경우에는 「공공기록물 관리에 관한 법률 시행규칙」 제18조에 따라 '부분공개( )' 또는 '비공개( )'로 표시하고, 「공공기관의 정보공개에 관한 법률」 제9조 제1항 각호의 번호 중 해당 번호를 괄호 안에 표시한다.

작성 방법
13. **관인생략 등 표시**: 발신명의의 오른쪽에 관인생략 또는 서명생략을 표시한다. ※ 기안자, 검토자 및 결재권자(직위/직급) 서명: '기안자', '검토자', '결재권자' 및 '직위(직급)'의 용어는 표시하지 아니하고, 기안자, 검토자 및 결재권자의 직위/직급을 쓰고 서명하되, 직위/직급 및 서명란의 수와 크기는 필요에 따라 조정하여 사용할 수 있다. ※ 협조자(직위/직급) 서명: '협조자'의 용어를 표시한 다음, 이어서 직위/직급을 쓰고 서명한다. ※ 전결 및 서명 표시 위치: 「행정 효율과 협업 촉진에 관한 규정」 제10조 제2항 및 같은 규정 시행규칙 제7조 제2항에 따라 결재권이 위임된 사항을 전결하는 경우에는 전결하는 사람의 서명란에 '전결' 표시를 한 후 서명하되, 서명하지 아니하는 사람의 서명란은 설치하지 아니한다. ※ 대결 및 서명 표시 위치: 「행정 효율과 협업 촉진에 관한 규정」 제10조 제3항 및 같은 규정 시행규칙 제7조 제3항에 따라 대결하는 경우에는 대결하는 사람의 서명란에 '대결' 표시를 하고 서명하며, 위임전결사항을 대결하는 경우에는 전결권자의 서명 란에 '전결' 표시를 한 후 대결하는 사람의 서명란에 '대결' 표시를 하고 서명한다. 이때 서명하지 아니하거나 '전결' 표시를 하지 아니하는 사람의 서명란은 설치하지 아니한다. ※ 발의자(★)와 보고자(◉)의 표시는 직위/직급의 앞 또는 위에 하되, 보고자의 표시는 직접 결재권자에게 보고하는 경우에만 표시한다.

※〈예시 1〉 일반기안문

함께하는 공정사회! 더 큰 희망 대한민국!

행정안전부

수신 수신자 참조(문서관리업무담당과장)
(경유)
제목 「행정 효율과 협업 촉진에 관한 규정」 일부개정령안 입법예고 알림

「행정 효율과 협업 촉진에 관한 규정」 일부개정령안의 입법예고가 2017년 11월 6일자 관보, 행정안전부 홈페이지(www.mois.go.kr)를 통해 실시되고 있음을 알려드립니다.

붙임 「행정 효율과 협업 촉진에 관한 규정」 일부개정령안 1부. 끝.

행정안전부장관

수신자 서울특별시장, 부산광역시장, 대구광역시장, 인천광역시장, 광주광역시장, 대전광역시장, 울산광역시장, 경기도지사, 강원도지사, 충청북도지사, 충청남도지사, ……………………

행정사무관 김ㅇㅇ 정보공개정책과장 전결 2017. 11. 6. 장ㅇㅇ

협조자
시행 정보공개정책과-283(2017. 11. 6.) 접수
우 03171 서울특별시 종로구 세종대로 209 (세종로) /http://www.mois.go.kr
전화번호 (02)2100-3421 팩스번호 (02)2100-3459 /nj5223@moi.go.kr /대국민공개

② 간이기안문(규칙 제3조 제3항)

이 서식은 보고서, 계획서, 검토서 등 내부적으로 결재하는 문서에 한하여 사용하며, 시행문으로 변환하여 사용할 수 없다.

생산등록번호	
등록일	
결재일	
공개 구분	

협조자			

(제목)

※ 필요한 경우 보고 근거 및 보고내용을 요약하여 적을 수 있음

ㅇㅇㅇㅇ부(처·청·위원회 등)
ㅇㅇㅇㅇ국

또는

ㅇㅇㅇㅇ부(처·청·위원회 등)
ㅇㅇㅇㅇ과

작성 방법

1. **생산등록번호**: 처리과명(처리과가 없는 행정기관은 10자 이내의 행정기관명 약칭)과 연도별 일련번호를 붙임표(-)로 이어 적는다.
2. **공개 구분**: 공개, 부분공개, 비공개로 구분하여 표시한다. 부분공개 또는 비공개인 경우에는 「공공기록물 관리에 관한 법률 시행규칙」 제18조에 따라 '부분공개( )' 또는 '비공개( )'로 표시하고, 「공공기관의 정보공개에 관한 법률」 제9조 제1항 각호의 번호 중 해당 번호를 괄호 안에 표시한다.
3. **기안자, 검토자, 협조자, 결재권자의 직위/직급**: 직위가 있는 경우에는 직위를, 직위가 없는 경우에는 직급(각급 행정기관이 6급 이하 공무원의 직급을 대신하여 사용할 수 있도록 정한 대외직명을 포함한다. 이하 이 서식에서 같다.)을 온전하게 쓴다. 다만, 기관장과 부기관장의 직위는 간략하게 쓴다.
4. **발의자(★), 보고자(⊙) 표시**: 해당 직위/직급의 앞 또는 위에 표시하되, 보고자는 직접 결재권자에게 보고하는 경우에만 표시한다.
5. **전결 및 서명 표시 위치**: 「행정 효율과 협업 촉진에 관한 규정」 제10조 제2항 및 같은 규정 시행규칙 제7조 제2항에 따라 결재권이 위임된 사항을 전결하는 경우에는 전결하는 사람의 서명란에 '전결' 표시를 한 후 서명하되, 서명하지 아니하는 사람의 서명란은 설치하지 아니한다.
6. **대결 및 서명 표시 위치**: 「행정 효율과 협업 촉진에 관한 규정」 제10조 제3항 및 같은 규정 시행규칙 제7조 제3항에 따라 대결하는 경우에는 대결하는 사람의 서명란에 '대결' 표시를 하고 서명하며, 위임전결사항을 대결하는 경우에는 전결권자의 서명란에 '전결' 표시를 한 후 대결하는 사람의 서명란에 '대결' 표시를 하고 서명한다. 이때 서명하지 아니하거나 '전결' 표시를 하지 아니하는 사람의 서명란은 설치하지 아니한다.
7. 직위/직급 및 서명란의 수와 크기는 필요에 따라 조정하여 사용할 수 있다.

※ 〈예시 2〉 간이기안문

생산등록번호	정보공개정책과-840
등록일	2017. 11. 27.
결재일	2017. 11. 27.
공개 구분	대국민공개

주무관	행정사무관	정보공개정책과장	정부혁신 기획관
신ㅇㅇ	김ㅇㅇ	이ㅇㅇ	전결 2017. 11. 27. 박ㅇㅇ
협조자			

행정업무운영 편람 발간 계획

2017. 11. 27.

행정안전부
정보공개정책과

(2) 일괄기안

① 개념(규칙 제5조 제1항)

일괄기안이라 함은 서로 관련성이 있는 두 개 이상의 안건을 동시에 일괄하여 기안하는 것을 말한다.

② 작성 및 시행방법

- 일괄기안은 각각의 기안문에 작성한다. 이 경우 각각의 기안문에는 두문, 본문 및 결문의 구성요소가 모두 포함되어야 한다.
- 각각의 기안문에는 제1안, 제2안, 제3안, 제4안 등의 용어를 쓰지 않는다.

  ※ 업무관리시스템 또는 전자문서시스템에서 한 번의 지정(확인)으로 각각의 기안문에 기안자, 검토자, 협조자, 결재권자의 정보가 동시에 생성되도록 하여야 한다.
- 제목은 각 안의 내용 및 성격에 따라 다르게 설정할 수 있다.
- 특별한 사유가 있는 경우를 제외하고는 각각 다른 생산등록번호를 사용하여 같은 날짜로 시행하여야 한다.
- 발송할 것을 전제로 하는 기안문이 제1안 내부결재의 내용과 동일한 경우에는 내부결재 안건을 별도로 작성할 필요 없이 생략할 수 있다.
- 대내외로 발송할 문서의 경우, 각각의 기안문에 발신명의를 모두 표시해야 한다. 기안문과 시행문이 통합된 서식을 사용하게 됨에 따라 발신명의를 생략하게 되면, 발신명의 없이 그대로 시행되어 형식상 흠이 있는 공문서가 되기 때문이다.

※〈예시〉

[제1안] ⇐ 실제는 표시하지 않음.

행정안전부

수신　내부결재

(경유)

제목　「행정 효율과 협업 촉진에 관한 규정」 개정내용 설명회 개최

「행정 효율과 협업 촉진에 관한 규정」 및 같은 규정 시행규칙의 전부개정에 따라 각급 행정기관의 교육수요에 대비하고 개정내용을 학계 등에 전파하기 위하여 (사)ㅇㅇ협회 소속 행정업무 운영 분야 교수 또는 행정학 교수 대상으로 붙임과 같이 설명회를 개최하고자 합니다.

붙임　「행정 효율과 협업 촉진에 관한 규정」 개정내용 설명회 개최 계획 1부.　끝.

전결 2017. 11. 27.

행정사무관　**김**ㅇㅇ　　정보공개정책과장　**장**ㅇㅇ　　정부혁신기획관　**박**ㅇㅇ

협조자

시행　정보공개정책과-901　　접수

우　03171　서울특별시 종로구 세종대로 209 (세종로)/www.mois.go.kr

전화번호 02-2100-3421　팩스번호 02-2100-3459　/ nj5223@moi.go.kr　/ 대국민공개

[제2안] ⇐ 실제는 표시하지 않음.

행정안전부

수신 (사)ㅇㅇ협회장
(경유)
제목 「행정 효율과 협업 촉진에 관한 규정」 개정내용 설명회 개최 계획 통보

1. 「행정 효율과 협업 촉진에 관한 규정」의 전부개정에 따른 개정내용 설명회 개최 계획을 통보하오니,

2. (사)ㅇㅇ협회 소속 행정업무 운영 분야 교수 또는 행정학 교수들이 설명회에 많이 참석하실 수 있도록 협조하여 주시기 바랍니다.

붙임 「행정 효율과 협업 촉진에 관한 규정」 개정내용 설명회 개최 계획 1부. 끝.

행정안전부장관

전결 2017. 11. 27.

행정사무관 **김**ㅇㅇ 정보공개정책과장 **장**ㅇㅇ 정부혁신기획관 **박**ㅇㅇ
협조자
시행 정보공개정책과-902 접수
우 03171 서울특별시 종로구 세종대로 209 (세종로)/www.mois.go.kr
전화번호 02-2100-3421 팩스번호 02-2100-3459 / nj5223@moi.go.kr / 대국민공개

[제3안] ⇐ 실제는 표시하지 않음.

행정안전부

수신　정부청사관리소장(관리총괄과장)
(경유)
제목　회의장소 사용 및 통신장비 설치 협조

「행정 효율과 협업 촉진에 관한 규정」 개정내용 설명회 개최에 따라 회의장소 사용 및 통신장비 설치 등의 협조를 요청하오니 조치하여 주시기 바랍니다.

1. 설명회 개요
　가. 일시: 2017. 11. 27.(월) 11:00~18:00
　나. 장소: 정부서울청사 8층 회의실(8층 810호)
　다. 참석: 30명

2. 협조요청 사항
　가. 참석자용 책상 30개 및 의자 40개(배석자 포함) 배치
　나. 강의 시설(마이크, 빔 프로젝트, 스크린 등) 설치

붙임 「행정 효율과 협업 촉진에 관한 규정」 개정내용 설명회 개최 계획. 1부.　끝.

행정안전부장관

전결 2017. 11. 27.
행정사무관　김○○　　정보공개정책과장　장○○　　정부혁신기획관　박○○
협조자
시행　정보공개정책과-902　　접수
우　03171　서울특별시 종로구 세종대로 209 (세종로)/www.mois.go.kr
전화번호 02-2100-3421　팩스번호 02-2100-3459　/ nj5223@moi.go.kr　/ 대국민공개

(3) 공동기안

① 개념(영 제8조 제3항 및 규칙 제5조 제2항)

공동기안이라 함은 둘 이상의 행정기관의 장의 결재를 받아 공동명의로 시행하기 위하여 문안을 작성하는 것을 말한다.

② 작성 및 시행방법

- 공동기안 문서는 그 문서 처리를 주관하는 기관에서 기안하여 먼저 그 기관의 장의 결재를 받은 후 관계 행정기관의 장의 결재를 받는다.
- 공동기안은 특히 관계 기관 간의 긴밀한 사전협의가 요구되므로 관계 기관의 장의 결재를 받기 전에 그 기관의 해당 보조기관 등과 충분한 사전협의가 있어야 한다.
- 관계기관의 장의 결재를 받는 형식

1. 관계기관이 2개 기관인 경우

결재란을 나누어 주관기관의 자체 결재절차를 마친 다음 관계기관의 장의 결재를 받는다.

〈예시〉 행정안전부와 외교부가 공동기안 하는 경우

[일반기안문의 결재 표시]

▶ 주관기관을 먼저(왼쪽), 관계 기관을 뒤(오른쪽)에 표시

행정안전부장관	2017. 11. 14. **김행정**	외교부장관	2017. 11. 15. **이외교**

▶또는 주관기관을 위에 관계 기관을 아래에 표시

행정안전부장관	2017.11. 14. **김행정**
외교부장관	2017.11. 15. **이외교**

2. 관계 기관이 3이상인 경우
별지에 기안용지의 결재란에 준하여 필요한 수만큼 결재란을 만들어 첨부하고 그곳에 결재를 받는다.

〈예시〉

행정안전부장관	**김행정** 2017. 11. 14.
교육부장관	**이교육** 2017. 11. 14.
인사혁신처장	**박처장** 2017. 11. 15.
경찰청장	**강경찰** 2017. 11. 15.

또는

행정안전부장관	교육부장관	인사혁신처장	경찰청장
김행정 2017. 11. 14.	**이교육** 2017. 11. 14.	**박처장** 2017. 11. 15.	**강경찰** 2017. 11. 15.

라) 공동기안 문서는 해당 문서의 처리를 주관하는 행정기관의 문서(기록물) 등록대장에 등록하고 그 등록번호를 부여하는 등 주관기관의 문서 처리 절차에 따른다.

마) 공동기안문의 발신 명의 표시

1. 해당 문서처리를 주관하는 행정기관 장의 명의를 맨 위에 표시하고, 관계 행정기관 장의 명의를 그 밑에 표시한다.
2. 관계 행정기관의 장이 동일 직위일 때에는 「정부조직법」에 의한 부·처·청의 순위에 따라 표시하고, 동일 직급이 아닌 때에는 상위 직급 행정기관장 명의부터 표시한다.

〈예시〉

행정안전부장관인
교육부장관
인사혁신처장
경찰청장

※ 문서처리를 주관하는 행정기관의 발신 명의에만 관인 날인

(4) 수정기안

① 개념(규칙 제5조 제3항)

수정기안은 수신한 종이문서 그 자체에 간단한 수정을 하거나 필요한 사항을 추가로 적어 넣어 기안에 갈음하는 방법이다.

② 작성 및 시행방법

- 수신문서의 내용을 알 수 있도록 수정하는 글자의 중앙에 가로로 두 선을 긋고 그 위의 여백에 수신한 문서와 다른 색깔의 글자로 수정 또는 기입한다. 이 경우 수신한 문서의 관인에도 중앙에 가로로 선을 긋는다.
- 수정기안 사항을 모두 수정하거나 적은 후에 기안자, 검토자 및 결재권자의 직위(직급) 및 서명란을 수정하여 그 위의 여백에 결재를 받거나 적당한 여백에 〈간이결재인〉을 찍어 결재를 받는다.

〈간이결재인〉

※ 위 칸은 기안자, 검토자, 결재권자의 직위(직급)를 표시하고 아래 칸에는 서명을 표시하되, 결재란 수는 적절하게 조정하여 사용

- 문서 시행은 수정기안문을 복사한 후 관인을 날인하여 행한다.

③ 수정기안의 활용

종전에는 상급기관의 일상적인 업무에 대한 경미한 내용의 문서를 일부 수정하여 하급기관에 통보할 때 사용되기도 하였다. 하지만 수정기안을 하게 되면 발신한 행정기관의 결재정보 및 관인정보와 수신한 행정기관의 공람정보, 결재정보 및 관인정보 등이 혼합되어 혼동을 줄 우려가 있기 때문에 수정기안보다는 별도의 기안문을 작성·시행하는 것이 좋다.

(5) 서식에 의한 처리(영 제8조 제2항)

생산등록번호란, 접수등록번호란, 수신자란 등이 설계된 서식으로 작성한 문서는 별도의 기안문을 작성하지 아니하고 해당 서식의 기안자, 검토자, 협조자, 결재권자의 서명란에 결재를 받아야 한다. 다만, 서명란이 따로 설치되지 않은 경우에는 〈간이결재인〉을 찍어 이에 결재함으로써 기안에 갈음할 수 있다.

2. 검토 및 협조

1) 검토 및 협조의 개념

검토는 보조기관 또는 보좌기관이 그 소속 공무원이 기안한 내용을 분석하고 점검하여 동의 여부를 결정하는 것을 말하고, 협조는 기안내용과 관련이 있는 다른 부서나 기관의 합의를 얻는 것을 말한다. 즉, 검토는 직제상 수직적 합의를, 협조는 수평적 합의를 의미한다.

보조기관	• 행정기관의 의사 또는 판단의 결정이나 표시를 보조하는 기관으로 행정의사의 결정·집행에 직접 참여함. • 계선조직과 유사한 개념으로 조직의 장을 정점으로 하여 실·국·과·일반직원에 이르는 업무상의 명령과 복종의 직선적 계선체계를 말함. 예 차관·차장, 부시장·부지사, 실·국·과장 등
보좌기관	• 행정기관이 그 기능을 원활하게 수행할 수 있도록 그 기관장이나 보조기관을 보좌(정책 기획, 계획 입안, 연구·조사, 심사·평가 및 홍보 등)하는 기관으로서 의사결정·집행을 간접 지원함. • 막료조직(참모조직)과 유사한 개념으로 전문적 지식과 기술로써 계선조직의 업무집행에 대한 조언·권고·건의 등을 하는 조직을 말함. 예 차관보, 담당관·심의관 등

※ 실제 행정상으로는 보좌기관도 보조기관과 유사한 기능을 수행하는 경우가 많으므로 양자가 엄격히 구분되는 것은 아님

2) 검토 및 협조의 절차

(1) 검토 절차(영 제9조 제1항/규칙 제6조 제4항)

① 기안자는 기안문의 형식·내용을 최종적으로 확인한 후 기안자란에 서명하고, 결재권자의 결재를 받기 전에 하위 보조(보좌)기관에서 상위 보조(보좌)기관의 순으로 검토를 받는다.

1. 업무분담자가 기안한 경우
1) 총괄책임자의 검토를 거친 후 보조(보좌)기관의 검토·결재를 받는다.
2) 업무분담자는 기안자란에, 총괄책임자는 검토자란에 서명한다.

주무관 **김주무**	행정사무관 **김담당**	정보공개정책과장 **장과장**	정부혁신 기획관	전결 2017. 11. 15. **박국장**
협조자				

※ 업무분담자: 업무분장에 따라 단위업무를 담당하는 자
※ 총괄책임자: 업무분장상 여러 개의 단위업무를 총괄하는 책임자(직제상 직위 없음)

2. 총괄 책임자가 기안하는 경우
1) 업무분담자의 의견을 들은 후 보조(보좌)기관의 검토·결재를 받는다.
2) 총괄책임자는 기안자란에, 업무분담자는 협조자란에 서명한다.

행정사무관 **김담당**	정보공개정책과장 **장과장**	정부혁신 기획관	전결 2017. 11. 15. **박국장**
협조자 주무관 **김주무**			

② 총괄책임자나 보조(보좌)기관이 출장 등의 사유로 검토를 할 수 없는 상황 등 부득이한 경우에는 검토를 생략하되, 서명란에 출장 등 검토를 할 수 없는 사유를 적어야 한다.

주무관 **김주무**	행정사무관 **김담당**	정보공개정책과장 **출장**	정부혁신 기획관	전결 2017. 11. 15. **박국장**
협조자				

(2) 협조 절차(영 제9조 제2항)

① 기안문의 내용이 행정기관 내의 다른 보조기관 또는 보좌기관의 업무와 관련이 있을 때에는 그 기관의 협조를 받아야 한다.

주무관 **김주무** 행정사무관 **김담당** 정보공개정책과장 **장과장** 정부혁신기획관 전결 2017. 11. 15. **박국장**
협조자 민원서비스정책과장 **한과장**

② 협조 절차는 두 가지가 가능하다. 만약 기안자가 기안을 하고 총괄책임자, 과장의 검토를 거쳐 국장의 결재를 받는다고 할 때 협조부서와 협조하는 절차는 ① 기안부서의 총괄 → 협조부서의 총괄 → 기안부서의 과장 → 협조부서의 과장 순으로 협조를 거쳐 국장의 결재를 받거나, ② 기안부서의 총괄, 과장 → 협조부서의 총괄, 과장 순으로 협조를 거쳐 국장의 결재를 받는다.

③ 과장·국장 등의 협조가 필요한 경우 과·국장은 업무를 총괄하고 있으므로 해당 업무담당자 또는 총괄책임자와 실질적인 세부업무에 대한 사전 협의를 한 후 과·국장의 협조 서명을 받는 것이 좋다.

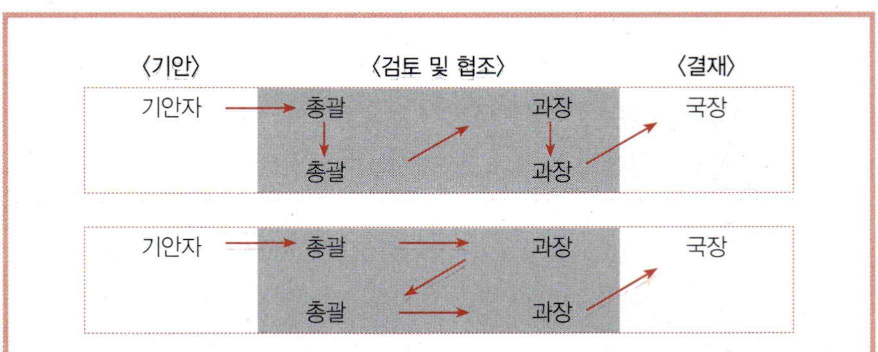

3) 검토자의 검토사항

검토자는 기안 내용을 검토함에 있어서 형식적인 측면과 내용적인 측면을 함께 살펴보아야 한다. 검토사항의 예시는 아래와 같다.

(1) 형식적인 측면

① 소관 사항임에 틀림이 없는가?

② 업무 절차는 잘못이 없는가?

③ 법령의 형식 요건을 구비하고 있는가?

④ 결재권자의 표시는 적정한가?

⑤ 협조부서의 합의는 거쳤는가?

⑥ 수신자 및 발신자 등의 표시는 착오가 없는가?

(2) 내용적인 측면

① 법률적 검토

① 허가·인가·승인 등인 경우 그 법정 요건을 충족하고 있는가?

② 의결기관의 의결사항은 아닌지 또는 의결을 거쳤는가?

③ 법정 경유기관은 거쳤는가?

④ 기한, 조건 등의 법정 요건이 있다면 이에 충족하고 있는가?

⑤ 시효와의 관계는 어떠한가?

⑥ 법령·예규·지시 등에 위배되지 않는가?

② 행정적 검토

① 공공복지와의 관계는 어떤가?

② 재량의 범위는 적합한가?

③ 여론에 대한 영향은 어떤가?

④ 관례나 선례는 어떻게 되어 있는가?

⑤ 처리는 지연되지 아니하였는가?

⑥ 경과조치가 필요한 사항은 아닌가?

⑦ 필요한 사항이 빠져 있지 않은가?

③ 경제적 검토

① 예산상의 조치가 필요한 것이 아닌가?

② 과다한 경비투입을 요하는 사항이 아닌가?

③ 경비를 보다 절약할 수 있는 다른 대안은 없는가?

4) 다른 의견의 표시(영 제9조 제3항 및 제4항/규칙 제6조 제3항 및 제4항)

① 기안문을 검토 또는 협조하는 경우에 그 내용과 다른 의견이 있으면 본문의 마지막 또는 별지에 그 의견을 표시하여야 한다. 이 경우 의견 내용과 함께 의견을 표시한 사람의 소속, 직위(직급) 및 성명을 함께 표시한다. 이는 결재권자가 결재를 하거나 향후 그 업무 담당자가 참고하도록 하기 위한 것이므로 시행문에는 그 내용을 표시하지 않는다.

② 다른 의견을 표시하는 때에는 서명란의 해당 직위 또는 직급 다음에 '(의견있음)'이라고 표시하고 서명하여야 한다.

……………………(본문)…………………………………………
…………………. 끝.

(본문내용에 대한 의견 있음) 1. 의견내용 2. 민원서비스정책과 과장 한ㅇㅇ	⇒ 시행문에는 의견내용을 표시하지 않는다.

주무관 **김주무** 행정사무관 **김담당** 정보공개정책과장 **장과장**	정부혁신	전결 2017. 11. 15.
협조자 민원서비스정책과장 **(의견 있음) 한과장**	기획관	**박국장**

③ 기안문의 내용에 대한 검토 또는 협조 과정에서 기안자, 검토자, 협조자 상호 간에 의견이 다를 경우 가능한 한 의견을 조정하여 합의하도록 노력하여야 하며, 합의가 가능한 때에는 문안을 수정하거나 재작성하면 되기 때문에 의견표시는 불필요할 수 있다.

※ 이 경우 기안자와 검토자는 기안문의 문안을 직접 수정하거나 재작성할 수 있지만, 협조자는 수정 또는 재작성할 수 없다.

3. 결재

1) 결재의 의의

(1) 결재의 개념

결재란 해당 사안에 대하여 행정기관의 의사를 결정할 권한이 있는 자가 그 의사를 결정하는 행위를 말한다. 따라서 기관의 장 또는 결재권을 위임받은 자가 행정기관의 의사를 결정하기 위한 과정에서 각급 보조기관 또는 보좌기관의 서명을 받는 검토와 협조는 결재의 개념에 해당되지 않는다.

(2) 결재의 기능

① 순기능

① 기관의 의사결정과정에서 현실적이고 실무적인 사정을 반영할 수 있다.

② 결재권자의 의사결정에 필요한 지식과 정보를 제공·보완시켜 준다.

③ 하위직원의 창의·연구 및 훈련의 기회로 활용될 수 있다.

④ 결재과정을 통해 직원의 업무수행에 대한 통제가 가능하다.

② 역기능

① 여러 단계의 검토 과정을 거쳐 결재에 이르기 때문에 의사결정이 지연되기 쉽다.

② 상위자의 결정에 의존하기 때문에 하위자가 자기책임하에 창의성을 발휘하기 어렵고, 소극적인 자세로 업무를 처리하는 경향이 있다.

③결재 과정이 형식적인 확인 절차에 그치는 경우도 많다.

④ 상위자에게 결재안건이 몰리는 경우, 상세한 내용 검토 없이 문구 수정 정도에 그치기도 하고, 결재하느라 보내는 시간 때문에 상위자 역할인 정책 구상, 계획 수립 등에 시간을 할애하기 어렵게 된다.

③ 역기능 해소 방안

① 결재권을 하위자에게 대폭적으로 위임한다.

②검토 과정이나 업무처리 절차를 간소화한다.

③ 안건에 따라서는 상위자가 직접 기안하거나 처리지침을 지시한다.

2) 결재의 종류

(1) 결재(決裁: 좁은 의미)

좁은 의미의 결재란 법령에 따라 소관 사항에 대한 행정기관의 의사를 결정할 권한을 가진 자(주로 행정기관의 장)가 직접 그 의사를 결정하는 행위를 말한다. 「행정 효율과 협업 촉진에 관한 규정」상 문서는 해당 행정기관의 장의 결재를 받되, 보조(보좌)기관의 명의로 발신하는 문서는 그 보조(보좌)기관의 결재를 받아야 한다. (영 제10조 제1항)

(2) 전결(專決)

전결이란 행정기관의 장으로부터 업무의 내용에 따라 결재권을 위임받은 자(보조기관·보좌기관·업무담당 공무원)가 행하는 결재를 말하며, 그 위임전결사항은 해당 기관의 장이 훈령(위임전결규정) 또는 지방자치단체의 규칙(사무전결 처리규칙)으로 정한다. (영 제10조 제2항)

(3) 대결(代決)

대결이란 결재권자가 휴가, 출장, 그 밖의 사유로 결재할 수 없을 때에 그 직무를 대리하는 자가 행하는 결재를 말한다. 대결한 문서 중에서 내용이 중요하다고 판단되는 문서는 결재권자에게 사후에 보고하여야 한다. (영 제10조 제3항)

▶ **결재권자**: ① 행정기관의 장, ② 행정기관의 장으로부터 결재권을 위임받은 자, ③ 대결하는 자
▶ **후결(後決)**: 1984년 11월 23일 전까지 결재의 한 방식으로 후결이 있었음. 당시 후결도 문서의 성립 또는 효력에 영향을 주는 결재행위였는데, 선 행정행위(대결)와 후 행정행위(후결) 사이에 법적 안정성을 해치는 문제점이 있어, 1984년 11월 23일 당시 「정부공문서규정」을 개정, '후결'을 폐지하고 '후열(後閱)'로 변경하였음. 그 후 1999년 8월 7일 「사무관리규정」을 개정, '후열' 대신 '사후보고'로 변경함(1999. 9. 1. 시행)
- 후결: 결재란에 '후결' 표시, 결재권자 서명, 문서 수정 가능
- 후열: 결재란에 '후열' 표시, 결재권자 서명, 문서 열람만 가능(수정 불가)
- 사후보고: 정해진 보고방법 없음(구두보고, 메모보고 등 가능), 서명 불요

3) 결재의 효과(영 제6조 제1항)

문서는 결재권자가 해당 문서에 서명(전자이미지서명, 전자문자서명 및 행정전자서명 포함)의 방식으로 결재함으로써 성립한다. 따라서 결재는 문서가 성립하기 위한 최종적이며 절대적인 요건이다.

4) 결재의 표시

- 기안문, 시행문에 기안자, 검토자, 협조자 및 결재권자의 직위(직급)를 온전하게 나타내고(기관장·부기관장의 직위는 간략히 표현 가능), 서명을 그대로 표시하도록 한 것은 의사결정 과정과 참여자를 알 수 있도록 하여 행정의 책임성·투명성 제고를 위한 것임. ⇨ **정책실명제 실현**

(1) 결재(좁은 의미)의 표시

① 행정기관의 장이 결재하는 경우에는 기관장의 직위를 직위란에 간략히 표시하고 결재란에 서명한다.

② 결재권자의 서명란에는 서명날짜를 함께 표시한다. (규칙 제7조 제1항)

정보공개정책과장 **장과장**	정부혁신기획관 **박국장**	정부혁신조직실장 **김실장**	차관 **심차관**	장관 2017. 11. 15. **김장관**
협조자				

※ 이 경우 발신명의는 항상 행정기관의 장이 된다.

(2) 전결의 표시(규칙 제7조 제2항)

① 전결하는 사람의 서명란에 '전결' 표시를 한 후 서명한다.

② 서명하지 않는 사람의 결재란은 설치하지 않는다. (규칙 제7조 제4항)

정보공개정책과장 **장과장**	정부혁신기획관 **박국장**	정부혁신조직실장	전결 2017. 11. 15. **김실장**
협조자			

※ 이 경우 발신명의는 항상 행정기관의 장이 된다.

(3) 대결의 표시(규칙 제7조 제3항 및 제4항)

① 위임전결 사항이 아닌 사항을 대결하는 경우('대결'만 표시): 대결하는 사람의 서명란에 '대결' 표시를 하고 서명하며, 서명하지 않는 사람의 결재란은 설치하지 않는다.

1. 행정기관장의 권한 사항을 직무대리자인 차관이 대결하는 경우

정보공개정책과장 **김과장** 정부혁신기획관 **박국장** 정부혁신조직실장 **김실장**	차관	대결 2017. 11. 15. **심차관**
협조자		

※ 이 경우 발신명의는 항상 행정기관의 장이 된다.

2. 과장 권한 사항을 직무대리자(담당)가 대결하는 경우

주무관 **김주무**	행정사무관	대결 2017. 11. 15. **김담당**
협조자		

※ 이 경우 발신명의는 보조기관 또는 보좌기관인 과장이 된다.

② 위임전결 사항을 대결하는 경우('전결'과 '대결'을 함께 표시): 전결권자의 서명란에는 '전결' 표시를, 대결하는 사람의 서명란에는 '대결'이라고 표시하고 서명하며, '전결' 표시를 하지 않거나 서명을 하지 않는 사람의 결재란은 설치하지 않는다.

※ 이 경우 발신명의는 항상 행정기관의 장이 된다.

(1) 정부혁신조직실장 전결 사항을 직무대리자인 국장이 대결하는 경우

행정사무관 **김담당**	정보공개정책과장 **김과장**	정부 혁신기획관	대결 2017. 11. 15. **박국장**	정부혁신조직실장 전결
협조자				

(2) 과장 전결 사항을 보조·보좌기관이 아닌 직무대리자가 대결하는 경우

주무관 **김주무**	행정사무관	대결 2017. 11. 15. **김담당**	정보공개정책과장 전결
협조자			

(3) 총괄책임자 전결사항을 업무분담자인 직무대리자가 대결하는 경우

주무관	대결 전결 2017. 11. 15. **김주무**	행정사무관 전결
협조자		

※ 직무대리(법정대리 · 지정대리), 권한대행 등은 대리행위이므로 이들에 의한 결재행위는 '대결'로 표시함. 대결권자로서의 직무대리자 결정 및 운영 원칙은 중앙행정기관의 경우에는「직무대리규정」, 지방자치단체는 해당 자치단체의「권한대행 및 직무대리 규칙」등이 정하는 바에 따름

※「직무대리규정」(대통령령 제22956호, 2011. 6. 7. 일부개정)

제4조(기관장과 부기관장의 직무대리)
① 기관장에게 사고가 발생한 경우에는 부기관장이 기관장의 직무대리를 한다.
② 부기관장에게 사고가 발생한 경우에는 실·국을 설치하는 법령에 규정된 실·국의 순위에 따른 실장·국장(본부장·단장·부장, 그 밖에 이에 준하는 직위에 재직 중인 공무원을 포함하며, 실·국이 설치되어 있지 아니한 기관에서는 과장이나 이에 준하는 보조기관을 말한다. 이하 같다) 이 부기관장의 직무대리를 한다. 다만, 실장·국장보다 상위 직위가 설치되어 있는 경우에는 그 직위를 설치하는 법령에 규정된 순위에 따라 그 상위 직위에 재직 중인 공무원이 실장·국장에 우선하여 부기관장의 직무대리를 한다.
③ 기관장은 대리하게 할 업무가 특수하거나 그 밖의 부득이한 사유로 제2항의 순위에 따른 직무대리가 적당하지 아니하다고 인정되는 경우에는 제2항에도 불구하고 직무대리의 취지에 맞게 부기관장 직무대리의 순위를 미리 정하여 운영하여야 한다.
④ 기관장과 부기관장 모두에게 사고가 발생한 경우에는 제2항의 순위(제3항에 따라 미리 정해진 직무대리 순위가 있는 경우에는 그 순위를 말한다.)에 따른 직위에 재직 중인 공무원이 순차적으로 각각 기관장, 부기관장의 직무대리를 한다.

제5조(기관장과 부기관장 외의 직무대리)
① 기관장과 부기관장 외의 공무원에게 사고가 발생한 경우에는 해당 공무원의 바로 위 공무원(이하 '직무대리지정권자'라 한다.)이 해당 공무원의 바로 아래 공무원 중에서 직무의 비중, 능력, 경력 또는 책임도 등을 고려하여 직무대리자를 지정한다. 다만, 과(담당관, 팀, 그 밖에 이에 준하는 기관을 포함한다. 이하 같다.) 소속 공무원에게 사고가 발생한 경우에는 과장이 과 소속 공무원 중에서 직무대리자를 지정한다.
② 직무대리지정권자는 대리하게 할 업무가 특수하거나 그 밖의 부득이한 사유로 제1항에 따른 바로 아래 공무원이 직무대리를 하는 것이 적당하지 아니하다고 인정되는 경우에는 사고가 발생한 공무원과 동일한 직급의 공무원(사고가 발생한 공무원이 고위공무원단에 속하는 공무원인 경우에는 고위공무원단에 속하는 공무원 또는 이에 상당하는 직위에 재직 중인 공무원을 말한다.) 중에서 적합한 공무원을 직무대리자로 지정할 수 있다.
③ 직무대리지정권자는 직무대리자에게 사고가 발생한 경우에는 이로 인하여 업무 공백이 생기지 아니하도록 제1항 또는 제2항에 따라 직무대리자를 다시 지정하여야 한다.

제7조(직무대리권의 범위) 직무대리자는 사고가 발생한 공무원의 모든 권한을 가지며, 그 권한에 상응하는 책임을 진다.

※「직무대리규정」상의 기관장이라 함은 중앙행정기관 또는 이에 준하는 기관의 장(대통령 소속기관 및 국무총리 소속기관 포함)을 말함.

5) 결재받은 문서의 수정

(1) 원칙(영 제17조)

결재받은 문서의 일부분을 삭제하거나 수정할 때에는 수정한 내용대로 재작성하여 결재를 받아 시행하여야 한다.

(2) 종이문서의 경우(규칙 제14조)

삭제하거나 수정하려는 사항이 명백한 오류의 정정 등 경미한 사항인 경우에는 원안의 글자를 알 수 있도록 삭제 또는 수정하는 글자의 중앙에 가로로 두 선을 그어 삭제 또는 수정한다.

① 문서의 일부분을 삭제 또는 수정하는 경우, 삭제 또는 수정한 자가 그 곳에 서명 또는 날인한다.

② 문서의 중요한 내용에 관한 부분을 삭제 또는 수정하는 경우, 그 줄의 오른쪽 여백에 삭제 또는 수정한 글자 수를 표시하고 서명 또는 날인한다.

③ 시행문을 삭제 또는 수정하는 경우, 그 줄의 오른쪽 여백에 삭제 또는 수정한 글자 수를 표시하고 관인으로 날인한다.

4. 문서의 등록

- 본 난에서는 문서 위주의 등록방법을 간략히 기술하였으며, 문서를 포함한 기록물의 등록·관리 등에 관한 사항은 공공기록물 관리에 관한 법령을 참조하기 바란다.

1) 대상 문서 및 항목

(1) 등록 대상 문서

① 해당 부서에서 기안하여 결재를 받은 모든 문서

② 기안문 형식 외의 방법으로 작성하여 결재권자의 결재를 받은 문서

③ 접수한 문서

(2) 등록 항목

등록구분, 제목, 단위업무명(기록물철), 기안자(업무담당자), 결재권자, 생산(접수)등록번호, 생산(접수)등록일자, 수신자(발신자), 공개구분 등

2) 문서 등록 요령(영 제11조)

① 행정기관이 생산(접수)한 문서는 해당 문서에 대한 결재(접수)가 끝난 즉시 결재(접수)일자 순에 따라 반드시 각 처리과별로 업무관리시스템 또는 전자문서시스템에 의하여 문서(기록물) 등록대장에 등록하고 생산(접수) 등록번호를 부여하여야 한다.

② 문서의 등록번호는 처리과별로 문서(기록물)등록대장에 생산문서 · 접수문서를 통합하여 등록된 순서에 따라 연도별 일련번호를 부여하여 관리한다.

가) 시스템상 등록번호: 처리과 기관코드와 연도별 등록 일련번호로 구성

1311334 - 135

(처리과 기관코드) (연도별 일련번호)

나) 문서상 등록번호: 처리과명과 연도별 등록 일련번호로 구성

정보공개정책과 - 135

※ 처리과명이 없는 행정기관은 행정기관명을 표시하되, 10자가 넘는 경우에는 10자 이내의 행정기관명 약칭을 표시

ㅇㅇ출장소 - 55

(ㅇㅇ국도유지건설사무소ㅇㅇ출장소의 약칭)

③ 내부결재 문서는 문서(기록물)등록대장의 수신자란에 '내부결재'라고 표시한다. (규칙 제4조 제2항)

④ 전자적으로 문서 등록 표시를 할 수 없는 결재문서는 문서의 표지 왼쪽 상단에 문서등록(생산등록번호)의 표시를 한 후 등록한다.

⑤ 일반문서에 첨부된 녹음테이프, 큰 도면 등 기록물종류나 규격이 달라 함께 관리가 곤란한 첨부물은 별도로 등록한다. (생산등록번호의 표시)

☞ 생산등록번호의 표시 (「공공기록물 관리에 관한 법률 시행규칙」 별표 1)

가. 문서, 카드·도면류 등의 기록물

등록번호	
등록일자	
처리과	

나. 사진·필름·테이프·디스켓 등 소형 규격의 기록물

등록	(등록번호)
	(등록일자)

5. 문서의 실행

1) 문서 시행의 의의

(1) 문서 시행의 개념

문서시행이라 함은 내부적으로 성립한 행정기관의 의사를 외부로 표시하는 단계로서 문서의 효력을 발생하게 하는 절차를 말한다.

(2) 문서 시행의 절차

문서를 시행하기 위해서는 일반적으로 시행문의 작성, 관인 날인 또는 서명, 문서 발신 등의 절차를 거친다.

(3) 문서 시행의 방법

문서를 시행하는 방법으로는 발신, 홈페이지 게시, 관보 게재, 고시·공고, 교부 등이 있다.

2) 시행문의 작성

(1) 일반 사항(영 제12조 제1항 및 제2항/규칙 제9조 제1항)

결재받은 문서 중 발신할 문서는 시행문을 작성하여야 하는데 2004년부터 기안문과 시행문이 하나로 통합됨에 따라 별도의 시행문 서식은 없다. 따라서 결재가 끝난 일반기안문(별지 제1호 서식)에 관인을 찍으면 시행문이 된다. 다만, 수신자의 개인정보보호 등을 위하여 필요할 때에는 수신자별로 시행문을 작성, 시행하여야 한다.

① 전자문서

업무관리시스템 또는 전자문서시스템에서 전자이미지관인을 찍으면 시행문이 된다.

② 종이문서

결재받은 기안문을 복사하여 관인을 찍으면 시행문이 된다.

(2) 예외 사항

① 전신, 전신타자, 전화 발신 문서

전신, 전신타자, 전화로 발신하는 문서는 시행문을 작성하지 아니하나, 시행문 형식으로 발신한다.

② 생산(접수)등록번호란, 수신란 등이 설계된 서식으로 작성한 문서

서식 자체를 기안문, 시행문으로 갈음할 수 있도록 설계된 서식으로 기안한 경우에도 별도의 시행문을 작성하지 아니하고 해당 문서의 발신명의란에 관인(전자이미지관인 포함)을 찍거나 행정기관의 장이 서명(전자이미지서명 포함)하여 시행할 수 있다.

3) 관인 날인 또는 서명 등

(1) 관인을 날인하거나 서명하는 문서

① 행정기관의 장 또는 합의제기관의 명의로 발신하는 문서(영 제14조 제1항/규칙 제11조 제1항)

시행문, 고시·공고 문서, 임용장·상장 및 각종 증명서에 속하는 문서에는 관인(전자이미지관인 포함)을 찍거나 행정기관의 장이 서명(전자이미지관인 포

함)한다.

관인은 발신 명의 표시의 마지막 글자가 인영의 가운데 오도록 찍는다. 다만, 등·초본 등 민원서류를 발급할 때 사용하는 직인은 발신 명의 표시의 오른쪽에 찍을 수 있다.

※ 관인 날인 대신 행정기관의 장이 직접 서명하여 시행하거나 발급할 수 있는 경우는 행정기관의 장이 직접 결재한 문서로 한정한다.

② 보조기관 또는 보좌기관의 명의로 발신하는 문서(영 14조 제2항/규칙 제11조 제3항)

발신 명의 표시의 마지막 글자 위에 보조기관 또는 보좌기관이 서명(전자이미지서명, 전자문자서명 및 행정전자서명 포함)하여 시행하되, 전자이미지서명, 전자문자서명, 행정전자서명은 전자적으로 자동 생성되도록 하여야 한다.

다만, 보조기관이나 보좌기관의 직무를 대리하는 사람이 서명을 하는 경우에는 서명 앞에 '직무대리'의 표시를 하여야 한다.

(2) 관인 날인 또는 서명을 생략하는 문서

① 생략 표시를 하지 않는 문서(영 제14조 제3항)

관보나 신문 등에 실리는 문서

② 생략 표시를 해야 하는 문서(영 제14조 제3항/규칙 제11조 제4항)

1. 대상문서

1) 일일명령 등 단순 업무처리에 관한 지시문서
2) 행정기관 또는 보조(보좌)기관 간의 단순한 자료요구, 업무연락, 통보 등을 위한 문서

2. 표시위치: 발신명의 표시의 오른쪽

1) 관인 날인 생략의 표시: 행정기관장 및 합의제기관 명의의 발신문서

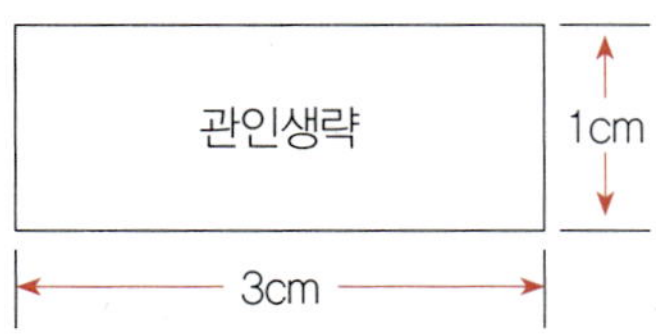

2) 서명 생략의 표시: 보조(보좌)기관 상호 간 발신문서

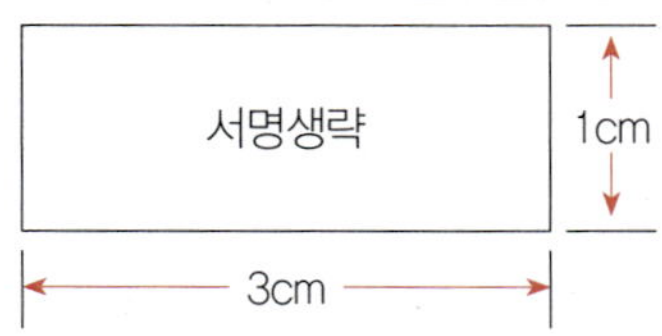

(3) 관인의 인영을 인쇄하여 사용하는 문서(영 제14조 제4항)

① 관인을 찍어야 할 문서로서 다수의 수신자에게 동시에 발신 또는 교부하거나 알리는 문서에는 관인의 날인을 갈음하여 관인의 인영을 인쇄하여 사용할 수 있다.

② 관인의 인영을 인쇄하여 사용하려면 미리 관인을 관리하는 부서의 장과 협의하고 해당 행정기관의 장의 승인을 받아야 한다. (규칙 제11조 제5항)

③ 관인의 인영을 실제 규격대로 인쇄하기 어려운 경우에는 문서의 크기, 용도에 따라 인영의 크기를 적절하게 축소하여 인쇄할 수 있다. (영 제14조 제4항)

④ 관인의 인영을 인쇄하여 사용하는 처리과의 장은 다른 법령에 특별한 규정이 없으면 관인 인쇄용지 관리대장(규칙 별지 제5호 서식)을 갖추어 두고 그 사용 내역을 기록·유지하여야 한다. (규칙 제11조 제6항)

[별지 제5호 서식]

관인인쇄용지 관리대장

<table>
<tr><td>인쇄문서명</td><td colspan="5"></td></tr>
<tr><td>관인명</td><td colspan="2"></td><td>인쇄관인규격</td><td colspan="2"></td></tr>
<tr><td colspan="6"></td></tr>
<tr><td>일자</td><td>인쇄량(매)</td><td>사용량(매)</td><td>사용명세</td><td>잔여량(매)</td><td>확인(서명)</td></tr>
<tr><td></td><td></td><td></td><td></td><td></td><td></td></tr>
</table>

※ 관인 인영 인쇄 시 유의사항: 인쇄 현장에 담당 직원이 입회하여 인영 및 인쇄용지 등의 유출을 방지하고, 인쇄가 완료되면 인쇄 원판과 인쇄용지 잔여분 등을 인수하여 파기하여야 함.

4) 문서의 발신

(1) 발신 원칙(영 제15조 제1항)

① 문서는 직접 처리하여야 할 행정기관에 발신한다. 다만, 필요한 경우에는 행정조직상의 계통에 따라 발신한다.

② 하급기관이 바로 위 상급기관 외의 상급기관(바로 위 상급기관에 대한 지휘·감독권을 갖는 상급기관)에 발신하는 문서 중 필요하다고 인정되는 문서는 바로 위 상급기관을 거쳐 발신하여야 한다. (영 제15조 제2항)

③ 상급기관이 바로 아래 하급기관 외의 하급기관(바로 아래 하급기관의 지휘·감독을 받는 하급기관)에 문서를 발신하는 경우에도 필요하다고 인정되는 문서는 그 바로 아래 하급기관을 경유하여 발신하여야 한다. (영 제15조 제3항)

④ 문서는 처리과에서 발송한다(규칙 제12조 제1항). 다만, 인편 또는 우편으로 발송하는 경우에는 문서과의 지원을 받아 발송할 수 있다.

> ▶ **처리과:** 업무처리를 주관하는 과·담당관 등
> ▶ **문서과:** 행정기관 내의 공문서를 분류·배부·보존하거나 수신·발신하는 업무를 지원하는 등 문서에 관한 업무를 주관하는 과·담당관 등

⑤ 다음의 경우에는 문서를 생산한 처리과의 장의 승인을 받아 이미 발신할 문서의 수신자를 변경하거나 추가하여 다시 발신할 수 있다. 이 경우 승인 날짜 등 관련 정보를 업무관리시스템이나 전자문서시스템으로 관리하여야 한다. (영 제15조 제4항/규칙 제12조 제2항)

- 결재권자나 해당 문서를 생산한 처리과의 장의 지시가 있는 경우
- 수신자의 명칭이 변경된 경우
- 착오로 인하여 수신자를 누락하였거나 잘못 지정한 경우
- 해당 업무와 관련된 기관의 요청이 있는 경우

(2) 발신 방법

① 일반 사항(영 제16조 제1항/규칙 제13조 제1항)

- 문서는 업무관리시스템이나 전자문서시스템 등의 정보통신망을 이용하여 발신한다. 이 경우 그 발신 또는 수신 기록을 전자적으로 관리하여야 한다.
- 업무의 성질상 정보통신망을 이용하여 발신하는 것이 적절하지 않거나 그 밖의 특별한 사정이 있으면 우편·팩스 등의 방법으로 문서를 발신할 수 있으며 이 경우 발신 기록을 증명할 수 있는 관계 서류 등을 기안문과 함께 보관하여야 한다. (영 제16조 제2항/규칙 제13조 제2항)
- 우편·팩스 등의 방법으로 발신하는 경우 내용이 중요한 문서는 등기우편이

나 그 밖에 발신 사실을 증명할 수 있는 특수한 방법으로 발신하여야 한다. (영 제16조 제2항)

- 행정기관이 아닌 자에게는 행정기관의 홈페이지나 행정기관에서 공무원에게 부여한 전자우편 주소를 이용하여 문서를 발신할 수 있다. (영 제16조 제3항) 다만, 이 방법으로 문서를 발신하는 것은 수신자가 사전에 그 사실을 알고 있는 경우에만 가능하다.
- 관인을 찍는 문서가 전자문서인 경우에는 기안자나 문서의 수신·발신 업무를 담당하는 사람이 전자이미지관인을 찍고, 종이문서인 경우에는 관인을 관리하는 사람이 관인을 찍은 후 처리과에서 발송한다. (규칙 제12조 제1항)

② 특수 사항: 암호 또는 음어 송신

- 시행할 문서의 내용이 비밀사항이거나 비밀은 아니라도 누설되면 국가안전보장, 질서유지, 경제안정, 그 밖의 국가이익을 해칠 우려가 있는 내용의 문서를 결재할 때 결재권자는 그 문서 내용의 암호화 등 보안 유지가 가능한 발신방법을 지정하여야 한다. 이 경우 본문의 마지막에 '암호' 등으로 발신방법을 표시하여야 한다. (영 제16조 제5항/규칙 제13조 제3항)
- 암호 등으로 발신할 문서 중 비밀로 분류된 문서는 송수신자 간에 서로 응답이 있는 경우에만 발신하여야 하며, 문서의 제목 다음이나 본문의 '끝' 또는 '이하빈칸' 표시 다음에 큰따옴표("")를 하고 그 안에 비밀등급을 표시하여 발신하여야 한다. (규칙 제13조 제4항)

③ 문서의 게시(규칙 제9조 제2항)

단순한 업무 관련 지시 또는 자료요구, 업무연락, 통보, 공지사항, 일일명령 등의 문서는 업무관리시스템 또는 전자문서시스템의 전자게시판이나 행정기관의 홈페이지 등에 게시하여 시행할 수 있다.

④ 관보 게재(관보규정 제17조/관보규정 시행규칙 제9조)

관보에 실린 사항 중 다음 각호의 사항은 시행한 것으로 본다.

- 법령 공포의 통지
- 대통령 및 국무총리의 훈령과 지시사항의 통지
- 각급 기관에 대한 인사발령 통지
- 그 밖에 「관보 규정」 제10조 각호의 어느 하나에 해당하는 내용으로서 관보에 공문을 대체한다는 내용을 적어 실은 사항

> ▶ **「관보규정」 제10조:** ① 대통령 지시사항, ② 국무총리 지시사항, ③ 정부의 행정지침으로서 각 행정기관에 공지시킬 필요가 있다고 인정되는 사항, ④ 그 밖에 행정안전부장관이 관보에 실을 필요가 있다고 인정하는 사항.

(3) 문서 등의 보안 유지(영 제16조 제4항)

① 행정기관의 장은 문서를 수신·발신하는 경우에 문서의 보안 유지와 위조, 변조, 분실, 훼손 및 도난 방지를 위한 적절한 조치를 마련하여야 한다.

② 행정기관의 장은 보유하고 있는 컴퓨터에 대하여 비밀번호를 부여하여야 한다.

③ 업무관리시스템 또는 전자문서시스템을 이용하여 문서를 작성·처리하고자 하는 자는 개인별 사용자계정(ID)·비밀번호 및 전자이미지서명을 등록하여 사용한다. 이 경우 비밀번호는 최초로 등록한 후 즉시 변경하여야 한다.

※ 전자문자서명을 사용하는 경우에는 전자이미지서명을 등록하지 않는다.

④ 컴퓨터 및 개인별 비밀번호는 문서의 보호 및 보안유지를 위하여 수시로 변경하여야 한다.

▶ 「행정안전부 정보보안지침」(행정안전부 훈령 제1호, 2017. 7. 26.)

- 적용범위: 행정안전부와 그 소속기관 및 산하기관
- 사용자계정 관리(훈령 제33조)

1. 비밀번호 등 사용자 식별·인증 수단이 없는 사용자계정은 사용 금지
2. 신규 사용자계정 생성 시 신청서 작성, 신원확인 등의 절차를 거쳐 발급
3. 사용자별 또는 그룹별로 접근권한 부여, 사용자계정을 공동으로 사용 금지
4. 외부 사용자의 계정부여는 불허하되, 부득이한 경우에는 분임정보보안담당관의 책임하에 유효기간을 설정하는 등 보안조치를 강구한 후 허용
5. 직원의 퇴직 또는 보직 변경 시 불필요한 사용자계정은 신속히 삭제
6. 장시간 사용하지 않는 휴면계정을 점검하여 필요하지 않은 경우 삭제

※ 예시

사용자계정 및 전자이미지서명 등록신청서

<table>
<tr><td>소속</td><td colspan="3"></td><td>전화번호</td><td></td></tr>
<tr><td>성명</td><td></td><td>직위</td><td></td><td>직급</td><td></td></tr>
<tr><td>주민등록번호</td><td colspan="5"></td></tr>
<tr><td rowspan="3">사용자계정
(ID)</td><td colspan="5">㉠</td></tr>
<tr><td colspan="5">㉡</td></tr>
<tr><td colspan="5">㉢</td></tr>
<tr><td>비밀번호</td><td colspan="5"></td></tr>
<tr><td>전자이미지서명</td><td colspan="5"></td></tr>
<tr><td colspan="6">행정안전부 정보보안지침 제33조에 따라 사용자계정(ID) 및 전자이미지서명 등록을 신청합니다.

년 월 일

신청인 (서명 또는 인)

○○기관의 장 귀하</td></tr>
</table>

※ 작성 방법

1. 소속은 과 단위까지 구체적으로 기재한다.
2. 사용자계정(ID)은 ㉠, ㉡, ㉢란에 다음 기준에 의하여 기재한다.
   첫 자는 영문으로 그 외 문자는 영문과 숫자를 조합해서 6~8자 이내로 기재한다(중복되는 사용자계정이 있을 경우에는 ㉡, ㉢순으로 부여된다.). 다만, 사용자계정은 기관의 실정에 따라 달리 정할 수 있다.
3. 비밀번호는 영문, 숫자와 문자 및 특수문자 등을 조합하여 8자리 이상으로 설정한다.
4. 전자이미지서명은 서명자의 성명을 반드시 한글로 알 수 있도록 표시하되, 사인펜 등으로 네모 안에 꽉 차도록 진하고 크게 표시한다.
5. 본 서식과 작성 방법은 예시이므로 기관의 설정에 따라 변경하여 사용할 수 있다.

6. 문서의 접수 및 처리

1) 문서의 접수

(1) 일반 사항

① 처리과(영 제18조 제1항/규칙 제15조 제1항)

- 문서는 처리과에서 접수한다.
- 접수한 문서는 접수일시와「공공기록물 관리에 관한 법률 시행령」제20조에 따른 접수등록번호를 접수란에 전자적으로 표시하여야 한다.
- 접수란이 없거나 전자적으로 표시할 수 없는 문서인 경우에는 두문의 오른쪽 여백에 '접수인(규칙 별표 2)'을 찍고 접수일시와 접수등록번호를 적는다.

〈접수인〉

접수	- (. . . :)

※ 접수란의 크기는 기관에 따라 적절하게 조정하여 사용한다.

※ 접수란의 첫째 줄에는 접수등록번호를 적되, 처리과명과 연도별 일련번호를 붙임표(-)로 이어 적는다.

〈예시〉 행정제도혁신과-23

※ 접수란의 둘째 줄 괄호 안에는 접수일을 적는다. 다만, 민원문서 등 필요한 경우에는 시·분까지 적는다.

〈예시〉 2011. 12. 18. 또는 2011. 12. 18. 14:25

② 문서과(영 제18조 제2항 및 제3항)

- 문서과에서 받은 문서는 문서과에서 접수일시를 전자적으로 표시하거나 적고 곧바로 처리과에 배부하여 접수하게 하여야 한다. 이 경우 접수등록번호는 처리과에서 전자적으로 표시하거나 적는다.

※ 접수란이 없거나 종이문서인 경우에는 두문의 오른쪽 여백에 접수인을 찍어 기재함.

- 문서의 접수 및 배부 경로에 관한 정보는「공공기록물 관리에 관한 법률 시행령」제20조에 따른 등록정보로 관리하여야 한다.

(2) 행정기관 외의 자로부터 정보통신망으로 받은 문서(영 제18조 제6항)

① 일반적인 접수절차를 거쳐 업무관리시스템 또는 전자문서시스템상에서 처리하되, 발신자의 주소와 성명 등이 불분명하거나 담당 업무와 관련이 없는 사항인 경우에는 접수하지 아니할 수 있다.

② 또한, 접수하려는 문서의 위조, 변조 방지 조치 등으로 인하여 그 문서에 접수일시와 접수등록번호를 전자적으로 표시할 수 없는 경우에는 이를 표시하지 아니할 수 있다.

(3) 둘 이상의 보조(보좌)기관 관련 문서(규칙 제15조 제2항 및 제3항)

① 관련성이 가장 높은 보조기관 또는 보좌기관에서 그 문서를 접수하여야 한다. 문서과에서 해당 문서를 받게 되면 그 관련성이 가장 높다고 판단되는 보조기관 또는 보좌기관에 보내야 한다.

② 그 문서를 접수한 처리과에서는 관련이 있는 보조기관 또는 보좌기관에서 소관 사항을 처리할 수 있도록 문서의 내용을 처리과의 장(처리과가 소속된 보조기관 또는 보좌기관 포함)의 명의로 통보하여야 한다.

(4) 당직근무자가 받은 문서(규칙 제15조 제5항)

일반적인 접수절차를 거쳐 문서를 접수할 수 있도록 다음 근무시간 시작 후 곧바로 문서과에 인계하여야 한다.

〈예시〉 금요일 19:00 수령 → 월요일 출근시간 직후 문서과에 인계

(5) 감열기록방식의 팩스로 수신한 문서(규칙 제15조 제6항)

감열기록방식의 팩스로 수신한 문서는 장기보존이 어렵기 때문에 보존기간이 3년 이상인 문서를 수신하였을 때에는 그 문서를 복사하여 접수하여야 한다. 이 경우 감열기록방식의 팩스로 수신한 문서는 폐기한다.

※ 감열기록방식은 특수처리된 열감응 용지의 표면을 가열하면 변색되는 점을 활용하여 문자·도형을 기록하는 방법으로 일반적으로 롤형 용지를 사용함. 감열지에 기록된 내용은 용지에 따라 1~5년 정도 밖에 보존되지 않기 때문에 감열지로 된 문서는 보존기간에 상관없이 백상지로 복사하여 접수한다.

2) 문서의 반송 및 이송

(1) 반송: 발신한 기관으로 되돌려 보내는 것

① 행정기관 간의 반송(규칙 제16조 제1항)

접수한 문서에 형식상의 흠이 있으면 그 문서의 생산등록번호, 시행일, 제목 및 반송사유를 구체적으로 밝혀 발신한 행정기관의 장에게 반송할 수 있다.

② 보조기관 또는 보좌기관 간의 반송

처리과에서 그 소관에 속하지 아니하는 문서를 접수한 때에는 곧바로 그 문서를 발신한 처리과에 반송하여야 하며, 문서과로부터 배부 받은 문서인 경우에는 문서과에 재배부 요청을 하여야 한다.

(2) 이송: 발신기관이 아니라 소관기관으로 송부하는 것

① 행정기관 간의 이송(규칙 제16조 제2항)

행정기관의 장은 접수한 문서가 다른 행정기관의 소관사항인 경우에는 그 문서를 곧바로 소관 행정기관의 장에게 이송하여야 한다.

② 보조기관 또는 보좌기관 간의 이송

처리과에서 접수한 문서가 다른 보조기관이나 보좌기관의 소관사항인 경우에는 곧바로 소관 보조기관 또는 보좌기관에 이송하여야 한다.

▶ 처리과에서 직접 받은 문서의 발신자가 행정기관 또는 행정기관 내의 보조기관·보좌기관이 아닌 경우(즉, 발신자가 행정기관 외의 자인 경우)
- 소관사항이면 일반적인 절차에 따라 접수·처리
- 소관사항이 아닌 경우 소관 처리과로 배부될 수 있도록 곧바로 문서과로 보내야 함(규칙 제16조 제3항)

3) 문서의 공람

처리과의 문서 수신·발신 업무 담당자는 접수한 문서를 처리담당자에게 인계하고 처리담당자는 해당 문서에 대한 공람을 거쳐 업무처리를 한다. (영 제18조 제4항)

(1) 대상문서(규칙 제17조)

① 결재권자로부터 처리지침을 받아야 할 필요가 있는 문서

② 민원문서

③ 행정기관이나 보조기관 또는 보좌기관 간의 업무협조에 관한 문서

④ 접수된 문서를 처리하기 위하여 미리 검토할 필요가 있는 문서

⑤ 그 밖에 공무원의 신상(身上), 교육·훈련 등과 관련하여 공무원이 알아야 할 필요가 있는 문서

※ 위 대상 외의 문서와 통계·설문조사 등을 위하여 각 기관으로부터 취합하는 문서는 공람하지 않는다.

(2) 공람순서

공람의 순서에 대하여는 특별한 규정을 두고 있지 않다. 따라서 상급자 또는 하급자부터 순서대로 공람하는 순차공람과 직위에 관계없이 동시에 공람하는 병렬공람이 모두 가능하다.

※ 선결(先決) 제도는 1970년 9월 18일「정부공문서규정」의 개정을 통해 처음 도입된 후,「사무관리규정」개정으로 1999년 9월 1일 '선람(先覽)'으로 바뀌었으나, 2004년 1월 1일부터 폐지되었음.

(3) 공람의 표시(영 제18조 제4항)

① 전자문서

업무관리시스템 또는 전자문서시스템상에서 공람하였다는 기록(공람자의 직위 또는 직급, 성명 및 공람일시 등)이 자동으로 표시되도록 한다.

② 종이문서

접수문서의 적당한 여백에 공람자의 직위 또는 직급을 표시하고 서명한다.

(4) 결재권자의 지시(영 제18조 제5항)

공람을 하는 결재권자는 문서의 처리기한 및 처리방법을 지시할 수 있으며 필요하면 업무분장에 따른 담당자 외에 그 문서의 처리담당자를 따로 지정할 수 있다.

※ 경유문서의 처리요령

1. 접수: 일반문서의 접수절차와 동일

2. 결재 및 처리(규칙 제15조 제4항)

1) 경유문서를 접수한 기관은 해당 기관장의 명의로 다음 경유기관의 장이나 최종 수신자에게 경유문서를 첨부하여 발신하여야 한다.
2) 경유기관의 의견이 있으면 그 의견을 시행문 본문에 표시하거나 첨부하여 보내야 한다.

3. 반송 및 보완

1) 경유기관의 장은 그 문서를 최종적으로 처리할 권한이 있는 자가 아니므로 검토과정에서 형식상, 내용상 흠이 있더라도 발신 행정기관의 장에게 반송할 수 없다.
2) 또한, 경유문서에 대하여 수정 또는 보완요구를 할 수 없다. 위에서 설명한 바와 같이 경유기관의 장은 경유문서에 대한 검토를 하고, 이에 대한 의견이 있는 경우에는 이를 첨부하여 경유순서에 따라 보내야 한다.

4. 경유문서의 표시

행정기관명

수신 ○○○
(경유) 이 문서의 경유기관의 장은 ○○○(또는 제1차 경유기관의 장은 ○○○, 제2차 경유기관의 장은 ○○○, ……………)이고, 최종 수신기관의 장은 ○○○입니다.
제목 경유문서의 이송

(본문 내용)

발신명의

※〈예시〉 최초로 발신한 기관

효자동

수신 종로구청장(ㅇㅇ과장)
(경유) 이 문서의 제1차 경유기관의 장은 종로구청장이고, 제2차 경유기관의 장은 서울특별시장이며, 최종 수신기관의 장은 행정안전부장관입니다.
제목 ㅇㅇㅇㅇㅇㅇ

(본문 내용)

효자동장 직인

※〈예시〉 1차 경유기관

종로구

수신 서울특별시장(ㅇㅇ과장)
(경유) 이 문서의 제1차 경유기관의 장은 종로구청장이고, 제2차 경유기관의 장은 서울특별시장이며, 최종 수신기관의 장은 행정안전부장관입니다.
제목 경유문서의 이송
(본문 내용)

붙임 1. 시행문(효자동 경유문서) 1부.
2. 의견서 1부(있는 경우에만 첨부). 끝.

종로구청장 직인

※〈예시〉 2차 경유기관

서울특별시

수신　행정안전부장관(ㅇㅇ과장)
(경유) 이 문서의 제1차 경유기관의 장은 종로구청장이고, 제2차 경유기관의 장은 서울특별시장이며, 최종 수신기관의 장은 행정안전부장관입니다.
제목　경유문서의 이송
(본문 내용)

붙임　1. 시행문(효자동 경유문서) 1부.
2. 시행문(종로구 경유문서) 1부.
3. 의견서 1부(있는 경우에만 첨부).　끝.

서울특별시장 직인

9장

서식의 제정 및 관인관리

학습목표

1. 서식의 의의와 설계를 설명할 수 있다.
2. 서식의 승인 및 관리에 대해 설명할 수 있다.
3. 관인의 관리와 공문서 작성 시 활용할 수 있다.

1. 서식의 의의

1) 서식의 개념

서식이란 장기간에 걸쳐 반복되는 업무와 관련하여 행정상의 필요사항을 기재할 수 있도록 도안한 일정한 형식 또는 그 업무용지를 말한다. 서식은 상자형·비상자형 또는 기안문서 형태를 이용하여 글씨의 크기, 항목 간의 간격, 기재할 여백의 크기 등을 균형 있게 조절하여 사용하기 편리하도록 제정한다.

2) 서식의 종류

(1) 법령서식(영 제27조 제1항)

법률, 대통령령, 총리령, 부령, 조례, 규칙 등 법령으로 정한 서식을 말한다.

(2) 일반서식(영 제27조 제2항)

법령서식을 제외한 모든 서식을 말한다.

3) 서식의 제정

(1) 제정 원칙(영 제26조)

행정기관에서 장기간에 걸쳐 반복적으로 사용하는 문서로서 정형화할 수 있는 문서는 특별한 사유가 없으면 서식으로 정하여 사용한다.

(2) 제정 방법(영 제27조)

- ① 국민의 권리·의무와 직접 관련되는 사항을 기재사항으로 정하는 서식, ② 인가, 허가, 승인 등 민원에 관계되는 서식, ③ 행정기관에서 공통적으로 사용하는 서식 중 중요한 서식은 법령으로 정한다.
- 법령으로 정하여야 하는 서식 가운데 법령에서 고시 등으로 정하도록 한 경우와 그 밖의 특별한 사유가 있는 경우에는 고시·훈령·예규 등으로 정할 수 있다. 또한, 법령으로 정하지 않아도 되는 일반서식은 고시·훈령·예규 등으로 정할 수 있다.

2. 서식의 설계

1) 일반 원칙

(1) 민원인의 개인정보를 보호할 수 있도록 설계

주민등록번호란은 '생년월일'로 대체하고 '등록기준지'란은 설치하지 아니하되, 행정정보 공동이용, 신원조회 등 꼭 필요한 경우에만 '주민등록번호' 또는 '등록기준지'란을 설치하며, 개인정보보호위원회의 개인정보 침해요인평가 확인을 받아야 한다.

※〈예시〉 성명+주소+생년월일로 신청인 특정 가능

[별지 제1호 서식] (앞쪽)

학교환경 위생정화구역 내 금지행위 및 시설해제 신청서					처리기간 15일
신청인	성명		생년월일 ~~주민등록번호~~		
	주소			(전화:)	
예정 행위 및 시설	업종		명칭(상호)		
	소재지				
	위치	( )층 건물의 ( )층	면적(㎡)		

(2) 기입항목의 식별이 용이하도록 설계(영 제28조 제1항)

글씨의 크기, 항목 간의 간격, 적어 넣을 칸의 크기 등을 균형 있게 조절하여 서식에 적을 사항을 쉽게 알 수 있도록 설계한다.

(3) 쉬운 용어를 사용하고 필요한 항목만 설계(영 제28조 제2항)

서식에는 누구나 쉽게 이해할 수 있는 용어를 사용하여 설계하여야 하며, 불필요하거나 활용도가 낮은 항목을 넣지 않는다.

(4) 기안(시행)문 겸용 설계(영 제28조 제3항)

특별한 사유가 없으면 서식 자체를 기안문 및 시행문으로 갈음할 수 있도록 생산등록번호, 접수등록번호, 수신자, 시행일 및 접수일 등의 항목을 넣어 설계한다.

(5) 서명 또는 날인의 선택적 설계(영 제28조 제4항)

법령에서 반드시 도장을 찍도록 정하고 있지 아니하면 서명이나 날인을 선택할 수 있도록 설계한다.

(6) 행정기관의 이미지 제고 노력(영 제28조 제5항)

서식에는 가능하면 행정기관의 로고, 상징, 마크, 홍보문구 등을 표시하여 행정기관의 이미지를 높일 수 있도록 한다.

(7) 민원서식의 설계(영 제28조 제6항)

민원서식은 그 민원업무의 처리 흐름도, 처리기간, 전자적 처리가 가능한지 등을 표시하여 민원인의 편의를 도모하여야 하고, 음성정보나 영상정보 등을 수록하거나 연계한 바코드 등을 표기할 수 있다.

※〈예시〉 민원업무처리 흐름도

처리절차					
신청서 작성 ➡	접수 ➡	제출서류 확인 및 검토 ➡	결재 ➡	인증서 발급 ➡	통보
신청인	처리기관: 국토교통부 및 시도/시·군·구				

2) 서식의 설계기준(규칙 제24조, 별표 4)

구분	설계 기준
1. 기본 형식	가. 영 제28조 제3항에 따라 기안문과 시행문을 갈음하는 서식은 별지 제1호 서식의 형식으로 작성한다. 나. 그 밖의 각종 신청서, 증명서 등의 서식에는 접수(발급)번호, 접수일, 발급일 등의 해당 사항과 전자적 처리가 가능한지를 표시한다. - 전자적 처리 가능 여부 표시문안 예시: 정부24(www.gov.kr)에서도 신청할 수 있습니다. 다. 모든 서식에는 그 서식에 관한 기본정보(근거 법령 등과 서식 호수)를 표시하여야 한다.
2. 용지 여백	상단 및 좌우측은 20㎜, 하단은 10㎜로 하되, 필요한 경우 프린터로 출력 가능한 범위에서 확대하거나 축소할 수 있다.
3. 항목란	가. 「전자정부법」 제36조 제1항에 따른 행정정보의 공동이용을 통하여 해당 정보의 내용을 확인할 수 있는 경우에는 첨부서류를 따로 받지 않도록 하는 내용에 관한 항목을 둔다. 나. 주민등록번호란은 생년월일란으로 대체하여 사용하고 등록기준지란은 만들지 않되, 행정정보 공동이용을 통한 정보의 확인, 신원조회 등 꼭 필요한 경우에만 주민등록번호란 또는 등록기준지란을 만들 수 있다. 다. 주소변경 시 법령에서 신고 등을 하도록 규정하지 않은 경우, 허가증·인가증·자격증·신고필증 등의 서식에는 주소란을 두지 아니한다. 라. 비고란은 별도로 적을 내용이 있는 경우에만 둔다. 마. 항목의 구분에 따른 하위 항목은 위계에 따라 배열하되 3단계를 초과할 수 없다. 바. 항목의 일련번호(① 등)는 적지 아니하되, 필요에 따라 적는 경우에는 왼쪽에서 오른쪽으로, 위에서 아래의 순서로 적는다. 사. 계산이 필요한 숫자란은 계산순서를 고려하여 상·하·좌·우로 배열하고 계산부호를 붙일 수 있다. 아. 특별한 사유가 없는 경우에는 글자별, 숫자별 구획은 만들지 않는다.
4. 표	가. 쉽게 인지할 수 있고 행정정보시스템 등에서 문답식 선택적 입력방식을 쉽게 채택할 수 있도록 유사한 성격의 항목을 하나로 모아 표로 구분한다. - 표와 표 사이에는 1㎜의 간격을 두되, 지면상 공간 확보가 어려운 경우에는 간격을 0.5㎜까지 조정할 수 있다. 나. 다음의 표는 위에서부터 아래로 순서대로 배치하되 필요한 경우 표를 생략하거나 그 위치를 조정할 수 있다. 1) 접수(발급)번호·접수일·발급(발행)일·처리기간: 상단 서식 명칭 다음 줄 2) 신청인 인적사항: 접수(발급)번호 표 다음 줄 3) 신청 내용: 신청인 인적사항 표 다음 줄

구분	설계 기준
4. 표	다. 다음의 표는 서식의 앞쪽 또는 뒤쪽 아래에서부터 위로 순서대로 배치하되, 필요한 경우 표를 생략하거나 그 위치를 조정할 수 있다. 1) 업무처리 절차: 서식 용지의 규격 및 지질 표시 위 2) 작성 방법: 업무처리 절차 표 윗줄 3) 유의사항: 작성 방법 표 윗줄 4) 행정정보 공동이용 동의서: 유의사항 표 윗줄 5) 첨부서류·수수료: 행정정보 공동이용 동의서 표 윗줄
5. 선	가. 선은 기본적으로 실선을 사용하되 절취선은 점선으로 표시한다. 나. 선의 굵기는 0.12㎜를 기본으로 하되, 예외로 정하는 항목은 다음과 같다. 1) 표의 좌·우측 테두리: 표시하지 않음. 2) 'ㅇㅇㅇ 귀하' 또는 '신청인, 서명 또는 인' 다음의 마감선과 절취선: 0.7㎜ 다. 선의 색상은 회색을 기본으로 하되, 표의 상·하 테두리 선은 검정색으로 한다.
6. 칸	가. 한 칸의 높이는 8.5㎜로 하는 것을 원칙으로 하되, 주소 등과 같이 정보량이 비교적 많은 항목의 경우에는 8.5㎜의 배수로 할 수 있다. 나. 칸은 불규칙적 배열을 방지하기 위하여 설정한 가상의 세로 기준선에 따라 일정한 폭으로 구분하되, 성명란은 한글 15자 이상, 주민등록번호란은 한글 7자 이상 쓸 수 있는 공간을 확보한다. 다. 바탕색은 기본적으로 흰색을 사용하고 공무원이 작성하는 칸과 작성 방법 등 알림항목의 제목 칸은 회색으로 하되, 필요한 경우 부분적으로 적절한 명도와 채도의 색상을 사용할 수 있다.
7. 글자	가. 글자는 줄 또는 칸의 왼쪽부터 쓰되, 예외로 정하는 항목은 다음과 같다. 1) 서식 명칭: 가운데 2) 기입란을 구분하는 선이 없는 칸의 제목: 왼쪽 상단 3) 항목 제목을 적은 칸: 가운데 4) 제출 연월일, 서명 또는 날인: 오른쪽 나. 서식 명칭의 글꼴은 견고딕으로 하고 그 외의 글자는 돋움체로 하되, 필요한 경우 다른 글꼴을 사용할 수 있다. 다. 글자의 굵기는 보통 굵기로 하되, 민원인 또는 담당 공무원이 인지해야 할 필요가 있는 주요 사항과 서식 명칭은 굵은 글꼴로 한다. 라. 글자 크기는 10pt를 기본으로 하고 '(　)' 안의 글씨는 9pt로 하되, 예외로 정하는 항목은 다음과 같다. 1) 서식 명칭: 16pt 2) 시장·군수 등 행정기관 명칭: 13pt 3) 첫 번째 항목의 제목: 11pt (두 번째 항목부터는 1pt씩 작은 글씨로 한다.) 4) 접수번호 등 공무원 기재란의 제목과 '년·월·일': 9pt 5) 유의사항·작성 방법 등 알림사항, 첨부서류 및 수수료, 서식·용지 정보, '서명 또는 인': 8pt 마. 글자 색상은 검정색을 기본으로 하고 필요한 경우 부분적으로 다른 색상을 사용하되, '서명 또는 인' 글자는 회색으로 한다.

구분	설계 기준
8. 한글과 병기하는 외국 글자	가. 단어를 병기하는 경우 한글의 오른쪽에 괄호를 하고 그 안에 쓰되, 병기할 때 줄이 바뀌게 되는 경우와 병기할 외국 글자가 '년 월 일', '서명 또는 인', '신청인'에 관한 것인 경우에는 한글 아래에 쓸 수 있다. 나. 문장을 병기하는 경우 한글 문장이 끝나는 줄의 다음 줄에 한글 문장의 첫 글자와 같은 위치에서부터 쓰되, 하나의 문장으로서 한 줄에 한글과 외국 글자를 모두 적을 수 있는 경우에는 한글 문장의 오른쪽에 쓸 수 있다. 다. 한글과 병기하는 외국 글자의 크기는 한글보다 1pt 작게 하고, 글꼴 및 색상 등은 한글과 동일하게 한다.
9. 특수기호	전자적으로 입력하기 어렵거나 전자화 과정에서 오류가 많이 발생할 수 있는 특수기호는 사용하지 않는다. 예 ∨ 표시를 하도록 하는 란은 'ㅁ'을 사용하지 않고 '[ ]'을 사용한다.

3) 서식 제원의 표시

(1) 용지의 규격

서식에 사용되는 용지의 규격은 A4(210mm×297mm)를 기본으로 하되, 부득이한 경우에는 한국산업표준(KS)에 따른 A열 또는 B열 용지를 사용한다. 다만, 증표류 또는 컴퓨터에 의한 기록서식 등 그 밖에 특별한 사유가 있으면 그에 적합한 규격용지를 사용할 수 있다.

(2) 용지의 규격 등 표시(영 제28조 제7항)

서식의 오른쪽 아래에 다음의 예시와 같이 용지의 규격 다음에 괄호하여 그 안에 지질 및 단위당 중량을 표시한다.

〈예시〉 210㎜×297㎜(백상지 80g/㎡)

(3) 지질 및 단위당 중량 결정 기준

용지의 지질 및 단위당 중량은 ① 서식의 사용목적, ② 보존기간 및 보존방법, ③ 기재방법, ④ 복사방법 및 매수, ⑤ 사용빈도, ⑥ 사무자동화기기 활용 여부 등을 고려하여 용지의 용도별 지질 기준(규칙 별표 3)에 따라 정한다.

※ 용지의 용도별 지질 기준

연번	용지의 용도	지질(중량)		
		현행	2011년 이전	1996년 이전
1	비치카드 · 상장 · 통지서(엽서) · 임용장, 휴대 또는 게시하는 각종 증서 등	백상지(150g/㎡)	보존용지(1종) 120g/㎡	인쇄용지(특급) 120g/㎡
2	보존기간이 20년 이상인 서식, 보존기간이 10년 이상인 문서 · 간행물 등	백상지(120g/㎡) 또는 백상지(80g/㎡)	보존용지(1종) 70g/㎡	인쇄용지(특급) 70g/㎡
3	보존기간이 20년 미만인 서식, 보존기간이 10년 미만인 문서 · 간행물 등	백상지(80g/㎡)	보존용지(2종) 70g/㎡ 또는 일반용지 60g/㎡ (재활용품)	인쇄용지(특급) 60g/㎡
4	각종 민원 신청서 및 신고서 · 통지서	백상지(80g/㎡) 또는 중질지(80g/㎡)	일반용지 60g/㎡(재활용품) 또는 신문용지 54g/㎡(재활용품)	신문용지 54g/㎡
5	행정간행물(보존기간 10년 이상)		보존용지(2종) 70g/㎡	
6	복사용 각종서식			인쇄용지(특급) 34g/㎡

※ 서식을 설계할 때 주의할 사항

구분	주요내용
법령 조항과 서식표시 일치	• 승인요청 서식과 관련 법령 제·개정 조항과의 일치 여부
사진 규격	• 행정서류용 사진규격 개선사항 준수 여부 - 3.5㎝×4.5㎝(여권용)
서식 제원 표시	• 서식 용지의 규격·지질 및 단위당 중량표시 여부 - 서식의 오른쪽 아래에 표시 예 210㎜×297㎜(백상지 80g/㎡)
법령제명 표시	• 법령제명 띄어쓰기와 낫표(「 」) 표시 여부
개인정보 보호	• 법령서식 등에서의 주민등록번호 사용 개선사항 준수 여부 - 원칙) 주민등록번호란은 '생년월일'로 대체, 등록기준지란은 미설치 - 예외) 행정정보 공동이용을 통한 개인정보의 확인 또는 신원조회 등 꼭 필요한 경우에만 설치하며 개인정보보호위원회의 개인정보 침해요인평가 확인을 받아야 함.
첨부서류 확인	• 행정정보 공동이용을 통한 담당자 확인 사항에 대한 첨부서류 제출 요구 여부(2017. 7. 26. 현재 공동이용 대상 행정정보 153종)
서명 또는 날인 사항	• 법령에 의하여 서식에 날인하도록 정한 경우를 제외하고는 서명이나 날인을 선택할 수 있도록 설계했는지 여부
서식명 및 기관장 글자 크기	• 서식명: 견고딕 16pt(진하게) • 발신명의: 돋움체 15pt(진하게) 〈예시〉 **시장 · 군수 · 구청장** • 수신자: 돋움체 13pt(진하게) 〈예시〉 **시장 · 군수 · 구청장** 귀하
행정기관 로고 등 표시 여부	• 행정기관의 로고·상징·마크·홍보문구 또는 바코드 표시 여부

4) 작성 방법 해설

여백 설정 위쪽: 20㎜, 왼쪽: 20㎜, 오른쪽: 20㎜, 아래쪽: 10㎜, 머리말·꼬리말 및 제본: 0㎜

항목 배치 위→아래: 서식정보, 서식 명칭, 안내문안 및 쪽 정보, 접수·처리정보, 민원인 기재란, 제출처, 첨부서류·수수료, 행정정보 공동이용 동의서, 유의사항, 작성 방법, 접수증, 용지정보

서식정보 돋움체 8pt, 왼쪽 정렬, '법령명 + [별지 제○호 서식] + (여유공간) + 전자신청 홈페이지 주소'

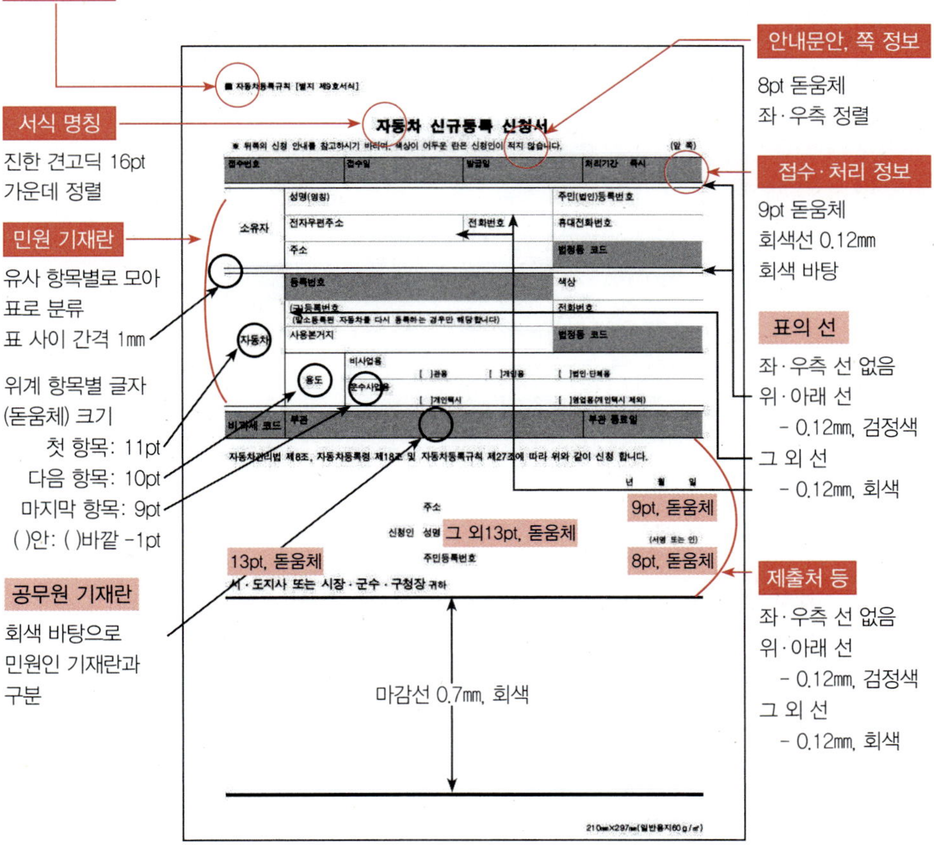

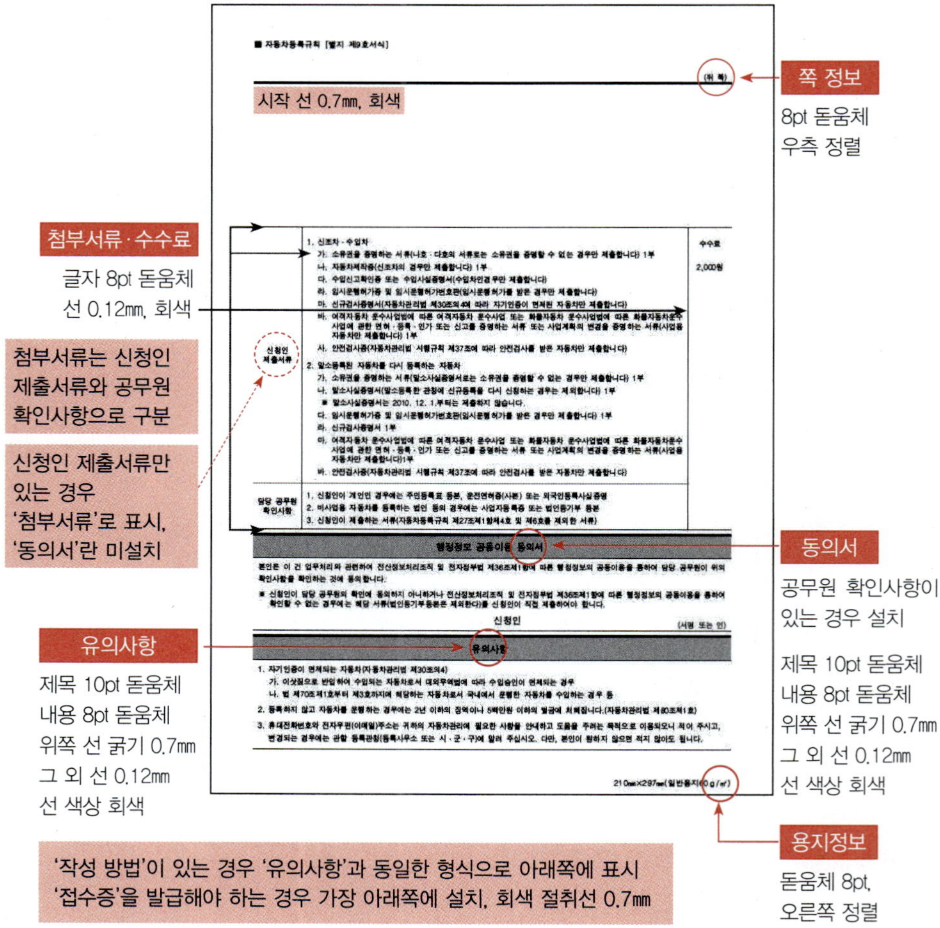
시작 선 0.7㎜, 회색
쪽 정보
8pt 돋움체
우측 정렬
첨부서류·수수료
글자 8pt 돋움체
선 0.12㎜, 회색
첨부서류는 신청인 제출서류와 공무원 확인사항으로 구분
신청인 제출서류만 있는 경우 '첨부서류'로 표시, '동의서'란 미설치
동의서
공무원 확인사항이 있는 경우 설치
제목 10pt 돋움체
내용 8pt 돋움체
위쪽 선 굵기 0.7㎜
그 외 선 0.12㎜
선 색상 회색
유의사항
제목 10pt 돋움체
내용 8pt 돋움체
위쪽 선 굵기 0.7㎜
그 외 선 0.12㎜
선 색상 회색
용지정보
돋움체 8pt,
오른쪽 정렬
'작성 방법'이 있는 경우 '유의사항'과 동일한 형식으로 아래쪽에 표시
'접수증'을 발급해야 하는 경우 가장 아래쪽에 설치, 회색 절취선 0.7㎜

한 줄은 가상의 기준선에 따라 위아래 동일한 위치에서 나눔

- 가상의 기준선: 접수·처리정보 표의 세로 선을 기준으로 서식에 맞게 임의 설정
- 첫 항목: 접수번호란의 1/2, 둘째 항목: 접수번호란의 오른쪽 세로 선
- 마지막(셋째) 항목: 접수일란의 1/2
- 생년월일란을 설치하는 경우: 처리기간란의 왼쪽 세로 선
- 주민등록번호를 설치할 경우: 발급일란을 4등분하여 3/4이 되는 오른쪽 세로 선
- 첨부서류란은 접수번호란의 1/2(첫 항목 구분선), 수수료란은 처리기간란의 1/2이 되는 오른쪽 세로 선

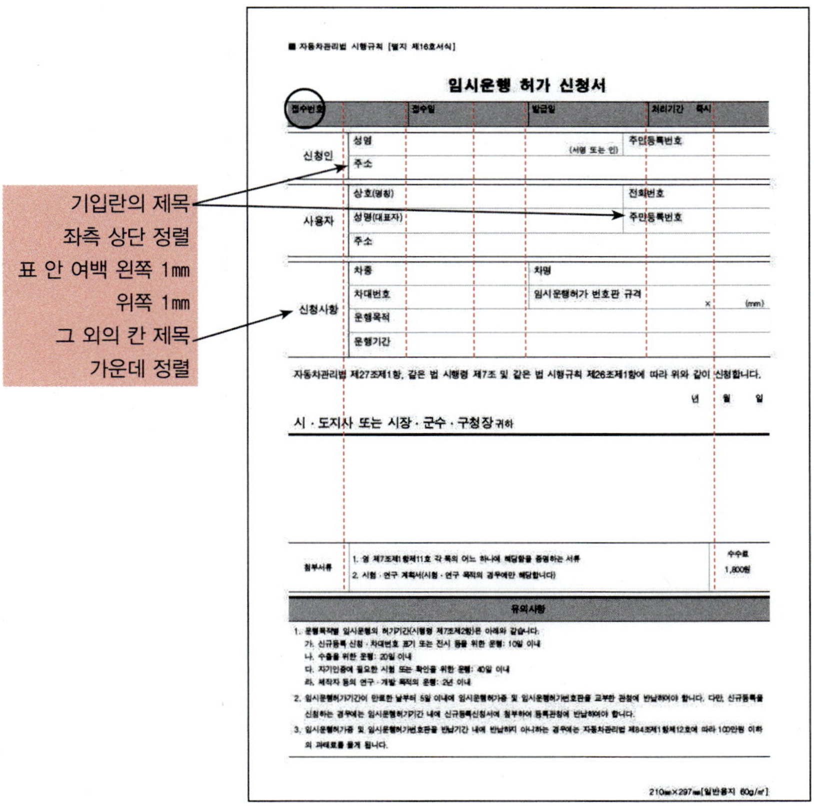

3. 서식의 승인 및 관리

1) 서식의 승인

(1) 승인기관(영 제29조 제1항, 제2항 및 제5항)

① 행정안전부장관

중앙행정기관이 법령으로 제정하는 서식

② 중앙행정기관의 장

중앙행정기관이 법령으로 개정하는 서식, 중앙행정기관 및 그 소속기관이 훈령·고시·예규 등으로 제정 또는 개정하는 서식

③ 지방자치단체 또는 지방교육행정기관의 장

지방자치단체의 조례·규칙, 훈령·고시·예규 등으로 제정 또는 개정하는 서식

(2) 승인의 신청

① 승인신청서 제출(영 제30조 제1항/규칙 제25조 제1항)

서식의 제정 또는 개정 승인을 받고자 하는 행정기관의 장은 입법예고와 동시에 서식 목록과 서식 초안을 첨부하여 문서로 승인을 신청하여야 한다. 이 경우 서식 초안은 컴퓨터 등 정보처리능력을 가진 장치로 작성한다.

② 관계 기관 간 사전 협의(영 제30조 제2항)

둘 이상 기관의 업무에 관계되는 서식은 관계 기관 간의 사전 협의를 거쳐 승인을 신청하여야 한다.

③ 신설민원 사전영향평가제 운영(민원행정 및 제도개선 기본지침)

중앙행정기관은 법령 제·개정으로 민원사무 신설 시 '사전영향평가 매뉴얼'에 수록된 5개 진단항목을 토대로 자체 진단하고 그 결과를 서식 심사의뢰 시 행정안전부에 제출하여야 한다.

(3) 승인서식의 통보(규칙 제25조 제2항)

승인기관이 서식을 승인한 때에는 서식 목록과 승인서식안을 첨부하여 문서로 승인신청기관에 통보하여야 한다.

2) 서식의 관리

(1) 서식의 전자적 제공(영 제31조)

행정기관장은 국민이 편리하게 사용할 수 있도록 소관 업무와 관련된 서식을 정보통신망을 이용하여 제공하여야 한다.

(2) 서식의 변경 및 폐지

① 서식의 변경사용(영 제29조 제3항)

승인된 서식을 업무관리시스템, 행정정보시스템 등에서 그대로 사용할 수 없는 경우에는 서식의 주요 내용을 변경하지 아니하는 범위에서 기재항목 또는 형식을 변경할 수 있으며, 필요한 경우에는 단순히 자구, 활자크기, 용지의 지질 등을 변경하여 사용할 수 있다. 이 경우 서식승인기관에 사후 통보로 승인을 갈음할 수 있다.

② 서식의 폐지(영 제29조 제4항)

서식제정기관이 서식을 폐지한 때에는 곧바로 그 사실을 서식승인기관에 통보하여야 한다.

③ 해당 국가 언어의 병기(영 제32조)

재외공관의 장은 재외공관에서 사용하는 서식에 그 국가의 언어를 병기하여 사용하게 하거나 그 국가의 언어로 번역한 서식을 사용하게 할 수 있다.

4. 관인의 관리

1) 관인의 의의

(1) 관인의 개념(영 제33조 제1항)

관인(官印)이란 일반적으로 정부기관에서 공식문서에 사용하는 인장을 말한다. 「행정 효율과 협업 촉진에 관한 규정」에서는 합의제 행정기관의 명의로 발신하거나 교부하는 문서에 사용하는 청인(廳印)과 행정기관의 장이나 보조기관의 명의로 발신하거나 교부하는 문서에 사용하는 직인(職印)을 통틀어 관인이라고 말한다.

- ▶ **행정기관**: 독임제(獨任制)·합의제(合議制) 행정기관을 의미함. 합의제 행정기관은 기관 구성자가 다수인이며, 다수인의 의사합치(다수결)에 의하여 결정을 내리고, 책임을 지는 행정기관으로서 국가인권위원회, 방송통신위원회, 공정거래위원회, 금융위원회, 국민권익위원회, 소청심사위원회, 중앙노동위원회 등이 있음.
- ▶ **행정기관의 장**: 독임제 또는 합의제 행정기관의 장을 의미함.
- ▶ **보조기관**: 행정기관의 장으로부터 법령(「행정권한의 위임 및 위탁에 관한 규정」)이 정하는 바에 의하여 행정권한을 위임받아 그 범위 안에서 업무를 수행하는 때의 보조기관을 의미함.

(2) 구별 개념

① 관인(官印) 대비 개념으로서의 공인(公印)(영 제40조)

지방자치단체의 기관이 사용하는 청인 및 직인은 중앙행정기관과 그 소속기관의 관인에 대비한 개념으로 공인(公印)이라 칭하고, 해당 지방자치단체의 공인조례로 정하여 사용·관리하도록 하고 있다. 하지만 일반적으로 관인이라고 하면 공인을 포함한 개념이라 할 수 있다.

※ 종전에는 개념 구분없이 관인이라는 용어를 사용하였으나, 1991년 6월 19일 「사무관리규정」을 제정하면서 지방자치단체에 대하여는 공인이라는 개념을 도입하였음.

② 사인(私印) 대비 개념으로서의 공인(公印)

공인(公印)이라는 용어는 사인(私印)에 대비하는 개념으로 사용되는 경우(예: 공인 등의 위조·부정 사용죄, 사인 등의 위조·부정 사용죄)가 있는데, 이 경우의 공인은 관인의 일반적인 개념과 유사하다고 볼 수 있다.

- **공인 등의 위조·부정 사용죄:** 공무원 또는 공무소의 인장·서명·기명 또는 기호를 행사할 목적으로 위조 또는 부정 사용하는 죄 (「형법」 제238조)
- **사인 등의 위조·부정 사용죄:** 타인의 인장·서명·기명 또는 기호를 위조 또는 부정 사용한 죄 (「형법」 제239조)

(3) 관인의 효력(영 제14조 제1항/규칙 제16조 제1항)

행정기관의 장 또는 합의제기관의 명의로 발신하거나 교부하는 문서에는 관인(또는 행정기관장의 서명도 가능)을 찍는다. 따라서 관인을 찍지 아니하거나 관인생략 대상 문서를 제외하고는 관인이 날인되지 아니한 문서는 흠이 있는 문서로서 해당 문서를 시행한 행정기관에 보완을 요청할 수 있다. 또한 이러한 문서를 접수한 행정기관의 장은 형식상의 흠을 이유로 발신행정기관의 장에게 반송할 수 있다.

2) 관인의 종류

(1) 관인(영 제33조 제1항 및 제2항)

일반적으로 합의제 행정기관은 청인을, 독임제 행정기관은 직인을 비치하여 사용한다. 관인의 종류와 비치기관은 다음과 같다.

종류	비치기관
청인	• 합의제기관(자문에 응하기 위해 설립된 합의제기관은 필요한 경우에만 청인을 가질 수 있음.)
직인	• 위 합의제기관 외의 각급 행정기관의 장(독임제 행정기관) • 법령에 따라 합의제기관의 장으로서 사무를 처리하는 경우의 합의제기관의 장 • 「정부조직법」 제6조 제2항에 따라 위임받은 사무를 행정기관으로서 처리하는 보조기관 ☞ 직인은 그 직의 서리(署理)도 사용할 수 있다(규칙 제27조).

▶ 의결기관: 행정에 관한 의사를 결정할 수 있는 권한을 가지는 기관으로서 내부적으로 기관의 의사를 결정할 수 있을 뿐, 그것으로써 외부에 대하여 해당 기관을 대표할 수 없음. 행정심판위원회, 도시계획위원회 등이 있음.

▶ 자문기관: 행정기관의 자문에 응하거나 의견을 진술하는 기관으로서 의결권이 없고, 행정기관은 그 의견에 법적으로 구속되지 아니함. 심의회, 협의회, 조사회, 위원회, 회의 등의 명칭을 붙임.

▶ 서리(署理): 행정기관의 장이 사망·해임 등의 사유로 궐위된 경우에 새로운 기관장이 정식으로 임명되기 전에 일시 대리자를 지정하여 권한을 행사하게 하는 사람을 말함. 서리는 자기 책임하에 자기의 이름으로 해당 기관의 전 권한을 행사함.

(2) 전자이미지관인(영 제33조 제3항)

각급 행정기관은 전자문서에 사용하기 위하여 관인의 인영을 컴퓨터 등 정보처리능력을 가진 장치에 전자적인 이미지 형태로 입력하여 사용하는 전자이미지관인을 가진다.

(3) 특수관인(영 제34조)

특수관인도 관인의 범주에 들어간다. 다만, 일반적인 관인과 구분하기 위하여 특수관인이라는 용어를 사용한다. 특수관인은 특별한 기관에서 사용하는 관인과 특별한 용도에 사용하는 관인으로 구분하고, 그 규격·등록 등 관리에 관하여 필요한 사항은 따로 정한다. 특수관인은 해당 기관의 관인 외에 따로 비치하여 사용한다.

구분	종류	관련규정(제정권자)
특별한 용도에 사용하는 관인	• 유가증권 등 특수한 증표발행에 필요한 관인	「행정 효율과 협업 촉진에 관한 규정」 및 같은 규정 시행규칙 (행정안전부장관)
	• 민원업무 등 특수업무를 처리하기 위한 관인	
	• 분리된 청사에서 사용하는 관인	
	• 세입징수관, 지출관, 회계 등 재무에 관한 업무를 담당하는 공무원의 직인	「회계관계공무원직인규칙」 (기획재정부장관)
특별한 기관에서 사용하는 관인	• 국립 및 공립 각급 학교에서 사용하는 관인	「국립 및 공립 각급학교 관인규칙」 (교육부장관)
	• 외교부 및 재외공관에서 외교문서에 사용하는 관인	「외무관인규칙」 (외교부장관)
	• 검찰기관이 사용하는 관인	「검찰청 관인 관리 규칙」 (법무부장관)
	• 군기관에서 사용하는 관인	「국방 사무관리 훈령」 (국방부장관)

Tip 철인(鐵印)과 계인(契印)

관인은 아니나 관인으로 생각하기 쉬운 것으로 철인(鐵印)과 계인(契印)이 있다.

[철인] 「공무원증규칙」 제8조에 따라 공무원증 발급권자가 공무원임을 증명하기 위하여 공무원증에 찍는 인장을 말한다.

[계인] 제증명을 발급할 때 발급대장과 제증명 문서에 걸쳐 찍는 업무용 도장으로 제증명 발급 건수를 통제하거나 제증명 문서의 위·변조 가능성을 예방하기 위하여 사용된다.

※ 계인제도는 1963년 11월 20일 「정부공문서규정」에 도입되었다가 1966년 5월 21일 간인(間印)으로 변경되면서 폐지되었다. 다만, 「어업등록령」(제16조), 「공사채등록법시행규칙」(제33조), 「우편법 시행규칙」(제52조) 등과 같이 개별 법령에 계인을 날인하도록 규정한 경우가 있다.

3) 관인의 규격

(1) 관인의 모양(영 제35조)

관인의 모양은 행정기관의 장이 정한다. 따라서, 정사각형, 직사각형, 마름모, 원형, 타원형, 다각형 등 다양한 모양으로 새겨서 사용할 수 있다.

※ 관인의 모양은 1999년 8월 31일까지 정사각형으로 하였으나, 「사무관리규정」을 개정하여 1999년 9월 1일부터 다양한 모양을 가질 수 있도록 하였다.

(2) 관인의 크기(영 제35조, 별표)

관인의 크기는 아래의 규격을 초과할 수 없다.

구분		길이
청인	• 국무회의 • 그 밖의 합의제기관	5.4cm 3.6cm
직인	• 대통령 • 국무총리 • 그 밖의 행정기관의 장	4.5cm 3.6cm 3cm

※ 위 길이는 사각형인 경우 한 변의 최대 길이, 원 또는 다각형인 경우에는 최대 지름 또는 대각선으로 함.

4) 관인의 조각 및 사용

(1) 관인의 재료(규칙 제26조 제1항)

관인의 재료는 쉽게 닳거나 부식되지 아니하는 재질을 사용하여야 한다.

(2) 관인의 글자(규칙 제28조)

① 관인의 글자는 국민이 쉽고 간명하게 알아볼 수 있는 한글로 하여 가로로 새기되, 그 기관 또는 직위의 명칭에 '인' 또는 '의인'자를 붙인다.

※ 관인의 글자로 부적절한 사례

- 획을 임의로 늘이거나 꼬불꼬불하게 표현한 글자
- 미적 개념을 지나치게 적용한 글자
  예 행정안전부장관인
- 자음과 모음의 낱자로 풀어 쓴 글자
  예 ㅎ ㅐ ㅇ ㅈ ㅓ ㅇ ㅇ ㅏ ㄴ ㅈ ㅓ ㄴ ㅂ ㅜ ㅈ ㅏ ㅇ ㄱ ㅗ ㅏ ㄴ ㅇ ㅣ ㄴ
- 필기하듯이 흘려 쓴 글자
  예 *행정안전부장관인*
- 도형 또는 기호를 사용한 글자 등
  예 (행)(정)(안)(전)(부)(장)(관)(인), [행][정][안][전][부][장][관][인]

② 민원업무 등 특수업무를 처리하기 위한 관인은 그 업무 집행 목적에만 사용되는 것임을 그 관인의 인면(글자를 새기는 부분)에 표시하여야 한다.(규칙 제28조)

※ 〈예시〉

국세청 장의인	국 세 청 장 의 인 민원실전용
	(민원업무용)

(3) 인영의 색깔(규칙 제26조 제2항)

관인의 인영 색깔은 빨간색으로 한다. 다만, 문서를 출력 또는 복사하여 시행하거나 팩스를 통하여 문서를 접수하는 경우에는 검정색으로 할 수 있다.

(4) 관인을 찍는 위치(규칙 제26조 제2항)

관인은 발신명의 표시의 마지막 글자가 인영의 가운데 오도록 찍는다. 다만, 등본·초본 등 민원서류를 발급할 때 사용하는 직인은 발신명의 표시의 오른쪽 여백에 찍을 수 있다.

※〈관인 날인 예시〉

국세청장　　　　국세청장

(5) 관인의 관리(영 제36조 제3항)

행정기관의 장은 관인을 위조·변조하거나 부정하게 사용하지 못하도록 필요한 조치를 하여야 한다. 전자이미지관인의 경우에도 그러하다.

(6) 전자이미지관인의 제출 및 관리(영 제38조 제1항)

① 둘 이상의 행정기관이 공동으로 사용하는 행정정보시스템을 구축·운영하는 행정기관의 장은 그 시스템을 사용하는 행정기관의 전자이미지관인을 전자입력하기 위하여 전자이미지관인을 제출하게 할 수 있다.

② 전자이미지관인을 제출한 행정기관의 장이 전자이미지관인을 재등록하거나 폐기하려는 경우에는 곧바로 그 사실을 행정정보시스템 운영기관장에게 통보하여야 한다. (영 제38조 제2항)

③ 둘 이상 행정기관이 공동으로 사용하는 행정정보시스템에 입력하는 전자이미지관인은 각각의 해당 행정기관에서 입력하거나 삭제할 수 있도록 구축하여야 한다. 다만, 필요한 경우에는 행정정보시스템 운영기관이 입력하거나 삭제할 수 있도록 구축할 수 있다. (영 제38조 제3항)

④ 행정정보시스템 운영기관장이 다른 행정기관으로부터 전자이미지관인을 제출받은 경우에는 전자이미지관인 관리대장(규칙 별지 제10호 서식)에 다른 행정기관으로부터 제출받은 전자이미지관인의 인영을 등재하여 관리하여야 한다. (규칙 제31조)

5) 관인의 등록 및 재등록

(1) 등록(재등록) 기관(영 제36조 제1항)

각급 행정기관은 관인의 인영을 해당 행정기관의 관인대장에, 전자이미지관인의 인영을 해당 행정기관의 전자이미지관인대장에 각각 등록(재등록)하여야 한다. 다만, 부득이한 경우에는 바로 위 상급기관에 신청하여 바로 위 상급기관에서 등록(재등록)할 수 있다.

(2) 등록(재등록) 사유(영 제36조 제2항, 제37조 제1항)

관인은 등록하지 않으면 사용할 수 없다. 관인을 등록(재등록)해야 하는 사유로는 ① 행정기관이 신설 또는 분리된 경우, ② 기존 기관의 명칭이 변경된 경우, ③ 관인이 분실되거나 마멸된 경우, ④ 법령에 따라 권한을 위임받은 경우, ⑤ 그 밖에 관인을 다시 새길 필요가 있는 경우 등을 들 수 있다.

(3) 등록(재등록) 방법

① 관인(규칙 제29조 제1항 및 제3항, 제30조 제1항)

가) 행정기관이 직접 등록(재등록)하는 경우: 해당 행정기관의 관인대장(규칙 별지 제7호 서식)에 관인을 등록(재등록)하여 보존한다. 이 경우 내부결재를 받아 등록(재등록)한다.

나) 바로 위 상급기관에 등록(재등록)하는 경우: 바로 위 상급기관에 관인등록(재등록)을 신청(규칙 별지 제9호 서식)하여 바로 위 상급기관에서 그 상급기관의 관인대장에 등록(재등록)한다.

※ 바로 위 상급기관이 하급기관으로부터 등록(재등록) 신청서를 접수한 때에는 등록(재등록) 대상 기관인지의 여부, 관인의 종류 및 규격 등을 심사한 후 등록(재등록)하되, 그 인영을 관인대장에 등록(재등록)하여 보존한다.

② 전자이미지관인(규칙 제29조 제2항 및 제3항, 제30조 제2항)

가) 전자이미지관인은 관인의 인영을 컴퓨터 등 정보처리능력을 가진 장치에 전자적인 이미지 형태로 입력하여 사용하여야 한다. (영 제3조 제9호)

나) 전자이미지관인은 문서과에서 관리하는 전자이미지관인대장(규칙 별지 제8호 서식)에 등록(재등록)하고, 전자이미지관인 컴퓨터 파일은 정보화 담당 부서에서 관리하여야 한다.

다) 바로 위 상급기관에 전자이미지관인을 등록(재등록)하고자 하는 때에는 규칙 별지 제9호 서식으로 신청하여야 한다.

라) 전자이미지관인을 등록하는 때에는 문서과에서 관인의 인영을 전자이미지관인대장의 해당란에 찍고, 정보화 담당 부서에서 그 찍은 인영을 전자적인 이미지 형태로 컴퓨터 파일에 입력한 후 이를 출력하여 전자이미지관인대장의 해당란에 붙여야 한다.

마) 전자이미지관인을 사용하는 기관은 관인을 폐기하거나 재등록한 경우 즉시 사용중인 전자이미지관인을 삭제하고, 재등록한 관인의 인영을 전자이미지관인으로 재등록하여 사용한다. (영 제37조 제3항)
또한, 사용중인 전자이미지관인의 인영의 원형이 제대로 표시되지 아니하는 경우에도 전자이미지관인을 재등록하여 사용하여야 한다. (영 제37조 제4항)

■ 행정 효율과 협업 촉진에 관한 규정 시행규칙 [별지 제7호 서식]

관인대장

<table>
<tr><td>관인 명칭</td><td colspan="4"></td></tr>
<tr><td>종류</td><td colspan="2">[ ] 청인 [ ] 직인 [ ] 특수관인</td><td>관리부서</td><td></td></tr>
<tr><td rowspan="8">[ ] 등록
[ ] 재등록</td><td rowspan="8">(인영)</td><td>등록일(재등록일)</td><td colspan="2">년 월 일</td></tr>
<tr><td>새긴 날짜</td><td colspan="2">년 월 일</td></tr>
<tr><td>새긴 사람</td><td colspan="2">주소:
성명 및 상호:
생년월일:</td></tr>
<tr><td>최초 사용일</td><td colspan="2">년 월 일</td></tr>
<tr><td>재료</td><td colspan="2"></td></tr>
<tr><td>등록(재등록) 사유</td><td colspan="2"></td></tr>
<tr><td>관보 공고</td><td colspan="2">년 월 일
공고 제 - 호</td></tr>
<tr><td>비고</td><td colspan="2"></td></tr>
<tr><td rowspan="7">폐기</td><td rowspan="7">(인영)</td><td>등록일(재등록일)</td><td colspan="2">년 월 일</td></tr>
<tr><td>폐기일(분실일)</td><td colspan="2">년 월 일</td></tr>
<tr><td>폐기 사유</td><td colspan="2">[ ] 마멸 [ ] 분실 [ ] 기타( )</td></tr>
<tr><td>폐기 방법</td><td colspan="2">[ ] 이관 [ ] 기타( )</td></tr>
<tr><td>폐기 또는 분실한 사람</td><td colspan="2">소속:
직급: 성명:</td></tr>
<tr><td>관보 공고</td><td colspan="2">년 월 일
공고 제 - 호</td></tr>
<tr><td>비고</td><td colspan="2"></td></tr>
</table>

※ 작성 방법

1. 관인을 최초로 등록한 때에는 [ ] 등록란에 V표를, 재등록한 때에는 [ ] 재등록란에 V표를 한다.
2. 비고란은 관련 문서의 생산등록번호 및 시행일 등 참고사항을 기록한다.

210mm×297mm(백상지 150g/m²)

■ 행정 효율과 협업 촉진에 관한 규정 시행규칙 [별지 제8호 서식]

전자이미지관인대장

<table>
<tr><td>관인 명칭</td><td colspan="5"></td></tr>
<tr><td>종류</td><td colspan="5">[ ] 청인 [ ] 직인 [ ] 특수관인</td></tr>
<tr><td rowspan="9">[ ] 등록
[ ] 재등록</td><td rowspan="4">전자이미지관인 인영</td><td>등록일(재등록일)</td><td colspan="3">년 월 일</td></tr>
<tr><td>등록(재등록) 사유</td><td colspan="3"></td></tr>
<tr><td>관리부서</td><td colspan="3"></td></tr>
<tr><td colspan="4">전자이미지관인 사용 기관(부서) 현황</td></tr>
<tr><td rowspan="5">전자이미지관인 등록 당시 관인의 인영</td><td>사용 기관(부서)</td><td>시스템 명칭</td><td>통보일</td><td>최초 사용일</td></tr>
<tr><td></td><td></td><td></td><td></td></tr>
<tr><td></td><td></td><td></td><td></td></tr>
<tr><td></td><td></td><td></td><td></td></tr>
<tr><td>비고</td><td colspan="3"></td></tr>
<tr><td rowspan="8">폐기</td><td rowspan="8">전자이미지관인 인영</td><td>폐기일</td><td colspan="3">년 월 일</td></tr>
<tr><td>폐기 사유</td><td colspan="3"></td></tr>
<tr><td>폐기한 사람</td><td colspan="3">소속: 직급: 성명:</td></tr>
<tr><td colspan="4">전자이미지관인 사용 기관(부서)에 대한 조치</td></tr>
<tr><td>사용 기관(부서)</td><td>시스템 명칭</td><td>통보일</td><td>최종 사용일</td></tr>
<tr><td></td><td></td><td></td><td></td></tr>
<tr><td></td><td></td><td></td><td></td></tr>
<tr><td></td><td></td><td></td><td></td></tr>
</table>

※ 작성 방법

1. 최초로 등록하는 때에는 [ ] 등록란에 ∨표를, 재등록하는 때에는 [ ] 재등록란에 ∨표를 한다.
2. 비고란은 관련 문서의 생산등록번호 및 시행일 등 참고사항을 기록한다.
3. 전자이미지관인을 등록하는 때에는 관인의 인영을 전자이미지관인대장의 해당란에 찍고, 그 찍은 인영을 전자적인 이미지 형태로 입력한 후 그 파일의 이미지를 출력하여 전자이미지관인의 인영을 해당란에 붙여야 한다.

210㎜×297㎜(백상지 150g/㎡)

■ 행정 효율과 협업 촉진에 관한 규정 시행규칙 [별지 제9호 서식]

행정기관명

수신

(경유)

제목 [ ] 관인 등록(재등록) 신청
[ ] 관인(전자이미지관인) 폐기 신고
[ ] 전자이미지관인 등록(재등록) 신청

「행정 효율과 협업 촉진에 관한 규정 시행규칙」 제29조 제3항, 제30조 제3항에 따라 [ ] 관인 등록(재등록) 신청 [ ] 관인(전자이미지관인) 폐기 신고 [ ] 전자이미지관인 등록(재등록) 신청합니다.

관인 명칭		
종류		[ ] 청인 [ ] 직인 [ ] 특수관인
등록(재등록, 폐기) 사유		
폐기 대상 관인 처리	폐기 예정일(분실일)	년 월 일
	폐기 방법	[ ] 이관 [ ] 기타( )
	폐기한 사람(분실한 사람)	소속: 직급: 성명:
비고		

발신명의 (직인)

기안자 직위(직급) 서명 검토자 직위(직급) 서명 결재권자 직위(직급) 서명

협조자

시행 처리과명-연도별 일련번호(시행일) 접수 처리과명-연도별 일련번호(접수일)

우 도로명 주소 /홈페이지 주소

전화번호( ) 팩스번호( ) /공무원의 전자우편 주소 /공개 구분

6) 관인의 폐기

(1) 폐기 사유(영 제37조 제2항)

관인 등록기관은 ① 행정기관이 폐지된 경우, ② 기관 명칭이 변경된 경우, ③ 관인이 분실 또는 마멸된 경우, ④ 그 밖에 관인을 폐기할 필요가 있는 경우에는 해당 관인을 폐기하여야 한다.

(2) 폐기 방법(영 제37조 제2항/규칙 제30조 제1항)

① 관인을 폐기할 때에는 관인 등록기관이 관인대장에 관인 폐기일과 폐기사유 등의 내역을 기재한 후 그 관인의 인영을 등록하여 보존하고, 그 관인은 관인폐기 공고문과 함께 「공공기록물 관리에 관한 법률」에 따른 영구기록물관리기관(국가기록원 또는 지방기록물관리기관)에 이관하여야 한다. 바로 위 상급기관이 하급기관으로부터 관인폐기 신고를 받은 경우에도 또한 같다.

② 바로 위 상급기관에 등록된 하급기관의 관인을 폐기하고자 하는 경우에는 별지 제9호 서식에 폐기 대상 관인을 첨부하여 관인 등록기관(바로 위 상급기관)에 신고하여야 한다. (규칙 제30조 제3항)

③ 영구기록물관리기관은 폐기된 관인이 사용되거나 유출되지 아니하도록 하여야 한다. (영 제37조 제2항)

Tip 관인 또는 전자이미지관인의 폐기 시 그 대장의 관리

관인 또는 전자이미지관인을 폐기한 경우 관인대장 또는 전자이미지관인대장을 영구기록물관리기관에 이관하지 않고 해당 행정기관에서 계속 보존·관리한다. 다만, 행정기관의 폐지로 관인 등을 폐기하는 경우에는 영구기록물관리기관으로 이관한다.

7) 관인의 공고

(1) 공고 사유(영 제39조)

관인 등록기관은 관인을 ① 등록, ② 재등록, ③ 폐기한 경우에는 그 사실을 관보에 공고하여야 한다.

※ 전자이미지관인은 2011년 12월 21일「행정업무의 효율적 운영에 관한 규정」전부개정에 따라 공고 대상에서 제외함.

(2) 공고 방법

관인 등록기관은 공고 사유가 발생한 때에는 행정안전부장관에게 관보게재를 의뢰하여 공고하여야 한다. 다만, 지방자치단체는 조례가 정하는 바(시·도보, 시·군·구보 공고 등)에 따른다.

※ 관인을 폐기하고 재등록을 할 경우에는 재등록 공고와 함께 폐기 공고를 할 수 있음.

(3) 공고 내용(영 제39조)

관인을 관보에 공고하는 때에는 다음 사항을 명시하여 공고하여야 한다.

① 관인의 등록·재등록 또는 폐기 사유

② 등록·재등록 관인의 최초 사용 연월일 또는 폐기 관인의 폐기 연월일

③ 등록·재등록 또는 폐기 관인의 이름 및 인영

④ 공고 기관의 장

10장

행정업무관리와 실무서식

학습목표

1. 업무의 분장 및 인계·인수 절차에 따라 할 수 있다.
2. 업무편람을 작성하고 활용할 수 있다.

1. 업무의 분장 및 인계·인수

1) 업무의 분장(영 제60조)

행정기관의 업무는 각 처리과의 장이 업무를 효율적으로 처리하고 책임소재를 명확하게 하기 위하여 소관 업무를 단위업무별로 분장하되, 소속 공무원 간의 업무량이 균형을 이룰 수 있도록 하여야 한다.

2) 업무의 인계·인수

(1) 인계·인수 개요

① 제도 개요

행정업무의 책임소재를 명확히 하고, 행정지식의 축적 등을 통한 업무의 효율적 관리를 위하여 공무원 인사발령 등의 경우에 인계자가 업무의 진행사항, 예산·물품 정보 등을 적어서 후임자에게 전달하는 제도를 말한다.

② 근거 법령 및 관련 규정

(1) 근거 법령(영 제61조/규칙 제45조)

- 행정효율과 협업촉진에 관한 규정 및 같은 규정 시행규칙

(2) 규정 내용

(가) 업무 인계·인수서 작성(영 제61조 제1항/규칙 제45조 제1항)

공무원이 조직개편, 인사발령 또는 업무분장 조정 등의 사유로 업무를 인계·인수할 때에는 해당 업무에 관한 진행상황, 관계문서, 자료 등 모든 사항이 구체적으로 나타나도록 업무관리시스템이나 전자문서시스템을 이용하여 인계·인수서(규칙 별지 제12호 서식)를 작성하여 인계·인수하여야 한다.

(나) 인계·인수 자료의 상시 관리(영 제61조 제2항)

행정기관의 장은 인계·인수가 원활하게 이루어질 수 있도록 기능분류시스템의 자료를 최신의 정보로 유지하여야 한다.

(다) 직무대리자의 인계·인수(규칙 제45조 제2항)

업무를 인수할 후임자가 정해지지 아니한 경우와 그 밖의 특별한 사유로 후임자에게 업무를 인계할 수 없는 경우에는 그 직무를 대리하는 사람에게 인계하고, 그 직무를 대리하는 사람은 후임자가 업무를 인수할 수 있게 되었을 때에 즉시 인계하여야 한다.

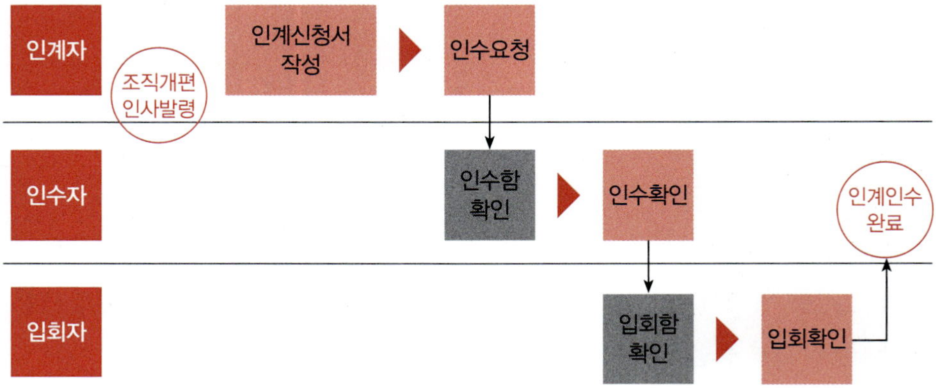

※ 입회자는 인계 · 인수서 내용을 검토하여 반려 가능

(2) 인계 · 인수 절차

① 인계 · 인수 사전준비

- 업무관리시스템에 공식문서(기안, 결재, 보고, 회의자료)를 작성 · 등록한다.
- 단위과제의 분류체계(BRM) 및 관련정보(이해관계자, 조직/법령/예산 정보, 업무처리절차 등)를 수정 · 보완하여 현행화한다.
- PC는 보존 · 임시폴더로 구분하여 불필요한 자료 축적을 방지한다.

② 업무자료 정리

- 인계 · 인수 사유 발생 시 담당과제를 모두 종료한다. (시스템 권한 이동)
- 업무관리시스템의 담당과제 관련 실적자료(문서목록, 고객정보 등)를 정리한다.
- 개인용 컴퓨터(PC)에 보관된 불필요한 자료들을 삭제하고 이동용 저장장치에 복사한다.
- 정리된 업무자료의 구성 및 내용을 살펴볼 수 있는 자료 개요를 작성한다.

③ 인계·인수서 작성

- 인계자는 규칙 별지 제12호 서식에 따른 인계·인수서를 작성한다.
- 인계·인수서에 서명할 인수자와 입회자(직근 상급자 등)를 확인한다.
- 작성된 인계·인수서는 상급자 등인 입회자의 검토가 필요하며, 입회자는 인계·인수 내용을 확인하고 수정·보완을 위한 의견을 제시할 수 있다.
- 인계자는 입회자의 검토를 받은 인계·인수서에 서명한다.

④ 대면 인계·인수 진행

- 인계자는 인수자를 확인하고 대면 인계·인수 일정을 협의한다.
- 대면 인계·인수는 실제 인계·인수 발생시점 이후 7일 이내에 완료를 원칙으로 상급자에 대한 보고를 통해 공식적으로 시간을 확보한다.
- 인계자는 인계·인수서를 전달하고 내용을 간략히 설명하며, 기록되지 않은 업무처리 방법(know-how)이나 업무지식 등도 인수자에게 전달한다.
- 지역적 격차나 시간적 불일치로 인해 대면 인계·인수가 어려운 경우 대리자를 지정하거나 전화, 영상업무관리, 이메일 등을 통해 인계·인수한다.

⑤ 인계·인수서 확인

- 인수자는 인계자가 작성한 인계·인수서를 바탕으로 업무관리시스템상의 자료 및 전달받은 개인 문서자료 등을 확인한다.
- 인계·인수서에 기록된 현안·미결 업무 등에 대해 명확히 확인하고 처리 방안에 관하여 인계자로부터 충분한 의견을 수렴한다.
- 인수자는 인계·인수서의 내용을 파악한 후 인계·인수서에 서명하고 그 결과를 입회자(직근 상급자 등)에게 보고한다.
- 입회자는 인수자가 인계·인수서를 충실히 파악하였는지를 확인하고 인계·인수서에 서명하여 인계·인수 결과보고를 공식적으로 처리한다.

⑥ 인계 · 인수 사후관리

- 인계자는 인계 · 인수가 종료된 이후에도 인수자나 입회자가 요청할 경우 관련 업무처리를 지원한다.
- 인계자는 인계 · 인수 후 최소 1개월까지는 인계 · 인수 과정에서 발생하는 인수자의 업무파악을 위하여 적극적으로 업무를 지원해야 한다.
- 가급적 사후 업무지원은 메모 보고 등을 통해 요청과 대응이 이루어지도록 하고, 사안의 정도에 따라 구두 설명이나 이메일, 전화, 행정업무관리 등을 통한 원격 지원도 가능하다.

■ 행정 효율과 협업 촉진에 관한 규정 시행규칙 [별지 제12호 서식]

업무인계 · 인수서

1. 업무현황
가. 담당 업무
나. 주요 업무계획 및 진행사항
다. 현안사항 및 문제점
라. 주요 미결사항

2. 관련 문서 현황

3. 주요 물품 및 예산 등 인계 · 인수가 필요한 사항

4. 그 밖의 참고사항

위와 같이 인계 · 인수합니다.

년 월 일

인계자 (서명 또는 인)

인수자 (서명 또는 인)

입회자 (서명 또는 인)

비고(이 난은 서식에 포함하지 아니한다.)
1. 입회자는 인계자의 바로 위 상급자가 된다. 다만, 인계자가 기관장 및 부기관장인 경우에는 바로 아래 하급자가 된다.
2. 기재 항목이나 내용은 기관의 실정이나 인계 · 인수 사항에 따라 조정하여 사용할 수 있다.
3. 업무관리시스템 또는 전자문서시스템 등을 이용하여 전자문서로 작성하는 경우에는 인계자, 인수자 및 입회자의 서명 또는 날인을 생략할 수 있다.

(3) 인계·인수서 작성내용

① 담당 업무

부서 업무분장표 및 업무매뉴얼 등을 활용하여 현재 자신의 업무 내용을 입력하며, 업무기술서를 작성하는 형식으로 업무의 성격, 내용, 수행방법 등을 정리하고 도식화된 업무프로세스를 포함한다.

② 주요 업무계획 및 진행사항

업무관리시스템의 과제관리카드에 수록된 자료를 활용하여 담당하고 있는 단위과제 및 전략과제의 주요 업무계획과 추진경과, 추진실적 등을 간략하게 정리한다.

③ 현안사항 및 문제점

향후 1~3개월 이내에 처리해야 할 필요가 있는 업무 관련 사항과 그 처리방안에 대한 의견을 기술한다.

④ 주요 미결사항

상급자의 지시사항, 소송 계류 중인 사항, 감사원·국회 등의 지적사항에 대한 미처리 내용과 처리기한에 대해 기술한다.

⑤ 관련 문서 현황

업무관리시스템이나 전자문서시스템에 저장된 문서와 개인용 컴퓨터에 저장된 관련 파일, 그리고 자료집 등 비전자문서에 대한 관리 현황으로 나누어 목록 등을 기술한다.

⑥ 주요 물품 및 예산 등 인계·인수가 필요한 사항

업무 관련 전문가, 고객 등 이해관계자와 물품, 예산 등 업무 추진에 필요한 자원의 내용과 규모, 확보방안 등을 정리하여 기술한다.

⑦ 그 밖의 참고사항

인계자가 경험적으로 갖고 있는 업무 지식 등에 대한 주관적 의견과 업무지원을 받을 수 있는 인계자의 연락처 등 그 밖의 정보를 포함하여 기술한다.

(4) 인계·인수 점검표(인계자용)

구분	점검 항목
인계인수 업무 착수	1. 인사발령이나 조직개편, 업무분장, 출장 등 **인계·인수 사유와 시기를 확인**하였습니까? 2. 업무를 인수받을 **인수자**와 확인할 **입회자**가 누구인지 알고 있습니까?
업무정리	3. 현재 수행하는 모든 **과제 및 업무를 종료**하였습니까? 4. **업무관리시스템**에 등록된 과제 관련자료 및 문서목록 등을 다운로드받았습니까? 5. 개인용 컴퓨터에 저장된 **불필요한 문서들을 모두 정리**하였습니까? 6. 인계·인수할 개인용 컴퓨터의 문서자료를 **이동식 저장장치에 복사**하였습니까? 7. 규정집이나 보고서 등 **전자화되지 않은 문서**에 관한 목록 및 현황을 작성하였습니까?
절차 및 규정	8. 인계·인수 업무 수행과 관련한 **내부 절차 및 규정을 확인**하였습니까? 9. 구체적인 **인계·인수서 서식**을 갖고 있습니까? 10. **시스템상의 권한 이동** 및 과제담당자, 수신자 변경 등을 요청하였습니까?
인계인수서 작성	11. 인계·인수서에 귀하가 맡고 있는 **담당 업무의 수행 절차를 제시**하였습니까? 12. 인계·인수서에 **현안업무 및 미결사항**의 내용과 그 처리 방안을 기술하였습니까? 13. 인계·인수서에서 업무 관련 **고객 및 전문가, 내부 협조자 등 관계자**를 확인할 수 있습니까? 14. 인계·인수서에 업무 수행과 관련한 **지식, 경험** 등의 내용을 포함하였습니까? 15. 작성된 인계·인수서를 입회자인 **직근 상급자로부터 검토** 받았습니까?
대면 인계인수	16. 인수자 및 입회자는 **인계자의 향후 이동지와 연락처** 등을 알고 있습니까? 17. **대면 인계·인수**를 위해 인수자와 **별도의 일정을 협의**하였습니까? 18. 인수자는 인계자의 **인계·인수 내용을 충분히 파악하고 동의**하였습니까?
인계인수 사후관리	19. 기존 조직 내에 **인수자의 업무파악을 도와줄 수 있는 동료**가 있습니까? 20. 인수자와 향후 어떠한 방식으로 **업무 지원을 수행할 것인지 협의**하였습니까?

2. 업무편람의 작성·활용

1) 업무편람의 개념

업무편람이란 합리적인 업무수행 방향 및 기준을 제시하여 주는 것으로 조직의 방침과 기능, 업무처리의 절차와 방법, 준수하여야 할 제 원칙, 기타 업무와 관련된 자료 등을 단순화하고 표준화하여 이해하기 쉽고 업무처리에 편리하도록 작성한 업무지침서를 말한다.

☞ 행정기관이 상당기간에 걸쳐 반복적으로 행하는 업무는 그 업무처리가 표준화·전문화될 수 있도록 업무편람을 작성·활용함을 원칙으로 한다(영 제62조 제1항).

2) 업무편람의 종류(영 제62조 제2항)

업무편람은 그 내용, 적용범위 및 작성기관에 따라 여러 가지로 분류할 수 있으나, 크게 행정기관에서 발간·배포하여 활용하는 행정편람과 부서별로 작성·활용하는 직무편람으로 구분한다.

① 행정편람: 특정 행정기관에서 발간·배포하여 모든 행정기관이 공통적으로 활용하는 업무 지도서나 참고서

② 직무편람: 부서별 소관 단위업무에 대하여 작성·활용하는 업무 현황철이나 참고철

3) 행정편람(영 제62조 제2항)

행정편람이란 업무처리의 기준과 절차, 장비 운용 방법, 그 밖의 일상적 근무규칙 등에 관하여 다수의 행정기관이나 업무 담당자에게 필요한 지침·기준·지식 등을 제공하여 공통적으로 활용하는 업무지도서나 업무참고서를 말하며, 행

정기관 명의로 발간한다.

(1) 자문(영 제62조 제3항)

행정편람을 발간하려는 경우 필요하면 해당 기관의 공무원이나 관계 전문가에게 자문할 수 있다.

(2) 발간 및 수정·보완

행정편람은 해당 행정기관의 장이 발간한다. 또한 관련 제도의 변경 등으로 행정편람의 내용을 수정 또는 보완하여야 하는 사유가 발생하면 그 내용을 수정 또는 보완하여야 한다.

(3) 관리 및 활용

행정편람은 개인 소장을 금지하고 서가 또는 책장에 비치하여 관계자가 누구든지 항상 손쉽게 참고·활용할 수 있도록 하여야 한다.

4) 업무(직무)편람(영 제62조 제2항)

직무편람은 부서별로 그 소관 단위업무에 관한 업무계획, 현황 및 그 밖의 참고자료 등을 체계적으로 정리하여 활용하는 업무 현황철이나 참고철을 말한다.

(1) 작성 대상

직무편람은 특별한 사유가 있는 경우를 제외하고는 행정기관의 직제에 규정된 최하단위 부서(과 또는 담당관)의 단위업무별로 작성하되, 필요한 경우에는 여러 단위업무에 관한 직무편람을 한 권으로 묶어 부서별로 작성할 수 있다.

(2) 작성내용

① 업무 연혁, 관련 현황 및 주요 업무계획
② 업무처리 절차 및 흐름도
③ 소관 보존문서 현황
④ 그 밖에 업무처리에 필요한 참고사항

(3) 인계·인수 및 관리

업무 담당 직원의 인사 이동 또는 조직개편, 업무의 재분장 등으로 소관 업무를 인계·인수하는 때에는 직무편람을 함께 인계·인수하여 업무현황 파악이 용이하도록 하고 업무처리 지식 등이 축적될 수 있도록 하여야 하며, 정기 또는 수시로 직무편람의 내용을 점검하고 그 내용을 수정·보완하여야 한다.

5) 작성 및 활용 효과

(1) 작성효과

① 현재의 업무 상태를 파악할 수 있다.
② 업무의 표준화, 단순화, 전문화를 촉진한다.
③ 그 밖에 현재의 불합리한 점을 발견하여 개선할 수 있다.

(2) 활용효과

① 업무활동의 목표와 방침의 기준을 세워 준다.
② 업무를 통제하는 데 필요한 적절한 지침을 준다.
③ 업무의 혼란과 불확실 및 중복을 줄일 수 있다.
④ 교육훈련을 위한 실효성 있는 교재가 된다.
⑤ 관리층과 부하직원 상호 간 또는 각 조직 간의 협력을 증진한다.
⑥ 그 밖에 업무 효율성 증진에 대한 관심을 높여 준다.

3. 실무서식

※ 회보형식 예시

<table>
<tr><td>기관명</td><td>회보</td><td>제5호
2018. 1. 10.</td></tr>
<tr><td colspan="3">(지시사항)

(일일명령)

(연락사항)

(공지사항)

(상벌사항)

(기타)

발신명의

수신</td></tr>
</table>

공람								

■ 행정 효율과 협업 촉진에 관한 규정 시행규칙 [별지 제1호 서식] 〈개정 2016. 7. 11.〉

행정기관명

수신
(경유)
제목

발신명의 (직인)

기안자 직위(직급) 서명 검토자 직위(직급) 서명 결재권자 직위(직급) 서명
협조자
시행 처리과명-연도별 일련번호(시행일) 접수 처리과명-연도별 일련번호(접수일)
우 도로명 주소 /홈페이지 주소
전화번호( ) 팩스번호( ) /공무원의 전자우편 주소 /공개 구분

210㎜×297㎜(백상지 80g/㎡)

비고(이 난은 서식에 포함하지 아니한다.)
- 문서를 작성할 때 '행정기관명', '발신명', '기안자', '검토자', '결재권자', '직위(직급) 서명', '처리과명-연도별 일련번호(시행일)', '도로명 주소', '홈페이지 주소', '공무원의 전자우편 주소', '공개 구분'의 용어는 표시하지 아니하고 그 내용을 적는다.

■ 행정 효율과 협업 촉진에 관한 규정 시행규칙 [별지 제2호 서식] 〈개정 2016. 7. 11.〉

생산등록번호	
등록일	
결재일	
공개 구분	

협조자			

(제목)

※ 필요한 경우 보고근거 및 보고내용을 요약하여 적을 수 있음

ㅇㅇㅇㅇ부(처·청 또는 위원회 등)
ㅇㅇㅇㅇ국

또는

ㅇㅇㅇㅇ부(처·청 또는 위원회 등)
ㅇㅇㅇㅇ과

210㎜×297㎜(백상지 80g/㎡)

비고(이 난은 서식에 포함하지 아니한다.)
- 결재란의 크기 및 결재란 수는 필요에 따라 조정하여 사용할 수 있다.

■ 행정 효율과 협업 촉진에 관한 규정 시행규칙 [별지 제5호 서식] 〈개정 2016. 7. 11.〉

관인인쇄용지 관리대장

인쇄문서명			
관인명		인쇄관인규격	

일자	인쇄량(매)	사용량(매)	사용명세	잔여량(매)	확인(서명)

210mm×297mm(백상지 150g/㎡)

■ 행정 효율과 협업 촉진에 관한 규정 시행규칙 [별지 제6호 서식] 〈개정 2016. 7. 11.〉

□ **문서관리카드**

○ 문서정보

[제목]

[과제카드명]

[관련정보]

[문서요지]

[본문]

[붙임]

○ 보고경로

[구분] [직위/성명] [의견/지시] [서명] [처리 결과] [이력]

○ 시행정보

[발신기관명] [발신명의]

[생산등록번호]

[공개 여부]

[수신]

[(경유)]

○ 관리정보

[열람범위] [열람제한]

[온-나라 지식나라]

비고(이 난은 서식에 포함하지 아니한다.)

1. [제목]란에는 그 문서의 내용을 쉽게 알 수 있도록 제목을 간단하고 명확하게 적는다.
2. [과제카드명]란에는 그 문서가 속하는 고유한 단위과제 · 관리과제의 이름을 적는다. 다만, 관리과제가 없는 경우에는 그러하지 아니하다.
3. [관련정보]란에는 각종 지시사항이나 문서를 만들게 된 계기 등을 적는다.
4. [문서요지]란에는 문서 작성 계기, 근거, 주요 내용, 기대효과 그 밖에 보고를 위하여 필요한 내용을 적는다.
5. [본문]란에는 내용을 직접 작성하거나 첨부할 수 있다.
6. [붙임]란에는 다양한 종류의 붙임 파일을 첨부할 수 있다.
7. [구분]란에는 '기안', '검토', '협조', '전결', '대결' 또는 '결재'로 적는다.
8. [직위/성명]란에는 기안자 · 검토자 · 협조자 및 결재권자의 직위 또는 직급과 성명을 표시한다.
9. [의견/지시]란에는 기안 · 검토 · 협조 및 결재 시의 의견을 적는다.
10. [서명]란에는 서명, 전자이미지서명 또는 전자문자서명을 표시한다.
11. [처리 결과]란에는 문서에 대하여 기안·검토·협조 또는 결재한 날짜와 시간을 표시한다.
12. [이력]란에는 기안한 문서와 검토 · 결재 과정에서 문서를 수정한 경우 수정 전의 문서를 표시한다.
13. [발신기관명]란에는 행정기관 또는 보조기관이나 보좌기관의 명칭을 표시한다.
14. [발신명의]란에는 행정기관의 장 또는 보조기관이나 보좌기관을 표시한다.
15. [생산등록번호]란에는 '처리과명-연도별 일련번호'의 형태로 표시한다.
16. [공개 여부]란에는 대국민공개, 부분공개, 비공개로 구분하여 표시하되, 부분공개 또는 비공개인 경우에는 「공공기관의 정보공개에 관한 법률」 제9조 제1항 각호의 번호 중 해당 번호를 표시한다.
17. [수신]란에는 수신자명을 표시한다.
18. [(경유)]란에는 경유기관에 관한 내용을 표시한다.
19. [열람범위]란에는 기관, 실 · 국, 부서, 열람불가 등 문서를 열람할 수 있는 범위를 표시한다.
20. [열람제한]란에는 문서를 열람할 수 있는 시기를 표시한다.
21. [온-나라 지식나라]란에는 행정지식관리시스템 또는 정부통합지식행정시스템을 통한 지식공유 여부를 표시한다.

[예시]

사용자계정 및 전자이미지서명 등록신청서

<table>
<tr><td>소속</td><td colspan="3"></td><td>전화번호</td><td></td></tr>
<tr><td>성명</td><td></td><td>직위</td><td></td><td>직급</td><td></td></tr>
<tr><td>주민등록번호</td><td colspan="5"></td></tr>
<tr><td rowspan="3">사용자계정
(ID)</td><td colspan="5">㉠</td></tr>
<tr><td colspan="5">㉡</td></tr>
<tr><td colspan="5">㉢</td></tr>
<tr><td>비밀번호</td><td colspan="5"></td></tr>
<tr><td>전자이미지서명</td><td colspan="5"></td></tr>
<tr><td colspan="6">행정안전부 정보보안지침 제33조에 따라 사용자계정(ID) 및 전자이미지서명 등록을 신청합니다.

년 월 일

신청인 (서명 또는 인)

○○기관의 장 귀하</td></tr>
</table>

※ 작성 방법

1. 소속은 과 단위까지 구체적으로 기재한다.
2. 사용자계정(ID)은 ㉠, ㉡, ㉢란에 다음 기준에 의하여 기재한다.
   첫 자는 영문으로 그 외 문자는 영문과 숫자를 조합해서 6~8자 이내로 기재한다(중복되는 사용자계정이 있을 경우에는 ㉡, ㉢순으로 부여된다.). 다만, 사용자계정은 기관의 실정에 따라 달리 정할 수 있다.
3. 비밀번호는 영문, 숫자와 문자 및 특수문자 등을 조합하여 8자리 이상으로 설정한다.
4. 전자이미지서명은 서명자의 성명을 반드시 한글로 알 수 있도록 표시하되, 사인펜 등으로 네모 안에 꽉 차도록 진하고 크게 표시한다.
5. 본 서식과 작성 방법은 예시이므로 기관의 설정에 따라 변경하여 사용할 수 있다.

■ 행정 효율과 협업 촉진에 관한 규정 시행규칙 [별지 제7호 서식]

관인대장

<table>
<tr><td>관인 명칭</td><td colspan="4"></td></tr>
<tr><td>종류</td><td colspan="2">[ ] 청인 [ ] 직인 [ ] 특수관인</td><td>관리부서</td><td></td></tr>
<tr><td rowspan="9">[ ] 등록
[ ] 재등록</td><td rowspan="9">(인영)</td><td>등록일(재등록일)</td><td colspan="2">년 월 일</td></tr>
<tr><td>새긴 날짜</td><td colspan="2">년 월 일</td></tr>
<tr><td>새긴 사람</td><td colspan="2">주소:
성명 및 상호:
생년월일:</td></tr>
<tr><td>최초 사용일</td><td colspan="2">년 월 일</td></tr>
<tr><td>재료</td><td colspan="2"></td></tr>
<tr><td>등록(재등록) 사유</td><td colspan="2"></td></tr>
<tr><td>관보 공고</td><td colspan="2">년 월 일
공고 제 - 호</td></tr>
<tr><td>비고</td><td colspan="2"></td></tr>
<tr><td rowspan="7">폐기</td><td rowspan="7">(인영)</td><td>등록일(재등록일)</td><td colspan="2">년 월 일</td></tr>
<tr><td>폐기일(분실일)</td><td colspan="2">년 월 일</td></tr>
<tr><td>폐기 사유</td><td colspan="2">[ ] 마멸 [ ] 분실 [ ] 기타( )</td></tr>
<tr><td>폐기 방법</td><td colspan="2">[ ] 이관 [ ] 기타( )</td></tr>
<tr><td>폐기 또는 분실한 사람</td><td colspan="2">소속:
직급: 성명:</td></tr>
<tr><td>관보 공고</td><td colspan="2">년 월 일
공고 제 - 호</td></tr>
<tr><td>비고</td><td colspan="2"></td></tr>
</table>

※ 작성 방법

1. 관인을 최초로 등록한 때에는 [ ] 등록란에 ∨표를, 재등록한 때에는 [ ] 재등록란에 ∨표를 한다.
2. 비고란은 관련 문서의 생산등록번호 및 시행일 등 참고사항을 기록한다.

210㎜×297㎜(백상지 150g/㎡)

■ 행정 효율과 협업 촉진에 관한 규정 시행규칙 [별지 제8호 서식]

전자이미지관인대장

<table>
<tr><td>관인 명칭</td><td colspan="5"></td></tr>
<tr><td>종류</td><td colspan="5">[ ] 청인 [ ] 직인 [ ] 특수관인</td></tr>
<tr><td rowspan="9">[ ] 등록
[ ] 재등록</td><td rowspan="4">전자이미지관인 인영</td><td>등록일(재등록일)</td><td colspan="3">년 월 일</td></tr>
<tr><td>등록(재등록) 사유</td><td colspan="3"></td></tr>
<tr><td>관리부서</td><td colspan="3"></td></tr>
<tr><td colspan="4">전자이미지관인 사용 기관(부서) 현황</td></tr>
<tr><td rowspan="5">전자이미지관인 등록 당시 관인의 인영</td><td>사용 기관(부서)</td><td>시스템 명칭</td><td>통보일</td><td>최초 사용일</td></tr>
<tr><td></td><td></td><td></td><td></td></tr>
<tr><td></td><td></td><td></td><td></td></tr>
<tr><td></td><td></td><td></td><td></td></tr>
<tr><td>비고</td><td colspan="3"></td></tr>
<tr><td rowspan="8">폐기</td><td rowspan="8">전자이미지관인 인영</td><td>폐기일</td><td colspan="3">년 월 일</td></tr>
<tr><td>폐기 사유</td><td colspan="3"></td></tr>
<tr><td>폐기한 사람</td><td colspan="3">소속: 직급: 성명:</td></tr>
<tr><td colspan="4">전자이미지관인 사용 기관(부서)에 대한 조치</td></tr>
<tr><td>사용 기관(부서)</td><td>시스템 명칭</td><td>통보일</td><td>최종 사용일</td></tr>
<tr><td></td><td></td><td></td><td></td></tr>
<tr><td></td><td></td><td></td><td></td></tr>
<tr><td></td><td></td><td></td><td></td></tr>
</table>

※ 작성 방법

1. 최초로 등록하는 때에는 [ ] 등록란에 ∨표를, 재등록하는 때에는 [ ] 재등록란에 ∨표를 한다.
2. 비고란은 관련 문서의 생산등록번호 및 시행일 등 참고사항을 기록한다.
3. 전자이미지관인을 등록하는 때에는 관인의 인영을 전자이미지관인대장의 해당란에 찍고, 그 찍은 인영을 전자적인 이미지 형태로 입력한 후 그 파일의 이미지를 출력하여 전자이미지관인의 인영을 해당란에 붙여야 한다.

210㎜×297㎜(백상지 150g/㎡)

■ 행정 효율과 협업 촉진에 관한 규정 시행규칙 [별지 제9호 서식]

행정기관명

수신

(경유)

[ ] 관인 등록(재등록) 신청
제목 [ ] 관인(전자이미지관인) 폐기 신고
[ ] 전자이미지관인 등록(재등록) 신청

「행정 효율과 협업 촉진에 관한 규정 시행규칙」 제29조 제3항. 제30조 제3항에 따라 [ ] 관인 등록(재등록) 신청 [ ] 관인(전자이미지관인) 폐기 신고 [ ] 전자이미지관인 등록(재등록) 신청합니다.

관인 명칭		
종류		[ ] 청인 [ ] 직인 [ ] 특수관인
등록(재등록, 폐기) 사유		
폐기 대상 관인 처리	폐기 예정일 (분실일)	년 월 일
	폐기 방법	[ ] 이관 [ ] 기타( )
	폐기한 사람 (분실한 사람)	소속: 직급: 성명:
비고		

발신명의 직인

기안자 직위(직급) 서명 검토자 직위(직급) 서명 결재권자 직위(직급) 서명

협조자

시행 처리과명-연도별 일련번호(시행일) 접수 처리과명-연도별 일련번호(접수일)

우 도로명 주소 /홈페이지 주소

전화번호 ( ) 팩스번호 ( ) /공무원의 전자우편 주소 /공개 구분

■ 행정 효율과 협업 촉진에 관한 규정 시행규칙 [별지 제10호 서식] 〈개정 2016. 7. 11.〉

전자이미지관인 관리대장(○○○○○○○시스템)

연번	최초 등재		재등록 · 폐기에 따른 등재		비 고
1	행정기관(부서)	*전자이미지관인 인영*	행정기관(부서)	*전자이미지관인 인영*	
	전자이미지관인 파일 수령일		전자이미지관인 파일 수령일		
	시스템 등재일		시스템 등재일		
	사용 개시일		사용 개시일		
	폐기 통보서 수령일		재등록 · 폐기 통보서 수령일		
	전자이미지관인 파일 삭제일		전자이미지관인 파일 삭제일		
2	행정기관(부서)	*전자이미지관인 인영*	행정기관(부서)	*전자이미지관인 인영*	
	전자이미지관인 파일 수령일		전자이미지관인 파일 수령일		
	시스템 등재일		시스템 등재일		
	사용 개시일		사용 개시일		
	폐기 통보서 수령일		재등록 · 폐기 통보서 수령일		
	전자이미지관인 파일 삭제일		전자이미지관인 파일 삭제일		

※ 작성 방법

1. 행정기관별로 하나의 연번을 사용하여 재등록 등의 경우 오른쪽 칸을 사용한다.
2. 제출받은 전자이미지관인 파일을 출력하여 전자이미지관인 관리대장의 '전자이미지관인 인영'란에 붙여야 한다.
3. 이 서식은 필요한 경우 컴퓨터 파일로 작성하여 사용할 수 있다.

210mm×297mm(백상지 80g/㎡)

■ 행정 효율과 협업 촉진에 관한 규정 시행규칙 [별지 제12호 서식]

업무인계·인수서

1. 업무현황
   가. 담당 업무
   나. 주요 업무계획 및 진행사항
   다. 현안사항 및 문제점
   라. 주요 미결사항

2. 관련 문서 현황

3. 주요 물품 및 예산 등 인계·인수가 필요한 사항

4. 그 밖의 참고사항

위와 같이 인계·인수합니다.

년 월 일

인계자 (서명 또는 인)

인수자 (서명 또는 인)

입회자 (서명 또는 인)

비고(이 난은 서식에 포함하지 아니한다.)

1. 입회자는 인계자의 바로 위 상급자가 된다. 다만, 인계자가 기관장 및 부기관장인 경우에는 바로 아래 하급자가 된다.
2. 기재 항목이나 내용은 기관의 실정이나 인계 · 인수 사항에 따라 조정하여 사용할 수 있다.
3. 업무관리시스템 또는 전자문서시스템 등을 이용하여 전자문서로 작성하는 경우에는 인계자, 인수자 및 입회자의 서명 또는 날인을 생략할 수 있다.

[별표 1]

관인생략이나 서명생략 표시(제11조 제4항 관련)

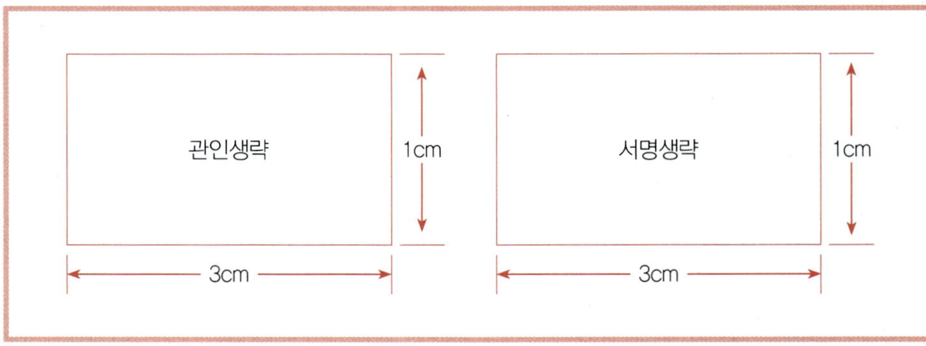

[별표 2]

접수인(제15조 제1항 관련)

접수	- (. . . :)

비고

1. 접수란의 크기는 기관에 따라 적절하게 조정하여 사용한다.
2. 접수란의 첫째 줄에는 접수등록번호를 적되, 처리과명과 연도별 일련번호를 붙임표(-)로 이어 적는다.
   〈예시〉 행정제도과인 경우: 행정제도과-23
3 접수란의 둘째 줄 괄호 안에는 접수일자를 적는다. 다만, 민원문서 등 필요한 경우에는 시·분까지 적는다.
   〈예시〉 2011. 7. 10. 또는 2011. 7. 10. 14:23

[별표 3]

용지의 용도별 지질 기준(제23조 제1항 관련)

연번	용지의 용도	지질(중량)
1	비치카드 · 상장 · 통지서(엽서) · 임용장, 휴대 또는 게시하는 각종 증서 등	백상지(150g/㎡)
2	보존기간이 20년 이상인 서식, 보존기간이 10년 이상인 문서 · 간행물 등	백상지(120g/㎡) 또는 백상지(80g/㎡)
3	보존기간이 20년 미만인 서식, 보존기간이 10년 미만인 문서 · 간행물 등	백상지(80g/㎡)
4	각종 민원 신청서 및 신고서 · 통지서	백상지(80g/㎡) 또는 중질지(80g/㎡)

PART 03

조직과 보고행정업무

본문에서 ‘영’은 「행정 효율과 협업 촉진에 관한 규정」을, ‘규칙’은 「행정 효율과 협업 촉진에 관한 규정 시행규칙」을 의미함

11장

조직과 보고행정업무

학습목표

1. 보고업무와 소통의 관계를 설명하고 업무체계를 구축할 수 있다.

2. 실패한 보고의 사례를 알고 업무에 반영할 수 있다.

1. 보고로 운영되는 조직

1) 보고중심의 조직

(1) 대응력 강화를 위한 소통보고

이종두(2010, 28에서 재인용)는 "업무란 조직 활동에 필요한 정보를 생산·전달하고, 정리·보관하여 보고·판단하는 작업이며 조직의 구성원들이 맡은 일을 처리하는 과정에서 발생하는 각종 정보나 자료를 정확하게 의사소통하고, 효율적으로 정리·보관하여 보고·판단하기 위한 모든 절차와 과정이므로 업무의 개념을 광범위하고 포괄적으로 이해해야 한다."고 하였다.

정보를 획득한 직원은 업무수행을 위해 업무수행 과정에서 획득한 정보를 동료, 또는 중간상급자 등에게 공유하고 확산할 책무가 있다. 상급자는 외부환경에 대응하기 위한 정확한 정보를 직원들이 이해할 수 있도록 전파할 책임이 있으며, 직원들 또한 업무수행과정에서 습득한 정보를 상급자에게 보고해야 할 의무가 있다. 이러한 정보습득 및 전달은 조직의 업무절차에 따라 필요한 시기에 적절히 전달되어야만 외부환경 변화에 대응할 수 있다.

조직의 업무는 업무절차에 따라 부서를 중심으로 담당직원에게 배정하여 수행하는 구조로 직원이 업무수행에 필요한 정보를 습득하면 부서장에게 보고하고, 부서장은 사무국장에게 보고하는 과정을 거쳐 최종적으로 최고관리자에게 보고되어 수행방향을 최종적으로 결정한다. 최고관리자가 업무처리 방향을 방침으로 하달하면 중간상급자를 경유하여 부서장에게 하달되고 다시 담당직원에게 전달되어 업무를 처리하는 체계다. 직원은 업무처리 방침을 확인하였기 때문에 기안을 생성하면서 참여할 자원과 지원 사항 등을 반영하여 추진한다. 부서 및 동료의 협조를 받기 위해 회의를 개최하고 결정된 사항을 최종적으로 합의하여 시행하는 방식이다.

따라서 얼마나 정보를 빠르게 수집하고 상급자에게 보고하여 방침을 하달받아 업무에 적용하는가에 따라 업무수행이 원활해지고 성과에 영향을 미친다. 의사결정권한이 있는 최고관리자 또한 중요한 정보를 습득하였다면 사무국장, 부서장, 담당 직원 등 전체 직원이 공유하는 시기의 적절성에 따라 대응 방향을 모색할 수 있다. 따라서 정확한 정보를 얼마나 빠르게 전달하고 확산하느냐에 따라 조직의 성과는 영향을 받는다.

반면 부실한 정보를 직원들과 공유하면 사업의 성과가 부실해지는 것은 물론 대응조차 못 한다. 옳은 판단을 하지 못해 사업의 추진 시기를 놓치거나 지체하게 만든다. 이러한 점에서 유능한 직원은 자신이 수행하는 업무에 관한 정보를 적절한 시기에 보고하고 처리한다.

(2) 보고의 반응과 인정

직원의 보고는 내부적으로는 신규 프로젝트를 개발하기 전 직원들과 협의하고 회의를 하기 위해, 업무를 수행하기 위해서 시행되며, 타 조직 및 지자체 또는 업체 방문 등 외부활동을 위해 시행보고를 하고, 진행사항과 결과를 전달하기 위해 보고를 한다.

보고는 상급자의 결정과 선택, 옳은 판단을 위해 시행되지만 직원의 입장에서는 습득한 정보를 전달하여 지원을 받는 목적성을 가지므로 의도적으로 시행하는 정보제공이라 할 수 있다. 여기에는 상급자의 이해를 얻어야 한다는 전제가 있다. 즉, 자신의 생각을 관철하려는 목적을 위해 의도를 가지고 정보를 전달하고 시행하는 계획적인 활동이라는 것이다.

보고에 대한 오해는 수행한 업무진행 상황을 상급자에게 알리는 것만으로 이해하는 것이다. 이렇다면 업무수행 사항만을 보고하게 되어 보고의 질이 저하된다.

(3) 동기를 부여하고 이끄는 보고업무

독자는 병원에서 치료를 받아 본 경험이 있을 것이다. 환자의 얘기는 진료를 위해 참고만 될 뿐 모든 결정은 의사가 한다. 어디가 아픈지, 식습관은 어떤지, 섭취하는 음식은 무엇이며 술과 담배를 하는지, 거기에 더해 운동을 하는지 등 환자가 제공하는 정보는 병의 원인을 찾아야 하는 의사에게 중요하다. 이후부터 의사의 얘기는 환자에게 절대적이다. 환자의 질병을 치료하는 데 결정권한은 의사에게 있다는 것이다. 여기에서 중요한 것은 의사의 태도다. 의사는 인내를 갖고 환자의 얘기에 주목하면서 생활 태도와 습관, 스트레스에 대한 관리를 책임지는 역할을 수행하기 때문에, 환자가 생활태도와 습관을 바꾸지 않으면 좋은 의사가 아니다.

좋은 의사는 경청하는 상담가로, 조언자로, 또는 방향제시자로서의 능력이 탁월하다. 좋지 않은 상황이라면 결과를 확인하였다 해도 희망이 있다는 말을 하고, 잘될 것이라는 격려를 아낌없이 보낸다. 물론 질병을 당장 좋아지게 만들 수는 없다. 그래서 좋은 의사는 긍정적인 결과를 얻을 수 있는 방향을 제시하며, 나을 수 있다는 믿음을 갖게 한다. 하지만 두 가지 전제가 있다. 좋은 의사는 대안을 제안하면서 반드시 나아진다는 확신을 준다는 것과 생활습관을 바꿔야 한다는 변화에 대한 의지를 갖게 하여 결심하게 만든다는 것이다. 이러한 점에서 이끄는 직원은 보고업무를 매개로 동기를 부여하고 성장한다는 믿음을 주고 구성원들을 행동하게 만든다는 것이 같다고 볼 수 있다.

(4) 이끌어 가기

직원 간의 업무논의는 공적 체계보다 비공식적인 것들이 영향을 미친다. 따라서 상급자는 직원들의 생각을 청취하기 위해 다양한 장치를 마련해야 한다. 홈페이지에 의견 또는 아이디어를 게시할 수 있는 게시방을 운영하거나, 정기적인 아이디어 회의 등이 예이다. 하지만 장치를 마련하지 않으면 직원들은 이해한 사항만을 논의하면서 주관적인 생각 등을 합리화하면서 업무에 반영하기도 한다. 이런 상황에서 직원들은 의견을 표명하기보다 사적인 자리를 통해 불만을 토로하곤 하는데, 직원들의 의견표명 방식이 이렇다. 그래서 직원의 자질 가운데 가장 중요한 요소가 긍정적인 태도이다. 긍정적인 태도를 갖게 만드는 데 직접적인 영향을 미치는 대상이 관리자이다. 관리자는 명확한 대안을 제시하면서 따르게 만드는 것이다. 관리자를 존중하고 부하직원을 신뢰하는 분위기가 무르익은 조직은 일체감과 소속감이 문화로 형성되어 있다.

Tip 나아갈 방향 제시

성악가는 최선을 다해 관객들을 향한 공연을 준비한다. 관객 중에는 성악에 대해 전혀 모르는 사람도 있고, 난생 처음 관람하기 위해 찾아온 사람도 있을 것이다. 공연장에는 소수의 동료 성악가도 참여하기로 하였다. 성악가는 몇 달 동안 공연을 위해 열심히 연습을 하였다. 그리고 공연이 시작되어 이태리 언어의 성악곡을 부른다. 틀렸는지, 박자가 안 맞았는지는 오직 성악가 본인과 소수의 동료만이 알고 있다. 그런데도 박수를 받는가, 아닌가는 관객들이 판단한다.
성악가는 성악을 이해하지 못하는 관객들을 위해 최선을 다해 준비하는 것일까, 관객들은 공연을 마친 후 박수로 화답하는 것일까, 관객들은 공연하는 중에 성악가의 목소리, 표정, 태도에 더해 열정을 본다. 그리고 이러한 조합이 완성되어 감동받은 관객들이 박수를 보낸다. 관객들의 박수를 통해 그날 공연의 성공 여부를 판단한다. 사람을 이끄는 힘은 태도, 열정, 지식에 의한다. 그러므로 이끌고자 한다면 최고의 열정을 쏟아야 한다.
전문가는 탁월한 재능이 있으며, 이 재능을 발견하기 위해 부지런하고 최고가 되어야 한다는 열정이 있다. 조직에서 전문가의 역할은 다양하기 때문에 남모를 노력과 희생이 따른다. 그 과정을 거침으로써 그 분야의 전문가로 인정받게 되는 것이다.

2) 보고업무와 소통

상급자나 직원들은 안정적인 업무수행을 원한다. 이러한 기대는 모든 직원이 원하는 것이다. 그래서 동료의 업무수행 능력이 뛰어나면 그의 활동에 주목하고 도움을 받으면서 자신 또한 성장하기를 기대한다. 기대를 성취하기 위해서는 정보제공 기능이 강화되어야 하는데 높은 수준의 보고체계를 마련하여 조직 내의 구성원들이 일체감 있게 행동해야만 애사심, 자긍심이 심어지고 지역의 핵심조직이라는 소속감을 인식한다.

개인의 확신과 조직의 위상은 동일한 것이라고 인식해야 한다. 이는 전략적인 것으로 최고관리자를 위시하여 상급자 및 직원들이 확신하는 해당 조직만의 특별함이다.

(1) 부서 및 직원 간의 소통

직원들이 조직의 특성과 사업의 목적, 해당 업무에 대한 이해가 높고, 업무수행에 대한 열정이 충분한 경우 조직의 의사소통은 직원 개인에서부터 최고관리자에 이르기까지 원활하게 가동되어 성과창출에 기여한다. 이것이 가능하기 위해서는 사안의 경중에 따라 역할을 구분하고, 분류된 업무의 역할분장과 성과도출을 위한 소통 체계를 마련해야 한다. 이러한 의사체계를 보고업무라 하는 것이다. 보고를 원활하게 만드는 소통과정이 업무로 처리되고, 보고과정이 직원들에게 인식되었을 때 의사소통체계는 완성된 것이라고 본다. 그러므로 업무환경과 조직의 상황보다 우선하여 마련할 것이 조직의 의사소통체계인 보고업무를 시스템으로 구축하는 것이다.

(2) 의사소통의 목적

보고는 부서의 협조와 지원을 원활하게 하고 조직의 시스템을 소통으로 작동시키기 위해 필요하다. 직원이 신규프로그램을 기획할 때는 자료를 수집하고, 수행내용과 참여자원, 적합한 장소와 시간, 기자재, 비품 등을 준비할 것이다. 수집된 내용을 정리해서 기안 전에 해당 부서 직원들의 의견을 청취하고 자문을 받는다. 그러면 부서의 일정을 알게 되고, 해당부서 또한 시행하려는 의도를 파악하게 되어 협조할 사항을 조치할 수 있다. 이러한 과정을 거쳐 완성된 보고서를 상급자에게 보고하는 것이다. 결재과정에서 부서협조 및 미흡한 사항, 진행성과 등을 보고한다면 실행에 필요한 다양한 지원을 보장받게 된다.

3) 조직과 보고업무체계 구축

(1) 부서의 분장업무 파악

업무의 간소화 및 업무절차의 체계성을 위해 보고업무는 시스템으로 구축되어야 한다. 보고업무체계를 잘 갖추면 직원들은 업무결재를 받기 위한 복잡한 단계를 거치지 않고, 빠른 승인(결재)에 의해 업무처리 속도가 빨라진다.

업무는 조직운영 및 부서, 개인이 업무수행에 필요한 정보를 토대로 처리할 업무목록을 의미하고, 관리는 업무목록에 따라 직원 개인들의 업무를 시기적절하게 처리할 수 있도록 체계적으로 관리하여 운영하는 것이다. 업무 관리는 공통 업무와 개별 업무로 분류되고, 또는 조직 업무와 부서 업무, 개인업무로 구분해서 처리하는 절차 및 관리체계를 말한다. 즉 개인으로부터 부서에 이르기까지 업무수행에 필요한 각종의 정보를 토대로 문서를 생산하고, 사업 등의 수행에 따른 각각의 역할을 적절하게 분담하여 처리하고 있는 것이다.

부서마다 고유업무가 있고, 부서에 소속된 직원들이 각자의 역할과 분담할 업무가 있다. 부서 및 직원들이 업무를 효율적으로 처리하기 위해서는 업무분장이 명확해야 한다. 조직의 업무와 부서의 업무를 분류하면서 실행할 담당자를 임명하는데 이를 업무분장이라고 한다. 이 과정에서 업무를 담당하는 직원은 수행할 업무의 관리범위를 정하는데, 여기에서 개인적 업무와 부서의 공통 업무, 조직의 공통 업무를 분류한다.

상급자의 업무방식이 관리적이라는 것은 그의 업무처리방식이 업무의 시행여부와 처리과정 및 성과를 집중적으로 관리하는 성향이라는 의미다. 과정과 결과를 중심으로 업무를 관장하는 데 중점을 두고, 업무처리과정에 필요한 양식에 따라 업무를 처리하고, 작성원칙을 지켰는지 등 처리 시기와 과정, 결과보고 중심으로 업무를 관리하기 때문에 관리적이라고 하는 것이다. 따라서 관리 중심의 상급자는 업무절차를 강조하고, 이를 지키지 않았을 때 시정하기를 요구하는 등 업무수행 과정에 집중하면서 성과를 중시한다.

(2) 업무절차에 의한 업무처리 과정파악

업무는 지켜야 할 다양한 지침과 법규를 적용받고, 이를 위반하는 것은 감사 지적사항이기 때문에 관리가 철저해야 한다. 사업과 관련된 법규는 사업 유형별로 제정되어 있다. 예를 들어 시설안전관리에 관한 업무 시 건축, 전기, 소방, 가스, 기계, 장비, 기자재 등 관련 법규를 준용해야 한다.

재무회계규칙의 준수 여부는 회계전문가의 감사를 받고 지자체에 보고하게 되어 있다. 직원의 임용은 구인공고 및 채용 등의 절차를 지키고, 과정에 관한 근거서류를 보존해야 하고, 노사문제 발생 시 노무사를 선임하여 노동법에 저촉되지 않는 선에서 해결해야 한다.

최근 인권관련 사항이 조직의 사활이 걸린 매우 중요한 이슈가 되었다. 인권침해 사례가 발생하지 않도록 직원은 연 4시간 이상 교육을 이수해야 하고 시행하였다는 것을 증명하기 위해 사진을 첨부하여 근거서류를 보존해야 한다. 위의 사항 외에 조직의 운영을 위한 사업을 반영하면 어마어마할 것이다. 이를 효과적으로 관리하기 위해 업무관리 체계를 마련하는 것이다.

각각의 업무수행은 원칙에 따라 처리해야 하는데, 조직은 위의 우선 법규를 적용하면서 운영체계를 마련하고, 체계적으로 관리하기 위해 업무 관리를 강화해야 한다.

4) 소통하는 조직과 보고업무

(1) 조직의 건강성 회복

민진(2011: 14-15)은 활력이 넘치고 에너지가 넘치는 조직이 있는가 하면 병들고 쇠약하여 곧 사라질 조직이 있다고 하였다. 활력이 넘치는 조직은 최상의 서비스를 상품으로 제공하는 반면, 쇠약한 조직은 좋은 제품과 서비스를 기대하기 어렵다고 하였다. 그런데 문제는 병든 조직도 면역력을 갖고 아픈 것을 모른다는 것이다. 그래서 조직이 건강해야 조직의 목적과 사명을 잘 달성할 수 있다는 것을 주장하면서 좋은 조직을 만들기 위해 노력할 것을 강조하였다.

조직운영의 건전성은 조직시스템을 체계화하고 내실 있게 운영하기 위한 체계를 구축하면 되지만, 재정건전성은 지역에 기여할 사업의 양이 많고, 주민참여와 자원의 유입, 재정보조조직의 요구를 충족할 수 있어야 한다.

오늘날 조직의 운영은 지자체, 지역주민, 직원 등에게 다양한 방식으로 공개하는 구조여서 관계된 사람들을 자원으로 연계하기 위한 정보제공이 충실하지 않으면 확보할 수 없다. 이를 업무와 결부하면, 업무는 결과가 있다. 성과 없는 업무는 부서와 조직에 영향을 미치지 못한다. 동료와 부서, 조직에 유익을 끼쳐야 한다는 점에서 성과를 높이기 위한 수행과정이 합리적이어야 한다. 업무성과는 보고에 기초해야 정당성이 확보되고 이러한 논의는 모든 조직에 적용된다.

(2) 상급자의 성과 인정

많은 상급자가 직원의 업무능력을 평가하기 위해 기여 정도를 판단한다. 여기에서 기여는 성과이고 적정한 정보의 선택이 영향을 미친다. 상급자는 직원들이 수행한 업무가 성과를 알 수 없거나 기다리는 것이 반복되면 업무능력을 의심한다. 즉 보고 없이 수행한 업무를 주목하고 성과를 확인하면서 성과에 따라 개인의 능력을 평가하는 것이다.

따라서 상급자의 관심사를 파악하고 그가 즐기는 보고방식을 파악해야 하는데, 가장 확실한 방법이 조직시스템의 의사결정 구조를 이해하는 것이다. 보고시기를 고려하고, 보고내용을 철저히 준비하는 것이 적절한 보고방법이다. 이러한 준비는 직원의 업무역량과 결부되고 실천이 필요하다.

(3) 좋은 조직을 만들기 위한 협업

복지는 만족스럽게 지내는 것을 가치로 인식하고, 실생활에 필요한 매일의 요구들을 충족하기 위해 유용한 정보를 제공하면서 생활의 욕구를 채워가는 종합적인 서비스다. 따라서 적용이 가능해야 한다는 것을 책무로 인식하고 조직의 구성원들 상호 간의 협업에 의해 만들어진다고 볼 수 있다.

위의 논의는 누구를 위해 조직이 존재하는가의 질문에 관한 것으로 사회적 요구와 관련된 물음이다. 결국 좋은 조직을 만들기 위한 노력을 하지 않는다면 그가 아무리 뛰어난 업무성과를 달성하였다고 하여도 개인적인 일에 불과할 뿐이라는 것을 알게 된다.

실천하는 전문가 또한 충분한 자질과 역량을 갖추어야 한다는 논의가 쟁점으로 다뤄지고 있다. 어떤 이는 인권 문제를 거론하며 더 나은 성과를 달성했다고 주장할 수 있지만 어느 개인도 조직에 속한 이상 개인적인 노력에 의해 성과를 달성할 수 없다. 오히려 부서장을 위시하여 동료들과 끊임없는 노력의 협업을 통해 더 나은 성과를 도출하게 된다. 그러므로 좋은 조직은 협업하는 순간부터 시작되고 협업의 문화가 형성되어야만 완성된다.

Tip 사회복지분야의 협업

사회복지서비스를 제공받는 사람들은 복지체감이 높고 실효적인 서비스를 요구한다. 어느 늦은 밤 한 빈곤가정에 여섯 살짜리 언니와 네 살 된 동생이 남겨진다면 아이들끼리 잘 지낼 것이라고 생각할 수 있을까? 어쩔 수 없이 일해야 하는 부모는 단단히 다짐시키며, '동생 잘 보고 있어야 해, 엄마, 아빠는 일해야 하니까'라고 말하고 일을 나가면 남은 두 자녀는 과자와 빵으로 끼니를 때운다. 그런데 우리 주변에는 이런 아이들이 너무 많다.

위의 예시에서 보듯이 부모 입장에서 보면 어떠한 지원이 필요한가? 자녀들을 위해 무엇을 지원해야 하는가? 복지의 건강성은 필요한 것을 채워, 만족스럽게 살아가도록 하는 것이다. 따라서 사회복지사의 할 일은 분명하다. 이들의 만족을 충족하기 위해 무언가를 해야 한다는 것이다.

이와 같이 협력적인 지원은 현실과 상황에 맞는 복지서비스를 지원하게 한다. 서비스가 필요한 누군가의 상황이 이해되고 다음 지원을 위한 대안이 담겨 있다. 이런 식의 지원으로 인해 지원이 증가할수록 문제들의 해결 가능성이 높아진다. 여기에는 동료들과 상급자의 승인에 의해 지원한다는 것이 전제되어야 한다. 그래야만 더 많은 지원을 할 수 있고 그들이 필요로 하는 지원 대안을 마련하여 지원할 수 있기 때문이다. 그래서 조직의 구성원들이 협업할 때 조직은 건강성을 회복하고 더 나은 성과를 도출할 수 있다.

2. 실패하는 보고와 실패하는 조직

1) 실패하는 보고

(1) 설득실패

성공과 실패의 요인은 무엇인가라는 질문은 실패의 요인을 찾아 성공하기 위한 대안을 모색하라는 의미다. 실패는 여러 요인에 의한다. 충분하지 않은 자료수집, 상급자와의 보고 시기를 놓치는 것, 타부서 및 동료들의 협조를 얻지 못하는 것, 자원동원의 실패 등 다양하다. 하지만 이러한 요인보다 더 답답한 실패 요인은 설득의 근거가 충분하지 않아 기안 후 상급자를 설득하지 못해 보고가 반려되는 것이다.

(2) 업무의 흐름을 파악하지 못하는 보고

업무의 흐름을 이해하지 못한 보고는 근거가 명확하지 않고 진행과정이 구체적이지 않다. 수행에 필요한 자원의 참여와 기자재, 장소 등을 임의적으로 선정하고 자의적인 판단에 의해 수행할 역할만이 제시되어 있다. 요구는 조직의 실정에 부합하는가, 문제는 무엇인가 등 개선해야 할 사항만 강조되어 있다. 동기부여를 촉진할 수 있는 내용이 포함되어 있지 않고, 설사 포함되어 있다고 해도 규칙만을 제시하는 등 과정보다 시행할 내용만이 기술되어 있어 계획서를 읽는 것 외에는 확인이 어렵다. 이러한 보고는 창의적인 아이디어가 부족하여 기안서의 계획된 일정을 수행해야 한다는 것만을 주장하는 데 그친다.

일방적으로 동료의 협조를 요구하고, 협의는 진행사안 외에 도움을 줄 것인가에 관심을 둔다. 하지만 진행과정이 아닌 진행사안만을 고려하기 때문에 협력보다 자신이 판단한 일정에 따라 참여할 것인가, 아닌가만을 판단한다.

전체적인 흐름을 보지 못하는 직원은 직면한 문제만을 거론한다. 그래서 자신의 입장과 상황이 중요하다는 것만 피력하고, 자신의 관점에서 본 중요한 사항에 대해서만 논의한다. 이렇다면 협조가 안 될 것이 뻔하다.

(3) 협조가 없는 보고

협조가 이루어지지 않는 조직은 업무협의가 이루어지지 않고 개인의 업무를 우선한다. 그의 요구는 본질을 벗어났음에도 의견을 따라 주기만을 주장한다. 변화를 읽지 못하고 변화가 필요한 상황임에도 자신의 입장을 고수한다. 새로운 위협을 간과하고, 도전해야 할 상황은 핑계를 대며 피한다. 주변사람들과 동료를 힘들게 하지만 개인의 이익만을 생각하기 때문에 옳고 그른지를 판단하지 못한다. 결과가 뻔하기 때문에 어느 상급자도 이런 직원의 요구를 들어주지 않을 것이다.

이런 식의 보고는 협조도 아니고, 정보제공도 아니며, 요구로서 개인의 주장에 불과하다. 개인의 주장에 불과하다면 외톨이가 되는 것은 물론 신뢰가 없기 때문에 실패하는 보고는 협조도 없다. 따라서 협조를 받아야 한다면 협의를 통해 협조할 상황을 만드는 것이 먼저다.

2) 갈등관리 실패

(1) 갈등의 원인은 경쟁관계가 요인

조직의 사업은 협조를 통해 추진하는 업무가 대부분이다. 이를 볼 때 자기중심적인 직원은 경쟁의 대상일 뿐 협조자가 아니다. 동물들도 사냥을 할 때 서로 협동을 한다. 각자가 맡은 역할에 따라 먹잇감을 몰아 마침내 사냥에 성공하는 것이다. 여기까지가 전부는 아니다. 또 다른 경쟁을 하는데 배불리 먹는 것이다. 먹기 위해 으르렁대며 경쟁한다. 목표를 이루고 어느 정도 배가 부르면 새끼들을 돌보고 장난을 치면서 휴식을 취한다.

인간 또한 자신의 이익과 조직의 이익을 위해 협동하면서 목표를 달성해 간다. 성과 도출을 위해 전략을 짜고 협력해야 할 일을 공유한다. 협동은 협의된 시점부터 관계를 맺고 목적을 향해 협조적인 관계를 맺지만 개인의 성공을 위한 이익을 추구하면 더 치열하게 경쟁하게 된다.

때로 힘든 상급자를 만나 힘들게 직장생활을 해야 한다면 시련을 겪을 것이다. 오랫동안 지속된다면 그가 떠날 것을 기대하거나 나 자신이 떠나거나 할 것이다. 하지만 참고 버틴다는 것은 기다림을 통해 무언가를 얻고자 하는 기대가 내포된 것인데 동료 또한 마찬가지다.

여기에서 두 가지 고민을 한다. 하나는 강압적인 상급자를 따라야 한다는 것이다. 강압적인 상급자는 관리하기 위해 직원들을 통제하고 직원들은 피해를 당하지 않기 위해 방법을 찾는다. 이해 차이가 생길 것 또한 예측된다. 그럼 누가 손해인가? 또는 누가 더 이익을 얻는가? 여기에서 중요한 것은 이익을 위한 수단이 정당하지 않고 구성원들에게 도움이 안 된다면 한 편도 승자가 될 수 없으며 양보하지 않는 이상 평행선의 줄다리기는 계속된다는 것이다.

(2) 보고갈등은 사소한 의견불일치에서 촉발한다

보고하는데 갈등이 일어나는 이유는 개인의 선호와 성향이 다르기 때문이다. 그러므로 갈등이 일어나지 않은 상황을 만들기 위한 대안을 마련해서 갈등상황을 유연하게 대처하는 것이 더 중요하다.

중요한 문제이지만 개인적인 문제이므로 대수롭지 않게 여기거나, 도와주었으면 하는데 돕지 않는다는 사소한 상황이 갈등을 일으킨다. 협의하여 진행할 사안임에도 업무가 바쁘다며 협의하지 않는 것 등이 보고갈등의 예다. 의견을 제시하라고 지시를 하지만 의견이 없는 경우를 포함한다. 약속시간을 지키지 않는 것 등 우리 주변에는 보고를 하였지만 갈등을 일으키는 요인이 너무 많다.

보고갈등이 일어날 때마다 갈등을 해결하기 위해 에너지를 쏟는다면 능률을 기대하기 어렵다. 따라서 갈등을 유연하게 대처하기 위해 업무문화 조성에 힘

쓰고 건강한 조직문화를 형성하는 데 직원들을 규합해야 한다. 더욱이 조직을 개편하면서 새로운 업무분장과 부서배치, 인사이동 등이 있다면 직원들을 설득하기 위해 공식적으로 선언하고 발표하는 것이 효과적이다.

(3) 갈등관리를 실패하는 조직의 상황

독자는 동료가 하기 싫어하는 업무를 대신 처리한 경험이 있는가? 하지 않아도 될 업무를 부여받고, 소모적인 일에 장시간을 보내면서 고민해 보았는가? 자신을 혹사시킨 동료가 생각지도 못한 얘기를 꺼내며 화제를 돌리는 능력을 갖고 있다는 것을 알게 된 후에 밀려오는 답답함은 사실 참기 힘든 것이다.

문제가 생겼을 때 '그렇게 될 수밖에 없었다'며 이유를 둘러대는 동료의 변명을 들을 수밖에 없다면 중재가 필요하다. 변명을 얘기하며 피해갈 상황을 만드는 동료를 어찌하지 못해 참아야 하는 상황이 한심하고 내가 문제라는 비관적인 생각도 하고, 갈등이 생길 것 같아 자리를 피하지만 상황이 여의치 않아 참아야 하는 답답함은 정말 힘든 것이다.

성격이 맞지 않아서일 수도 있지만, 그의 성향은 동료들을 유심히 관찰하면서 자신에게 유리한 상황을 만들기 위해 심성을 건드리며 관계를 맺는 성향이 습관으로 배어 있다. 매사 논리적인 것처럼 보이지만 손해를 보지 않으려는 행동을 자연스럽게 한다. 그래서 처음 대면하는 사람은 그의 언변에 놀라고 예리한 관찰력을 높이 평가한다. 하지만 성향을 알게 되면서 평소에도 그런 식으로 동료들을 관찰하고 유리한 상황을 만들기 위한 수단에 불과하다는 것을 알게 된다. 자기의 이익을 위해 일하는 동료는 직원들을 이용하기 때문에 조심해야 한다.

이런 동료와 근무해야 한다면 어떻게 처신해야 하는가? 먼저는 자신의 업무에 대한 확신을 갖고 수행한다. 둘째, 업무수행은 마감기일을 철저하게 준수한다. 셋째, 업무를 처리할 때에는 성과도출을 위해 전력한다. 마지막으로 자신의 업무수행 능력을 높이기 위해 노력한다.

만약 상급자가 개인적인 일로 치부하여 갈등을 중재하지 않으면 어려움이 가

중될 것이 뻔하다. 업무의 차질은 물론 해당 직원과 관계된 사람들로부터 외면당할 수 있어 이를 예방하면서 갈등 없는 상황을 만들기 위해 상급자의 중재가 필요하다. 하지만 직원들 간의 문제로 치부하거나 관심을 두지 않고 알아서 하라는 식이라면 상황만 악화된다. 사실 이러한 문제 때문에 많은 직원이 갈등하고 있다.

조직은 성과 도출을 위해 위계를 활용하고 직위를 통해 소수의 상급자가 다수의 직원들의 업무와 인사 등을 관리하는 피라미드 방식으로 부서가 운영된다. 소수의 상급자가 인사와 업무를 관리하는 구조로 부서의 업무와 인사 등을 관리하고, 국장, 또는 부장이 팀장의 업무와 부서 및 직원들을 관리하는 구조다.

관리해야 할 범위가 넓고 다양하기 때문에 위계에 의한 권위만을 강제한다면 경직된다. 이러한 분위기가 조장되거나 강제하는 조직은 구성원들 간에 경쟁심을 유발하여 동료를 배려하지 않는다. 상급자가 위계를 자기중심적으로 활용하면 조직은 운영되지만 구성원 간의 신뢰와 믿음, 배려 또한 없다.

부족을 지배하려는 속성을 통해 우월감을 표출하는 것에 익숙해 있는 야만족이라 불리던 사람들조차 조직에 속해 있었고, 그들은 강자인 족장, 또는 이웃부족에게 지배를 당한 것을 당연하게 여겼다. 힘을 통해 경쟁관계의 집단을 제거하고 조직을 통솔하는 등 부를 축적하였다. 오늘날의 조직 또한 다른 집단과 경쟁하면서 경쟁에서 승리하는 조직이 성공하는 것처럼 이해되고 있어 성공을 위해 경쟁 집단을 도태시키면서 성장하기 때문에 융화되지 않는 것이다. 조직을 통해 진화하고 발전하는 부정적인 예로 이러한 힘듦을 동료와 조직구성원에게 악용한다면 조직은 더 이상 희망이 없다.

Tip 갈등관리

불평을 얘기하고, 심성이 괜찮은 사람이라는 평가 또한 상대가 보이는 태도에 의해서다. 손해를 보는 사람을 대면한 사람들이 안타까운 시선을 보내는 이유 또한 손해를 끼친 사람과 손해 보는 사람을 알기 때문이다. 이러한 상황은 우리 주변에서 흔하게 있는 일이다.
불편한 동료의 성향을 알면서도 업무를 수행해야 할 때가 있다. 업무에 몰입하며 잊어 보려 애쓰지만 예기치 않은 상황에서 어이없는 상황을 만들고, 업무를 떠넘기는 태도가 당황스럽기 때문에 손해를 보는 것이다. 조직에는 이런 동료가 한두 명은 있다.
손해를 끼치는 동료는 과장되게 말하고, 해낼 수 있다는 것을 자신 있게 얘기하지만 조금의 어려움만 생겨도 처리에 애를 먹는다. 결국 성실한 동료에게 도움을 요청한다. 불편한 동료가 도움을 요청한다면 이는 업무역량을 인정한 것이다. 이를 활용해야 하는데 그가 다시는 손해를 끼치지 않도록 조건을 달아 지원한다. 반복되면 최고관리자에게 보고하여 조치할 것임을 분명히 밝힌다면 손해를 끼치지 않을 것이다.

3) 실패하는 조직의 과오

(1) 상급자의 관리 소홀

최고관리자가 직원들에게 조직의 주인이라는 관점에서 업무를 처리하기를 기대하고 직장이 생계를 유지하는 유일한 곳임을 강조하며 늦은 야근과 주말 근무, 휴일 근무 등을 강제하고 자기 일처럼 최선을 다하라고 주문하면 과연 언제까지 수행할 수 있을까? 자기 일처럼 일하라는 것은 무슨 의미라고 생각되는가? 어려움에 닥칠 때 누구나 해결하기 위해 몸을 사리지 않는 것처럼 업무를 수행하면서 최선을 다하라는 의미일 것이다. 업무는 결과가 있고 성과에 의해 평가되는데, 사실 평가를 잘 받으려면 힘든 업무라도 해내야 한다. 버텨야 한다는 무거운 마음을 갖는 것도 이 때문이다.

이러한 사항은 직원들 또한 알고 있다. 그래서 어느 직원은 드러나지 않게 최선을 다해 업무를 수행하고, 어느 직원은 더 많이 일을 한다고 생각한다. 때로 관계지향적인 것을 추구하는데, 인정받기 위한 행동이고 나름의 방편이다. 하지만 근본적인 문제는 공정하지 않은 업무분담이 요인이다.

(2) 일하는 조직만큼 갈등이 많은 조직도 없다

조직의 위계는 중요하고 엄격하다. 이러한 엄격함은 상급자를 비롯하여 전체 직원이 참여하여 수행하는 업무가 많기 때문이기도 하지만 조직과 관련이 있는 사람들과 업무를 수행해야 하기 때문에 위계에 의한 조직력은 사업추진의 토대라고 할 수 있다.

적은 인력, 부족한 재정, 자원유입을 위한 대안 마련, 단순 업무에서 기획서 작성 등 여러 업무를 해결해야 하기 때문에 직원은 실천가라는 이해, 기획가라는 별칭, 부적합한 정책의 개선을 요구하는 정책입안자 등의 역할을 수행하는데 이러한 역할이 정당한 것으로 이해된다. 그만큼 직원의 역할이 광범위하므로 '이러한 역할을 수행해야 한다'고 규명하기 어렵다는 것이다.

따라서 조직관리가 철저해야 한다. 갈등의 상황보다 평화로운 관계유지에 힘을 쏟아야 한다. 이러한 일상은 평소에 업무관리가 철저한가에 따라 달라진다. 동료는 동료일 뿐 그의 생각을 유연하고 풍부하게 만들기 위한 대안을 마련하기가 쉽지 않다. 위의 역할은 상급자가 해야 할 몫이다. 하지만 조직의 운영목적은 분명하다. 목적은 해당 조직이 추구하는 목표로 달성해야 할 과업이다. 상급자는 성과를 중요하게 다루고 이 성과에 도달하고 해내는 직원을 인정하기 때문에 목표달성을 위해서는 구성원을 규합해야 한다.

따라서 목적을 달성하는 과정에서 직원들의 개인적인 성향이 강한 조직은 의사소통의 불일치를 겪고 갈등한다. 갈등이 익숙해지면 불안정한 조직시스템으로 인해 보고를 하고 받는 중에 늘 갈등한다.

(3) 조직화 실패

거시적 관점에서 사회구조는 어떠한 방식으로든 상호 보완적으로 연계되면서 운영된다. 사회는 독립된 개체인 집단이 나름의 운영시스템을 작동하면서 연계된다. 이를 사회 내의 조직의 운영시스템과 결부하여 보면, 부서분화와 직원들의 분장된 업무를 세분화하여 체계화를 통해 고유업무를 수행한다. 체계화는 조직의 설립목적 달성을 위한 업무환경의 충분성, 이를 실행할 인력의 배치 및 시설물과 장비 등을 업무에 활용하는 시스템을 말한다.

체계화되지 않은 조직은 인력의 전문성이 낮고, 필요인력을 채용하지 않는 등 업무수행 환경이 열악하다. 특히 시설물과 기자재가 미비하고 활동공간이 없거나 마련되어 있지 않아서 적절한 환경인지를 의심하게 한다. 협조가 없기 때문에 지원에 필요한 것들은 개인의 역할에 따라 판단되기도 한다. 따라서 체계화되지 않은 조직은 부서와 직원들이 사회적 관계가 원만하지 않고 지역사회의 인적·물적 자원 간의 교류가 없다. 재정이 열악하고 성과 도출을 위한 부서 및 직원 간의 응집력이 약화되어 있다. 예산부족에 허덕이면서 수행하는 업무 또한 단순하다. 직원들의 근무환경이 열악하고 처우 개선에 관심이 적다. 지원체계를 마련하지 않았음에도 직원들의 열정을 말하며 헌신을 강조한다. 열악한 환경을 극복해야 할 당면과제로 제시하지만 처우 개선을 위한 직원들의 복지에는 관심을 보이지 않는다.

이와 같이 부실한 조직은 업무진행이 힘들다는 등 어렵다는 것만을 토로한다. 업무환경을 구축하기 위한 자구책을 마련하지 않으면서 직원들만 다그친다.

(4) 직원의 활동 또한 단조롭다

직원의 활동은 반복적이어서 시행하는 업무가 뻔하다. 어제보다 나은 현재를 고려하지 않는다. 성과 도출에 매진하지 않고 업무이해가 부족하여 수행하는 업무가 불분명하다. 더욱이 상급자의 지시에만 반응하는 등 수동적으로 근무한다. 제시간에 출근하는 것만으로도 감사해야 할 정도다.

이러한 직원과 일을 하는 상급자는 괴로울 것이다. 지시한 업무가 제대로 수행되었는지를 확인해야 하고, 비중 있는 업무라면 괜히 시켰다는 후회를 한다. 힘들어하는 동료를 보면 오늘은 무슨 얘기를 했을까를 걱정해야 한다. 아마 이런 직원을 부하직원으로 둔 상급자는 분명 채용을 후회할 것이다.

분명 성공은 남의 일일 것이며 무능한 개인이 해낼 일이 없다는 것을 알기 때문에 성과 없는 동료는 외면한다. 글로벌을 논하면서 4차 산업혁명이 이슈가 된 현재, 인터넷과 스마트폰을 통해 다양한 정보를 활용하는 시대에 이런 식의 업무태도라면 위기에 직면할 것이 뻔하다. 그는 사회의 요구를 이해하지 못해 변화를 받아들이지 않는다. 업무의 주체인 양 허세를 부리지만 업무량을 부풀리고 실적을 거짓으로 꾸민다. 다수의 사람들은 실체를 알고 난 후 참여하지 않는 등 외면한다. 작성된 허술한 보고서로 인해 검토하는 것조차 어렵다. 그럼에도 사회가 관심이 적다는 말을 하고, 사회구조의 치명적인 오류임을 지적하는데, 사실 이런 조직은 낙후된 시설물, 허름한 기자재, 비전문가의 채용, 조직의 업무가치 이해 부족, 전문성 부재 등 많은 문제에 노출되어 있어 실체를 알면 답답해진다. 스스로 개척했다는 개인의 주장일 뿐, 다수의 사람들의 요구를 저버렸기 때문에 도태되는 것이 당연하다.

(5) 결국 외면당한다

오늘날 조직은 운영의 내실화를 위해 재무회계집행절차와 과정을 중요하게 다루고, 법규준수 및 행정업무절차에 따른 업무처리를 책무로 요구하고 있다. 업무 관리는 업무처리의 투명성과 집행원칙의 준수 등이 기본 업무가 된 지 오래다. 예로, 회계처리는 업무의 관장을 통해 투명하게 처리할 것을 강조하고 있으며, 관리의 체계화는 조직의 업무처리에 있어 의무가 되었다. 만약 사소하게 여기거나 명확하지 않은 처리가 발견되면, 또는 절차과정이 투명하지 않다면 사회적 지탄을 받게 된다.

4) 두 가지 해결 대안

(1) 업무수행 목적 확신

조직의 최고관리자가 업무환경을 개선하여 조직 내에 직원들의 휴식처를 만들어 안식처로 기능할 수 있도록 환경을 구성한다면 분명 좋은 직장이다. 최고관리자가 이러한 역할을 해야 하는 이유는 오늘날의 조직이 가정 기능을 대리하기 때문이다. 매일이 바쁘지만 정신적인 만족을 찾을 수 있다면 분명 조직은 가정과 같은 협업의 기능을 수행할 수 있다.

힘들 때 누군가를 생각하듯이 생활의 안정을 찾게 하는 조직은 직원들과 동료, 상급자가 함께 어우러져 지향하는 목표를 향해 규합한다. 개인의 성과를 존중하고, 상급자를 신뢰하면서 기대하는 것들을 위해 기꺼이 합심한다. 이러한 조직은 현안에 적합한 정보를 제공하고, 조직이 지향하고, 부서가 수행해야 할 역할에 대한 확신을 갖고 업무를 수행한다. 구성원들이 일체감 있게 행동하고 직원 친화적으로 업무를 수행하는 조직문화가 형성되어 있다.

(2) 부서화에 의한 전문성 추구

조직의 특화 업무는 조직이 지향하는 핵심과업에 의해 만들어진다. 과업은 조직운영의 목적이고, 목적은 주력 사업이다. 그래서 조직의 핵심 대상자에 대한 전문적인 서비스를 지향하고 역할을 수행할 인력의 전문성을 주문한다. 이들을 통해 업무의 전문성을 확보할 수 있기 때문에 많은 조직이 부서화를 통해 전문성을 추구하고 이러한 경향은 확대되고 있다.

부서화를 통한 전문성의 추구는 정확한 정보를 얼마나 확보하고 빠르게 습득하는가에 의한다. 따라서 성공하는 보고는 보고를 위한 자료 수집이 충분하고, 핵심정보를 필요한 시기에 확산시키면서 성과로 연계시킨다.

12장

조직관리와 보고업무교육

학습목표

1. 보고업무 시 보고요령을 숙지하고 활용할 수 있다.

2. 보고업무 교육을 통해 업무 시 활용할 수 있다.

1. 보고업무와 보고내용

1) 보고업무

(1) 승인받기 위한 전략 모색

상급자가 모든 내용을 파악하고 피드백을 주기는 불가능하다. 오히려 보고내용을 통해 개입할 사안과 장애물 등을 찾는 것이 적절한 보고방법이다. 그래서 다수의 상급자는 보고를 더 기다린다.

이런 점에서 직원이 보고 방식을 조금만 고민한다면 보고사항을 승인받는 것은 어렵지 않다. 업무를 드러내어 알리는 것도 어렵지 않다. 상급자의 기대를 충족하기 위한 보고내용을 고민하고 시기적절하게 보고할 방법을 모색하면 모든 업무는 보고과정에서 필요성이 설득되어 승인으로 이어진다.

(2) 보고사항 분석

상급자가 보고사항에 흥미를 갖도록 문제분석을 명확히 하고, 보고 시기를 확인한다. 하지만 보고 시기는 성과를 드러내고 많은 논의를 할 수 있는 시간확보가 관건이다. 다음은 보고장소다. 급하게 외근을 나가려는 상급자를 세워놓고 보고하는 것은 조급하게 업무를 처리한다는 인상을 준다. 가급적 많은 대화를 나눌 수 있는 장소와 시간을 확보하고 보고내용에 집중할 수 있는 여건인지를 확인하는 것이 적절한 보고다. 상급자의 관심을 일으키기 위한 전략을 세우는 데 아주 간단한 논의다.

(3) 성과중심의 보고

업무를 처리하기 위해 상시적으로 보고서를 작성해야 한다면 예상되는 질문과 상급자의 반응, 필요한 자원, 재정규모 등을 확인한 후 무엇부터 보고할 것인지를 결정하는 준비가 필요하다. 예상되는 성과를 보고한다. 성과를 얻기 위해 참여하는 자원의 개발, 외부재정과 조직에서 부담할 재정규모, 부서의 협조사항과 기자재 활용 등을 진행일정에 따라 일목요연하게 보고한다. 그러면 그 자리에서 지원을 약속받을 것이다.

2) 보고내용

(1) 조직의 직원들이 공통적으로 수행하는 업무보고

업무와 관련된 설명은 상세해야 한다. 특히 출장과 외근, 차량사용방법, 연가 등의 신청방법을 숙지하고 선임자가 작성한 서류를 파악한다. 설명이 필요한 업무영역을 보고한다. 관리자가 예측할 수 있도록 수행업무를 구분해서 보고한다. 즉 공통 업무와 담당 업무에 대한 이해가 높아야 한다는 것이다.

첫째, 공용 업무의 처리는 업무절차에 기반한다. 외근과 외출, 연가와 휴가사용, 시설물사용과 협조요청 및 협의절차와 방법, 공용시설물 이용 등이다.

둘째, 전체직원이 참여하는 업무에 관한 것으로, 시기 및 계절에 시행하는 사업 등을 파악한다.

셋째, 공용시설물 사용에 관한 것으로, 조직의 공용시설물은 제한되어 있어 부서별로 사용일자와 시기를 파악해야만 일정이 중복되지 않는다. 대표적으로 차량사용 및 시설물, 강당 등이다. 이 공간은 부서별로 배치하면 좋지만 공간이 한정되어 있어 여의치 않을 것이다. 따라서 부서에서 사용하는 공간(장소), 이용시간 등을 파악해야 한다.

넷째, 업무협의에 관한 것으로 협의사항과 협조받아야 할 재정 사용 등에 관한 협조는 적시에 이루어져야 한다. 재정부서는 조직의 모든 부서에 필요한 재정을 조달한다. 개인의 업무와 공용 업무를 추진하기 위해, 또는 신규 사업을 개발하는 데 필요한 정보를 수집하기 위해서 등 재정과 관련된 수입 및 지출에 관한 업무는 절차에 따라 집행되어야 한다. 따라서 재정신청 시기와 지출 방식 외에 업무추진을 위한 타부서의 협조요청 방법과 절차 등은 반드시 숙지해야 한다.

(2) 처리할 업무를 알려 줘라

업무수행에 필요한 서류가 무엇인지 모른다면 업무처리는 사실상 불가능하다. 대개 업무를 파악하지 못해 힘들어하면서 알려 준 사항조차 이해하지 못한다. 여기에 더해 서류를 작성하고 정리하라고 하면 해낼 수 있을지를 염려하는 등 자신감을 잃을 수 있다. 따라서 초임직원, 또는 신규부서를 담당하는 직원은 세심한 배려가 필요한데, 역량 강화에 초점을 두고 효과적인 업무수행 방법을 알려 주어야 한다. 먼저 할 것이 서류 확인이다. 지난 일 년 동안의 서류를 파악하면 좋겠지만 그럴 만한 시간이 없다면 채용된 시기의 분기서류를 파악하게 한다.

개인의 업무는 담당자가 인계하여도 파악하기 어렵기 때문에 업무연수를 통해 업무파악을 도와야 한다. 연수계획 수립은 대개 1주에서 3주가 적정하다. 1주차는 조직의 상황과 부서 현황 및 직원파악 외에 조직의 비전과 주요 업무, 부서업무이해 등 업무의 중요성과 사업 방향을 이해시킬 목적에서 수립한다. 2주부터는 부서의 핵심 업무를 파악하게 하고, 부서현황과 업무현황, 직원들의 역할 및 유능성 발휘를 위한 업무목표 수립 등 담당 업무에 대한 처리 수준과 역할 및 목표를 수립할 수 있는 내용으로 계획한다. 3주부터 담당 업무의 계획 수립과 신규아이디어 개발, 아이디어의 업무연계 방법 등을 연수한다.

(3) 성과와 기대하는 바를 분명하게 제시하라

또 하나 중요한 것은 업무성과 도출 방법을 알려 주는 것이다. 많은 상급자들이 업무를 지시하면서 업무수행에 따른 성과를 알려 주지 않는다. 이를 업무와 결부하여 살펴보면, 사업은 주 타깃인 고객이 있고 그들을 위해 다양한 것들을 수행한다. 시행 장소, 시기, 시간, 참여자원, 재원에 관해 논의하고, 참여하는 사람들의 유형과 만족도를 높이기 위한 대안을 상세하게 설명하면서 핵심 목표인 성과 도출을 위한 전략을 구체적으로 제시하지 않는다.

성과는 상급자만이 제시할 수 있는 권한이 있는 것은 아니다. 업무는 시행 이유가 있고, 실행 후 결과물이 도출되어야 한다. 이것은 더 나은 성과 도출을 위한 실행으로 자발적인 노력이 더해지면 분명 예측한 것보다 더 많은 성과를 얻을 수 있다. 유능성과 관련되어 있기 때문에 의지가 확고할수록 성과를 명확하게 도출할 수 있다. 업무추진의 본질적인 목적은 성과 도출이다.

상급자는 수행된 업무가 이런 결과가 있을 것이라는 기대와 예측된 결과도출을 위한 업무관리 방식을 가르쳐야 하고 이는 상급자의 책무다. 결과 없는 과정이 없고, 과정이 충실하지 않으면 좋은 성과를 기대할 수 없다. 오직 상급자만이 이러한 요구를 당당하게 할 수 있다. "업무에 대한 기대성과는 이것입니다.

최선을 다해 주십시오."라는 얘기를 직원들이 기대한다는 것을 명심하자.

2. 보고업무 교육

1) 보고업무 교육의 필요성

(1) 상급자는 보고업무를 가르치지 않는다

조직은 보고업무를 관장하기 위해 지침을 마련하는 등 다양한 규정을 적용받는다. 직원은 이러한 지침과 규정에 근거하여 보고하고 업무를 수행한다. 하지만 신입직원 시절은 사실 조직과 부서의 업무가 무엇인지를 모른다. 이해가 부족하기 때문이고, 이해가 부족하면 보고업무를 소홀히 여기고 중요하게 인식하지 않을 수 있다.

이러한 문제는 대학의 교육과정에 보고업무를 교과목으로 개설하지 않은 것이 요인이다. 직원의 업무원천과 수행요인이 보고에 기초하고 업무 관리를 통해 업무를 처리한다는 점 또한 직위에 따라 매일 보고하고 있음에도 업무수행의 기본이 되는 보고를 가르치지 않았기 때문이다. 보고의 중요성을 몸으로, 대화로, 때론 서류를 통해 수행하고, 업무능력을 발휘하는 원천임에도 조직에서 유능성을 발휘하기 위한 방법을 실무적으로 가르치지 않은 것이다. 업무절차에 의한 보고를 통해 업무가 처리된다는 것을 알고 있음에도 말이다.

그래서 많은 신입직원은 업무적응과정에서 수행할 업무가 무엇인지를 파악도 하지 못한 채 어떻게 보고해야 할지를 혼란스러워하고, 보고내용에 관한 업무양식 작성 방법을 파악하지 못하는 등 유능성을 드러내는 데 실패한다. 이런 식으로 업무를 터득해 가면서 보고업무에 익숙해진다 해도 수행하는 업무의 중요성을 다른 사람과 다른 방식으로 실천하기 위해, 또는 더 높은 상급자의 마음에 들기 위해, 또는 수행할 일과 수행한 것들을 보고하기 위해 고민하지 않는다면 유능성은 발휘되지 않는다.

결국 업무를 처리하기 위해 최선을 다하여 수행하였음에도 결과가 도출되었는지, 지시한 업무를 수행하였는지만을 다루는 경향도 이와 같이 보고업무를 가르치지 않아서다. 직원이 업무의 주체이면서 실행의 주체로서 업무를 실행하고 있음에도 후임직원이나 신입직원에게 가르치지 않고 알아서 습득해야 할 것으로 인식하는 것이다. 보고를 통해 업무능력을 평가받는다는 사실을 가르치지 않는다면 직원들의 유능성은 잠식된다. 그래서 많은 사람이 조직에 소속된 이후 대학의 교육과정이 너무 이론적이라고 얘기하면서 실무현장인 조직에 취업을 하면 도움이 안 된다는 안타까운 답답함을 얘기하고는 한다.

(2) 업무수행의 기본도 모른 채 교육과정만을 이수

상급자의 업무평가는 직원들의 태도를 통해서다. 여기에서 태도는 성실성에 대한 것으로 힘든 일을 배정받거나, 어려운 상황에 직면해도, 설사 개인의 능력에 부딪히는 것이라 해도 최선을 다해 수행할 것이라는 능동적인 자세를 말한다. 능동적인 태도는 대개 말투와 모습, 비전이 담긴 대화를 통해 알 수 있다. 하지만 이것은 어디까지나 직원이 되기 위한 과정에서 겪는 것이기 때문에 업무수행 준비와는 다른 것이다. 업무에 투입되었을 때는 약속을 지켜야 하고 실행해야 한다. 따라서 업무이해가 부족한 상황에서 성실한 태도만으로는 인정받기 어렵다.

신입직원은 조직의 주요업무를 이해하고 주어진 업무를 독립적으로 수행하기 위한 적응의 시간이 필요한데, 여기에서 적응은 직장의 분위기 이해, 업무파악, 부서기능과 조직의 핵심사업, 다양한 목적사업 등의 업무이해를 말한다.

하지만 업무파악은 기안서 작성과 다르다. 업무수행을 위한 서류작성과 외부공문처리와 내부기안문서 등을 작성하여 보고할 수 있는 등 문서를 작성할 수 있는 역량을 의미하고, 상급자에게 보고하는 방법과 승인받는 방법을 이해해야 한다. 해야 할 업무와 자신이 관리할 업무내용을 아는 것은 유능한 직원으로 성장할 수 있는 토대라고 하는 이유가 여기에 있다.

이러한 업무역량은 집중하면서 업무를 수행해 본 경험을 통해 습득된다. 하지만 대학의 교과과정에 포함하지 않고, 조직에서도 교육하지 않고 있어 일부의 조직만이 수행하는 상황이다. 신입직원은 난생처음 조직에 채용되어 업무를 수행한다. 그렇다면 체득의 기회가 많아야 하고 자신이 담당하는 업무에 대한 이해가 높아야 한다. 그래서 신입직원은 상급자의 슈퍼비전을 받으며 해 보지 않은 일이라는 말도 못한 채 업무 수행 절차를 익히고 수행을 위한 보고서 작성 방식 등을 배우는 데 많은 시간을 보낸다. 때론 더 많은 시간이 필요할 수 있다.

따라서 업무성과를 도출하기 위한 방법에 대한 이해가 부족하면 업무수행 절차와 방법을 배우기 위해 전력해야 한다. 때론 야근을 하고 처리 결과가 미흡하다는 핀잔도 들어야 한다. 어쩌면 업무과중을 호소하면서 과중된 부담으로 인해 이직 또는 퇴사할지도 모른다.

이렇듯 심각한 상황임에도 왜 보고하는 방법과 보고의 질을 높이기 위한 방법, 보고를 업무관리 절차에 따라 신입직원과 취업을 준비하는 졸업생들, 근무하는 직원들에게 가르치지 않는 것일까, 그 이유는 간단하다. 그들도 배우지 않았기 때문이다. 문제는 업무이해가 부족한 상황에서 실무가 배제된 이론 중심의 교과서 내용만을 교육하는 것이 더 문제다. 가치는 어느 정도 실무경험이 축적된 이후 습득해야 이해가 쉽고 업무에 적용할 수 있다. 그래서 다수의 상급자는 태도를 평가하는 것이다.

더욱 심각한 조직의 업무교육 실태는 이러한 문제가 드러나고 있음에도 보고업무와 관련된 일체의 교육을 시행하지 않는다는 것이다. 교육부는 지난 2014년부터 전국의 대학에 일부학과를 제외하고는 NCS를 도입하여 실무중심교육을 강화하였다. 실무중심의 교육은 말 그대로 실무 현장인 조직에서 수행하는 직원의 업무를 이해하고 처리할 수 있는 능력을 대학의 교실에서 배우고 익혀, 졸업 후 취업한 조직의 업무를 수행할 수 있는 역량을 강화하는 데 목적을 두고 있다. 그렇다면 신입직원들에게 조직에서 수행하는 업무이해를 높이기 위해 서류작성 방법과 작성된 서류를 상급자에게 보고하는 방법을 가르쳐야 한다. 업무절차에 따라 업무를 처리하는 방법을 교육과정 중에 교육해야 한다.

하지만 이를 적용하는 것이 그렇게 녹록지 않다. 왜냐하면 대학은 학문을 가르치면서 지식을 갖추는 것이 목표이고, 기본이 되는 지식을 전수하고 교육하는 공간이기 때문에 실무 현장 업무를 수행하는 것은 사실상 불가능하기 때문이다. 또 다른 이유는 조직의 다양한 업무를 강의실에서 강의하는 것이 제약이 있고, 현장에서 직원이 직면하는 상황을 재연하여 업무를 교육하는 것이 불가능하기 때문이다.

그럼에도 불구하고 현장중심교육은 매우 중요한 화두인 것은 분명하다. 산업현장과 대학의 간격을 어떻게 줄일 것인가에 대한 방법을 모색하면 대안을 마련할 수 있을 것이다. 그래서 많은 학과의 교수들은 조직과 MOU를 체결하고, 산업체 전문가를 초청하여 특강을 실시하고 있으며, 현장방문과 현장실습을 강화하는 등 방법을 마련하는 데 전력한다.

무엇보다 중요한 것은 업무수행의 근간이 되는 보고를 구두로, 문서로, 유선으로, 메일 등으로 업무를 잘 수행하도록 교육해야 한다는 것이다. 업무수행은 조직에 속한 모든 직원의 기본 역할이기 때문에 하루의 업무를 보고로 시작하고, 보고로 마무리하는 직원의 역할임을 감안하면 보고방법은 직원의 업무능력을 드러내는 것이며, 업무관리 절차에 따라 보고하는 것은 업무능력과 결부된 매우 중요한 것임을 알 수 있다.

(3) 이론과 실무가 다르다는 항변

조직에 채용되면 강심장이 아니고는 모든 상황이 새롭고 적응해야 한다는 부담으로 인해 긴장하는 것이 일반적이다. 조직의 상황과 업무를 이해하기까지 이러한 긴장은 계속된다. 업무파악을 하면서 적응해 가는 것이다. 즉 신입직원 시절은 모든 것이 낯설고 생소하여 자발적으로 업무를 수행하기보다 동료들과 상급자가 얘기하는 것조차 이해하기 어려워 대부분 알려 주는 것을 수동적으로 처리하는 수준에서 에너지를 쏟는다. 자리에 앉아 있는 것조차 부담이기 때문에 지시는 받지만 무엇을 하라는 건지 알 수 없는 공황상태에 빠진 것과 같은 힘든 시기다. 사실 무엇부터 해야 할지 모른다는 것이 적절한 표현일 것이다.

상급자가 업무의 수행방법과 절차를 알려 주어도 수행에 어려움을 겪는 시기가 신입직원 시절이다. 여기에 더해 "내일까지 파악해서 보고하세요."라는 이 한마디에 밤을 새워야 한다. 기안문서의 작성조차 버거운 상황에서 신규사업기획안을 제출하라는 지시를 받는다면 제대로 수행할 수 있겠는가? 그런데도 해내야 한다.

2) 보고업무 연수 진행

직원이 경력이 있다 해도 새로운 업무를 맡게 되면 어려움을 겪기는 마찬가지다. 상급자로 승진하여도 초임상급자가 겪는 어려움은 신입직원의 경험과 유사하다. 이를 최소화하고 업무를 수행할 정도의 역량을 갖추기 위해서는 보고방법을 가르치는 것 외에는 없다.

(1) 운영시스템 이해

사실 신입직원 시기에 업무를 부여하는 것은 무리다. 담당 업무와 관련된 서류 외에 목표달성에 필요한 자원 등의 파악이 먼저이기 때문에, 조직의 시설물 현황, 사업유형, 목표, 부서현황, 특화사업 등 전반적인 사항을 이해할 수 있도록 알려 주어야 한다. 조직에 대한 기본현황을 충분히 설명한 후 이해가 되었을 때 업무이해를 높일 수 있도록 연수프로그램을 진행하는 것이 도움이 된다.

연수프로그램에서 가장 중요한 것은 부서별로 운영목표를 명확하게 제시하고 부서 간 회의체계 및 업무진행현황, 업무공유체계 등 조직의 상황을 이해하는 것이 먼저다. 이를 통해 부서 기능과 사업상황 및 협조 등 업무절차 교육과 회의체계를 이해시켜야 한다. 직원들과의 업무협의 및 협조체계 시스템 또한 이해해야 한다. 부서 협조를 위한 회의체계를 소개하고, 회의참석자와 회의목적, 회의시간과 장소 외에 의사결정구조 등을 숙지하게 한다. 회의는 참석자와 유형에 따라 소개하는 것이 적절하다.

회의 준비 사항 또한 이해할 수 있어야 한다. 이를 통해 참여할 회의유형과 시기 등을 파악하고, 부서회의 및 최고관리자가 참석하는 회의성격과 의사결정구조 외에 각각의 회의 준비사항을 숙지하게 한다. 담당하는 업무에 필요한 사항을 준비할 수 있어야 하는데, 직원이 참여하는 회의유형과 시기, 회의 시간, 장소 등이다.

(2) 부서의 기능과 목적, 진행되는 업무의 성격 설명

조직은 운영 목적에 따라 부서를 조직화하여 운영하는데, 부서화는 조직의 업무량에 따라 차이가 있다. 부서별로 운영목적에 따라 목표를 수립하기 때문에, 부서별로 OT를 시행하고 핵심목표를 숙지할 수 있도록 교육한다. 메모는 업무성격을 이해하는 데 크게 도움이 된다. 신입직원이 이해할 수 있는 수준에서 부서 운영과 부서별로 연계되는 사업 등을 소개하는 것도 방법이다. 사업계획서를 검토하게 하고, 한 해 동안 시행되는 사업을 이해할 수 있도록 소개한다. 또한 개인과 관련한 공통 업무와 관련된 업무를 소개한다.

이러한 교육을 마친 후 부서의 고유업무와 부서장 및 차상위상급자의 역할과 담당 업무를 설명한다. 부서의 시기별 사업과 참석자 유형, 지난 연도 실적 등 진행사업을 일정별로 설명한다. 부서별로 직원들의 직급과 담당 업무, 주요사업을 간략하게 요약하여 제시한다. 특히 사업 참여자에 대한 사항은 반드시 이해시켜야 한다.

(3) 상급자의 성향과 최고관리자의 관심사항 전달

최고관리자가 기대하는 바와 유능성을 발휘하기 위한 방법에 대해 많은 상급자와 동료들이 관심을 두지 않고 신입직원이 채용되어도 알려 주지 않는다. 업무처리 방식, 업무를 관리하는 방식, 인정받는 방식, 최고관리자의 성격, 유능성을 발휘하여 인정받는 보고 등을 설명하지 않고 알아서 하라는 식이다. 그래서 일부의 직원들은 업무지시 등이 일관성이 없어 업무처리에 혼선을 겪는다.

최고관리자의 업무스타일은 상급자의 업무처리 방식에 영향을 미치고, 또한 직원들의 업무수행에 영향을 미친다는 점에서 최고관리자의 업무스타일을 소개하는 것은 업무처리 방식을 이해하고 습득하게 한다. 여기에서 중요한 것은 최고관리자와 상급자의 관심사항을 이해하는 것이다. 업무태도, 사업시행 중에 주목하는 사항 등이다. 따라서 최고관리자와 상급자가 관심을 두고 업무를 처리할 때 요구하는 것들이 무엇인지 등을 파악한다면 업무처리가 용이해진다.

따라서 자신의 업무처리 방식을 점검해야 하고 지식과 기술을 습득하는 데 시간을 투자하면서 유능한 직원임을 드러내기 위해 최선을 다해야 한다.

(4) 조직의 성공사례와 실패사례 공유

성과를 매우 중요한 것으로 얘기하는 많은 상급자들이 실패를 얘기하지 않거나 거론조차 하지 않는 이유는 치부라고 생각하기 때문이다. 성공하기 위해서는 준비가 필요한데 철저한 업무관리를 통해 성공을 목표로 하였던 과정의 준비가 철저해야 한다. 따라서 성공하기 위한 선임 담당자나 상급자의 준비과정은 신입직원에게 도움이 된다. 실패 또한 매우 중요하다. 직접 겪는 것은 아니지만 선임이 실패를 거울삼아 성공의 기회로 삼는 것을 듣고 또 지켜보며 성공한 비결을 배울 수 있기 때문이다.

그럼에도 많은 상급자들이 자신의 실패경험을 얘기하지 않는다. 실패를 통해 얻은 교훈을 설명하지 않는 것이다. 성공한 경험 또한 갖고 있지만 자신이 성장하게 된 계기와 성취한 것들을 제시하지 않는다. 그러나 상급자의 경험은 분명 신입직원의 업무수행을 위해 뼈저린 교훈이 되어 지혜를 선물하고 힘든 일을 겪을 때 능동적으로 대처하게 하는 에너지를 준다. 그러므로 상급자의 실패와 성공의 경험은 초임직원의 업무수행 방향을 안내하고 알게 한다.

많은 사람이 성공했는가라고 물어보면 대개 성공하기 위해 열심히 살았다고 말한다. 그럼 실패의 경험이 있는지를 물어보면 그렇다는 대답을 많이 한다. 실패해서 어떻게 극복했는지를 물어보면 극복하기 괴로운 것이라고 하며, 여기에 더해 문제가 또 다른 문제를 만들어 괴로웠다는 식으로 이야기한다. 단순하게 생각한 일이 큰일이 되었고, 기회를 놓쳤거나 하지 말아야 할 일을 섣불리 판단해서 가족들이 무척 힘든 시간을 보내었다는 둥 지금의 성공을 실패의 경험 때문에 이룰 수 있었다는 것을 얘기한다. 이와 같은 경험을 한두 가지는 겪었을 것이다. 분명한 것은 실패의 경험은 성공을 위한 도약이어야 하고 실패를 교훈삼아 더 많은 노력을 해야만 성공할 수 있다는 것이다.

(5) 조직의 성공사례 전파

독자는 현재의 조직에 입사하였던 계기가 무엇인가? 조직에 입사하기 위해 어떤 노력을 하였는가? 관련 자격증을 취득한 후에 사회생활을 하기 위해서는 조직에 소속되어야 한다. 그래서 사람들이 조직에 소속되기 위해 고군분투하고 있다는 것을 알 수 있는데, 그 방법 중 하나가 직원을 채용한다는 구인공고를 보는 것이다. 채용공고를 낸 조직에 지원하는 지원자 수가 예전과 다르게 평균경쟁률이 50대 1을 넘는 것 또한 사회적으로 안정된 생활을 할 수 있는 직업을 선호하는 경향 때문일 것이다. 사실 이러한 사항은 매우 심각한 한국사회의 불안을 조장하는 문제로 부각되었다. 그만큼 사회적으로 인정받는 직업군을 많은 사람이 선호하고 있다는 의미일 것이다. 이러한 현상은 직업적 안정성과 미래 보장성은 사회적 보장으로 이어진다는 것을 의미한다.

누구나 직업을 선택하면서 내일에 대한 희망과 비전이 없다면 선택하지 않는다. 누구나 직업을 선택하면서 안정적으로 일하고 그만큼 보상이 있는지를 고려한다. 그래서 원하는 조직의 정보를 얻기 위해 고군분투한다. 대개 홈페이지에 게시된 정보, 지인을 통해 알게 된 사항, 주변의 평판, 사회적 인식 등의 정보를 수집한다. 지인을 통해 정보를 수집하기도 한다.

하지만 홈페이지를 검색하면서 정보를 수집하는 것이 전부일 수 있는데 이러한 방법으로 정보를 수집하는 것에 제약이 걸리지 않도록 홈페이지의 구성요건, 정보제시, 활동사항, 사진의 게시 등은 지역의 주민들을 비롯하여 해당 조직의 수준을 평가하는 매개로 이해하기 쉽게 정보전달 기능을 강화해야 한다.

따라서 조직의 성공사례는 친화적으로 이해하기 쉽게 설명하는 등 아주 단순해야 한다. "우리 조직은 구성원들의 복지를 위해 노력하고 있습니다."라는 식의 안내는 그동안의 노력을 타인의 것으로 만드는 홍보다. 보다 구성원 친화적으로, 게시하는 것이 더 나은 홍보방법이다. "직원을 최대의 고객으로 지향하는 ㅇㅇ사입니다. 우리의 가족이 된다면 일생동안 안정된 생활을 위해 최선의 복지혜택을 누릴 수 있습니다."라는 식의 홍보는 신입직원을 채용하면서 깊은 인상을 남길 것이다. 직원을 채용하는 것은 한 명의 직원을 채용하는 것이 아니다. 그 직원의 가족이 있고, 그가 소속된 지역의 이웃들이 함께하는 것이므로 회사의 이미지 향상에 많은 기여를 한다. 한국적 정서를 고려하라고 강조하고 싶다.

(6) 조직문화형성에 기여하는 방법 교육

신입직원 시절을 어떻게 보내느냐에 따라 평생의 업무태도가 형성되기 때문에 역량을 강화하는 방법과 가치적인 관점을 알게 해야 한다. 중요한 것은 조직의 문화를 이해하고 긍정적인 관점에서 좋은 문화를 만들겠다는 가치적인 태도를 갖추게 해야 한다.

조직 문화는 조직에 속한 사람들에게 익숙해진 업무습관으로 개인에 의해 형성되고 조직전체에 영향을 미친다. 습관은 의식적이고, 무의식적으로 표현되는 태도에 관한 것으로 좋은 태도를 형성하기 위해 알려 주어야 한다. "나들이는 언제 갑니다. 우리는 매월 회비를 내어 직원들이 회식을 통해 서로의 의견을 나눕니다. 어려운 상황에 처하면 누구에게 조언을 받을 수 있습니다." 등등 이런 것들을 가르치라는 것이다. 사소한 것으로 볼 수 있지만 가르쳐야 한다. 그래야만 일체감을 형성하기 위해 해야 할 역할을 알게 되기 때문이다.

13장

보고업무 관리와 조직화

학습목표

1. 보고업무체계를 구축하고 활용할 수 있다.
2. 업무능력을 향상하기 위한 태도와 기술에 대해 설명할 수 있다.

1. 보고업무체계 구축

1) 업무목적 설정

많은 사람이 생활의 편의를 위해 제품을 구매한다. 그렇다면 조직에서 생산하는 제품이 구매력을 갖도록 분명한 목적을 설정하고 소비자의 편에서 사고하는 인식의 전환이 필요하다. 사고의 전환이 필요한 때에 주저하고 또는 망설이게 되면 낭패를 보는 것은 물론 어려운 상황에 처해질 소지가 많다. 사고의 전환이 필요한 때에 자각하지 않고 그대로 방치하였기 때문에 문제개선이나 생활의 불편을 초래하는 등 현안해결을 하지 못하는 것이다. 이런 사고의 전환을 하지 못하게 되면 성장하지 못하고 소속된 조직 또한 발전하지 못한다. 가장 힘든 시기가 기회라는 말! 가치 있게 생각하고 노력하라는 이유는 언젠가 기회가 올 것이라는 기대 때문이다. 잘될 것이라는 마음가짐이 어려움을 이겨낼 힘을 제공한다. 무엇을 할 때는 자기 확신을 갖고, 그것을 지지할 대상이 있어야만 어려움에 직면하더라도 이겨낼 수 있다.

자신의 잠재력을 알고 개발하기 위한 준비가 필요한데 노력만으로는 부족하다. 다른 사람과 차별된 능력을 갖추어야 한다. 목적을 분명히 하고 더 나은 미래를 위한 준비가 더 필요하다는 것이다. 따라서 자신만이 수행할 수 있는 업무 전문성을 갖추고 해당 분야에서 뛰어나야 한다. 뛰어나다는 것은 독특하고 특출 난 역량이다. 이는 전문 지식과 전문가의 체감된 임상 기술로 전문가의 소양에서 축적된 태도를 통해 드러난다.

여기에서 중요한 것은 '왜'라는 궁금증을 갖고 있는 동료, 또는 상급자의 고민에 적합한 답을 제시할 수 있어야 한다는 것이다. 왜 힘들면서 무엇 때문에 하려는가? 목적이 무엇인가? 왜 자신에게만 이런 일이 자꾸 반복적으로 생기는가?라는 질문에 답할 수 있어야 한다. 업무를 수행하는 이유는 무엇인가? 업무를 수행한 후의 결과는 무엇인가? 동료와 상급자, 부서와 조직에 유익을 끼쳤는가? 등 목적이 분명해야 한다. '왜'라는 목적을 찾아야만 성취감 또한 높아지기 때문에 현재의 업무수행은 분명한 목적을 설정한 상태에서 이루어져야 한다.

2) 집단의 위계구도 재정립

변화를 계획하는가? 그러면 자기 이해가 확신될 때 시작하라. 망설이면서 무엇을 해야 할지 막연하고, 누구를 만날지 고민하게 되는가? 조용히 혼자만의 시간을 갖고 예전에 보았던 기억에 남는 도서를 다시 읽어 보라.

(1) 선임자와의 관계 정립

도움을 얻을 수 있는 대상을 찾고 격려할 수 있는 선임자 간의 관계를 정립해야 한다. 직장생활을 하면서 비생산적인 활동에 에너지를 쏟을 때가 종종 있다. 동료의 비협조, 상급자의 무리한 요구, 성과 도출을 위해 야근을 하거나 밤을 새워야 하는 현실이 직원의 고충이다. 열심히 하였지만 생각한 것보다 성과가 없다면 분명 이유가 있다. 이런 것들만 직장생활의 어려움인가? 더한 힘듦은 언제나 우는 사자와 같이 달려든다. 그래서 스스로 극복해야 할 것도 있지만 동료와 부서장이, 상급자의 격려와 지지가 절실할 때가 있다.

도움을 얻을 수 있는 대상이 없다면 도움을 준 사람들을 생각하는 것이 도움이 된다. 누가 생각나는가? 친구, 동창, 부모님 등 도움을 준 사람이 분명 있을 것이다. 힘든 일을 겪을 때 도움을 준 사람은 누구나 있다. 연락을 안 했던 것, 만나지 못했던 것, 연락이 왔지만 만나지 못했던 것 등 많은 생각이 들 것이다. 용기를 내어 수화기를 들 때 반갑다고 인사를 해 준 그가 고마운 친구다. 오랜만에 감동의 시간을 다시 보낼 것이다.

Tip 관리자의 갈등 중재와 의사소통의 중요성

견디기 힘든 상황은 협조가 이루어지지 않는 데서 발생한다. 동료, 상급자 간에 협조가 안 되어 갈등하고, 갈등이 지속되면 분명 힘든 상황이다. 더 생산적인 관계에서 합심해도 부족한 지금, 분쟁하고 갈등한다면 성과는 고사하고 사적 감정에 매몰되고 만다. 대개 조직의 운영체계가 관계적이고 구두로 이루어지는 조직이 직면해 있는 상황에만 몰입하는데 상급자의 중재가 없거나 알아서 하라는 원칙을 무시하는 조직이 이런 상황을 많이 겪는다. 문제는 상급자의 업무스타일이 이런 상황에 더 많이 영향을 미친다는 것이다.

성급한 상급자는 갈등이 지속되는 상황에 급하게 개입한다. 규정대로 조치할 것이고 갈등 상황이 당장 개선되지 않으면 인사규정을 통해 조치하겠다는 으름장을 놓는다. 이는 잘못된 개입이다. 왜냐하면 이런 식으로 개입하면 당장의 상황은 잠잠해지겠지만 앙금이 남게 되어 매일 협의하면서 업무를 처리하는 직원들의 관계만 악화된다. 상황이 나아지기보다 갈등상황만 더 커지는 것이다. 권한과 직위를 통해 중재하는 것은 권위를 무기삼아 개입하는 것이므로 적절한 개입이 아니다.

조직의 소통체계는 직원들의 강점에 기반한다는 점에서 명확한 의사소통 체계가 시스템으로 구축되어야 한다. 또한 협의 및 협조 기능을 강화해야 한다. 각각의 역할과 활동이 다름에도 일원화된 구조로 운영될 수 있는 것은 원활한 의사소통 때문이다. 따라서 갈등상황을 예방하고, 갈등이 발생했다 해도 의사소통 체계가 구축되었다면 조기에 해결할 수 있다.

(2) 집단의 위계 활용

직원은 종종 하기 싫고 피하고 싶은 업무를 배정받을 때가 있다. 그렇게 배정된 업무를 처리하기 위해 무척 애를 쓴다. 어렵게 해낸 일이 결과물이 미흡하고, 또는 성과가 없어 자책할 때도 있다. 그렇다고 이러한 업무를 다시 배정받지 않으리란 법이 없다.

직장에서의 업무배정은 최고관리자의 권한이다. 부당하다고 하여 항변하지 못하는 이유이다. 직원이 조직에서 살아남기 위해서는 위계를 활용하는 것이 한 가지 방법인데 위계는 더 강화될 뿐 퇴보하지 않는다는 점에서 승인받기 위해서는 보고를 준비해야 한다. 퇴행은 경직, 즉 강압적인 상급자의 성향이 영향을 미쳤다는 것으로 성공한 사례가 있다면 위계가 관리로 강화되었다는 것이다. 따라서 자신의 직위에 걸맞은 역할을 이해하고 관계를 맺어야 할 대상이 누구인지를 파악하고 관계할 방법을 모색해야 한다. 상급자의 권한을 역할 수행에 도움이 되도록 협조하게 만들어야 한다는 것이다.

Tip 분명한 확신의 중요성

무엇 때문에 일을 하는가라는 질문을 받는다면 무어라고 답할 것인가? 우리는 무언가를 위해 애를 써도 채우지 못하는 무언가에 의해 또다시 무언가를 해야 한다. 인생을 살아가면서 모름에 관한 답을 찾기 위해 애를 쓰는 사람도, 찾았다는 사람도 계속 도전하는 이유는 한 번의 성취에 또 다른 성취를 더하기 위해서인듯하다.
어떻게 살아야만 풍요로워지는가? 이 답을 찾기 위해 평생을 고민하면서 살아가는 존재가 인간일 것이다. 진정 고민해야 할 것은 나만이 할 수 있는 것을 찾는 것이다. 왜 살아야 하는가가 아니라 직원의 할 일이 지금 무엇인가라는 의미를 알고 더 행복하기 위한 방법을 알고, 행복하기 위해 무엇을 시도해야 하는지를 깨달아야 한다는 것이다. 지금의 직장에서 말이다.

3) 정보 확산 체계 구축

직원의 업무초점은 명확해야 한다. 수행할 업무에 대한 뚜렷한 목표의식을 갖고 업무를 수행한다. 업무대상이 누구인지를 명확히 한다. 그들이 필요로 하는 것이 무엇인지를 파악한 후에 그들의 필요를 채우기 위해 업무를 수행한다는 관점에서 자료를 수집하고, 수집된 자료를 분석해서 필요한 도움이 무엇인지를 분명하게 규명한다. 분석된 자료를 저장하고 업무를 수행할 때마다 반영하고 응용한다.

수집된 정보는 정보로 활용될 때 가치가 있듯이, 가치 있는 정보는 동료와 주변에 확산되어야 하고 협조를 받을 때부터 의미 있는 자료로 활용된다. 하지만 습득한 정보가 중요정보임에도 보관만 한다면 활용되지 않는다. 정확한 정보를 얼마나 신속하고 빠르게 습득하느냐에 따라 정보의 질이 달라지고, 조직에 영향을 미친다는 점에서 정보습득 및 관리는 직원의 중요한 역할이다.

4) 업무관철과 구성원의 이해 촉구

성공적으로 업무를 수행하는 직원은 업무에 자신감을 갖고 있다. 그래서 자신감이 있는 직원은 조직 내의 역할과 업무역량을 상급자가 알도록 즉시 보고하고 업무를 수행하면서 능력을 인정받기 위해 자료를 수집하는 등 준비가 철저하다. 이러한 철저한 준비를 통해 상급자에게 수행하려는 업무에 대한 높은 성공, 즉 업무를 관철시킨다.

본인이 수행하려는 사업과 업무를 지원하도록 만드는 것이 업무관철이다. 업무관철은 상급자의 인정에 의한다. 업무가 성공할 것이라는 확신을 주기 위해 필요한 자료를 수집하고 분석한 후 실행 가능성이 크다는 것을 제시하여 설득하는 것이다. 이를 가능하게 하기 위해서는 충분한 정보를 확보하고 수집한 자료를 자기화하여 본인의 보고방식에 적용해야 한다. 상급자의 마음을 움직이는 보고(정보제공)는 정보의 질이 높고 필요한 정보다.

5) 업무협조체계 구축

직원은 주민, 관계된 사람들을 항시 대면하면서 이끌어 가야 하고 그들의 활동을 독려하는 등 리더 역할을 수행해야만 업무능력을 인정받는다.

업무를 수행하다 보면 동기가 없어 학업을 포기한 학생, 취업할 의지를 갖지 못해 주저하는 청년, 일이 없어 취업을 포기한 중년 가장 등 자신의 문제를 해결할 수 없는 여건에 처해 있는 이들의 상황을 알게 된다. 그들은 열심히 살았지만 도움을 받을 만한 곳이 없다. 자력으로 극복하기에는 한계가 있기 때문에 누군가의 도움이 필요하지만 때로 혼자서 모든 것을 해결해야 한다. 이런 사람들이 일할 기회를 찾고, 학교로 돌아가고, 취업을 하겠다는 의지를 갖는 것은 긍정적인 에너지를 누군가에게 제공받았기 때문이다.

하지만 동기를 부여하였다 하여 모든 어려움이 개선되는 것은 아니다. 사실 많은 사람이 누군가의 도움을 통해 당면한 문제를 개선하기는 하지만 도움이 없는 상황에서 극복하지 못해 또 다른 어려움에 처해지기도 한다. 여기에서 중요한 것은 자립하고 자조적으로 생활할 수 있는 상황까지 이끌어 가는 그 사람이 리더가 된다는 것이다. 한 번의 도움은 누구나 할 수 있다. 하지만 지속적인 도움 제공은 의지가 있어야 하고 정말 그 사람을 돕겠다는 신념이 있어야만 가능하다.

업무를 처리하면서 여러 어려움에 직면해 있을 때 상급자 또는 동료로부터 도움을 받았다면 정말 고마움을 느꼈을 것이다. 하지만 또다시 비슷한 어려움에 처해지지 말라는 법이 없다. 업무를 하는 데 있어서 어려운 일에 부딪히는 것은 자연스러운 일이기 때문이다. 더군다나 현실이 녹록지 않고 배우고 익혀야 할 것이 많기 때문에 원활하게 업무를 수행할 수 있을 때까지 상사나 동료에게 일정기간 지속적인 도움을 얻는 것이 필요하다. 업무를 처리하는 절차이해, 상급자에게 보고하는 방식, 수행해야 할 업무에 대한 성과 도출 방법, 고객을 만나 설득하는 기술 등은 당장 얻어지는 것이 아니기 때문이다.

따라서 조직의 지원을 받는 것은 현명하게 일을 처리하는 방법이다. 이끌어주는 업무절차에 따라 최고관리자의 승인을 받은 후 협조받을 부서의 담당자에게 공식적인 지원임을 통보하고 협조해야 할 책무가 있다는 것을 알리기 위해 문서를 생성하여 공람을 받아야 한다. 문서화는 공적업무 수행의 기본이 되는 기안문서 작성에 의한다. 여기까지 진행되면 공적지원 사항을 확정한 것이다.

하지만 지원 사항을 효율적으로 수행하기 위해 동료 및 부서장 간의 긴밀한 협의체계를 구축해야 하고 이렇게 구축된 협의체계를 가동해야 한다. 필요한 지원의 효과를 높이는 협의체계의 가동은 시행 전 사전준비와 협조사항, 진행 과정에서 필요한 지원을 시행하고, 드러난 장애물의 제거 및 상대의 반응을 일으키고 변화를 촉구하는 등 지원체계 마련 외에 역량 강화를 위해 실행된다. 종료단계는 당초계획을 토대로 지원 사항을 종합적으로 평가하고 지원하였던 사항이 성과 도출에 긍정적으로 영향을 미쳤는지 등을 점검한다. 따라서 좋은 직원은 관계하는 사람들과 긍정적인 관계를 맺고 원만한 관계를 유지하기 위해 그의 입장에서 생각하고 원하는 기대를 현실화시킨다.

협조는 원하는 기대를 바라는 것으로 필요한 것을 채우는 충족을 말한다. 이는 동료들과 협업하는 중에도 마찬가지며, 현실에 필요한 업무요구와 기대를 적극적으로 대처하기 위한 그의 태도와 모습을 통해 바로 확인된다.

2. 보고업무관리

1) 구성원의 신뢰구축

조직에 근무하면서 이렇게 회의가 많은지 의아했을 것이다. 하루 종일 회의를 하다 마친 날도 있어, 무슨 회의를 했는지 모를 정도로 정신없이 보낸 적이 있을 것이다. 상시적으로 회의를 하지만 아이디어가 고갈되어 상급자의 기대에 부응하지 못해 미안할 때도 있었을 것이다. 더 좋은 서비스를 제공해야 한다는 마음을 갖지만 생각처럼 되지 않았던 경험도 있었을 것이다.

그럼에도 업무에 대한 성과를 도출하지 못하는 직원은 도태된다. 질적으로 높은 수준의 결과물이 없는 직원 또한 마찬가지다. 역할을 수행하지만 결과물이 없는 직원은 분명 문제가 있는 것이다. 말로 마치고 업무를 수행하지만 성과 없는 일에 매진하는 직원은 좋은 직원으로 평가받을 수 없다.

업무성과를 높이고 결과물에 대한 기대성과를 충족하지 못하면 그는 더 이상 유능한 직원으로 인정받지 못한다. 이런 식으로 업무를 수행하는 직원은 해야 할 업무이해가 부족해서다. 그래서 회의에서 논의된 의견을 주고받은 후 이 정도면 될 것 같다는 얘기로 마친다. 부서의 지원은 활동에 비해 지원할 수 없는 것들이 많아 수행할 업무에 대한 준비가 부족해서다.

조직은 성과 도출이라는 과업이 있기 때문에 한 번의 행사와 같은 활동으로는 구성원을 결속시킬 수 없다. 최고관리자가 '봉사하고 남을 돕자, 우리 조직이 사회에 봉사하는 기회로 삼자'고 직원들을 독려하며 조직의 결속력을 다지려고 한다면 구성원들에게도 활력을 찾는 등 도움이 되겠지만, 사실 도움이 필요한 사람들의 삶을 논의하는 것으로 마치는 것에 불과하다. 이러한 활동보다 더 중요한 것이 상급자가 부하 직원에게 하는 태도가 예의바르고 친절하면서 존중받을 수 있다는 인식을 갖게 하는 것이 더 구성원을 결속시킨다. 이를 조직 내부의 서비스로 정착시키면 동료와 직원 간에, 상급자와 부하직원 간에, 최고관리자와 전체 구성원 간에 더 친밀감을 느끼고 신뢰를 구축한다.

2) 보고대상 분석

분명 보고는 설득하기 위한 정보의 가치가 충분하게 전달되어야만 상급자의 승인을 받고 시행된다. 이런 점에서 보고의 대상은 자신의 업무정당성을 드러내기 위한 관문이다. 이 관문을 통과하지 못하면 시행도 없고 추진도 없다. 따라서 지원을 받기 위해서는 사전 준비가 철저해야 한다.

더욱이 설득하는 보고는 업무추진의 실행이유가 된다는 점에서 승인을 위한 필수과정이다. 따라서 보고를 잘해야 한다. 상급자를 설득해야만 동료의 협조와 조직의 자원을 활용할 수 있고 성과 도출은 물론 업무를 추진할 수 있기 때문이다.

Tip 자기중심적인 직원의 부정적인 업무처리

개인의 이익을 위해 일하는 직원은 어느 조직에나 있다. 그들은 조직의 운영을 방해하고 비슷한 유형의 직원들과 부정적인 것들을 공유하면서 조직을 와해시키는 데 결정적인 역할을 한다. 자신 외에는 관심을 두지 않기 때문에 동료에게 신뢰받지 못하고, 부정적인 생각을 공유하는 직원들끼리 논의하는 등 비판의 주동자로 음성적으로 모인다.
동료를 배려하지 않는 직원의 논의는 뻔하다. 동료를 배려하지 않고 필요한 정보도 없다. 사소한 얘기를 하면서 시간을 보내기 때문에 조직의 과업과 부서의 업무에 관심을 보이지 않는다. 협의되지 않은 사안을 고집스럽게 추진하기 때문에 성과와 관련 없는 일에만 관심을 두는 것도 특성이다. 중요업무임에도 협의 없이 처리하고 자신의 방식대로 추진하기 때문에 업무성과를 기대할 수 없는 것이다. 이러한 업무처리가 만연되면 부서운영뿐만 아니라 업무가 실행되지 않는 등 성과 도출에 실패하게 된다.

3) 업무협의 적시성 강화

조직의 상황을 파악하는 것이 현명하다. 분장된 업무의 협의 수준을 파악하고 안건의 적정성, 협의시간, 협의 장소와 협의 결과를 확인한다. 이제 직원들의 업무수행역량을 확인해야 하는데, 기안의 생성요인을 분석하고 내용의 수준과 결과, 보고기일을 지키는지를 확인한다. 해당 업무에 대한 사명감을 갖고 임하는지도 파악한다.

한편 업무수행의 질은 개인의 성과에 의하기 때문에 업무이해가 높아야 한다. 연간, 반년, 분기, 월, 주간, 일일업무 및 수행사항을 확인하고, 업무수행계획의 적정성과 일정으로 반영할 수 있는지를 검토한다. 또한 실현가능성을 확인한다. 이를 통해 해당 업무의 성과를 예측하고 진행과정에서 협조사항과 협의 사안을 확인하면 실행될 가능성이 높아진다.

업무수행의 전제는 협의에 의한 합의고, 합의된 안건은 부서의 업무로 개발된다. 따라서 합의되지 않는 업무는 추진을 하더라도 성과가 불확실해진다. 조직의 모든 업무는 직원 개인이 주체가 되지만 협의하게 될 때부터 시너지를 낳는다는 점에서 협조가 필수이다. 협조대상은 동료를 비롯하여 관계된 사람들이며, 특히 상급자와의 업무협의는 보고를 통해 진행된다는 점에서 적절한 정보를 보고를 통하여 협의를 구하고 합의된 사항을 시기적절하게 시행하는 것이 관건이다.

Tip 지역사회에서 인정받지 못하는 조직

업무를 수행하면서 생각지도 못한 얘기를 들을 때가 있다. 자신과 상관이 없는 일임에도 조직에 소속되었다는 이유만으로 평가절하된 경험 말이다. 업무를 처리하면서 판단에 오류가 생겨 문제가 발생하거나 처리를 지연하여도 미안하다는 얘기를 하지 않는 시대다. 더욱이 소속된 조직이 횡령과 같은 부정행위를 하였다면 지역사회에서 외면을 당하거나 외근을 나갈 때마다 직원은 주목받을 것이다. 개인적으로 활동하는 경우에도 주변의 시선을 받는다. 이런 식의 업무문화가 만연되어 있다면 분명 후회할 것이다. 대개 직원은 이직이냐, 휴직이냐 등의 문제를 고민하게 된다. 그만큼 조직의 이미지가 중요한 것이다.

4) 성취감 강화 대안 마련

직원이 업무를 수행하는 목적이 무엇인가? 그의 수행업무는 개인적인 업무인가? 부서의 업무로 추진하려는 다양한 시도를 하였는가? 조직의 구성원들이 수행하는 모든 역할은 부서 및 기관에 기여한다. 이 전제를 조직의 차원에서 직원들 개인마다 확신하게 해야 한다.

업무수행의 목적과 성과 도출을 위한 활동은 동료들의 참여가 많아질 때부터 활기를 갖는다. 동료들의 참여가 없는 조직이 존재하지 못하는 것처럼 참여를 촉구하고 활동하게 하는 것은 상급자의 이해 정도에 의해 더욱 가시화된다. 동료들과 함께, 동료들을 위해서라는 식의 조직문화를 중심으로 우리라는 가치를 인식하게 하는 것이 효율적인 조직문화 형성의 전략이다. 하지만 조직의 업무를 구성원들에게 이해하게 하는 것은 한계가 있다. 조직은 직위에 의해 역할이 다르고 조직에 소속감을 갖는 정도에 따라 이해 정도가 달라지기 때문이다. 따라서 구성원들인 직원 개인마다 조직의 위상이 높다는 것을 확신하게 해야 한다. 그래야만 기여할 방법을 찾고 더 노력하면서 대안을 찾기 위해 협업하기 때문이다. 여기에서 중요한 것은 정보제공이다. 하지만 구성원들이 본인의 업무성과 도출에 매진하면서 업무에 필요한 정보를 몰라 도움을 요청하지 못하고, 알지 못해 처리 시기를 놓치는 등 성과 도출을 실패한다. 업무수행에 필요한 정보를 어디에서 얻어야 할지 등 정보가 없어 수행을 주저하는 것이다.

성과를 도출하고 더 인정받는 직원임을 어떤 직원이 기대하지 않겠는가? 어느 직원도 자신의 업무수행이 긍정적이기를 바라고 조직이 번창하기를 기대하면서 업무를 수행하기 바란다. 이를 알리기 위한 조치가 내부의사소통 체계를 마련하는 보고전략이고, 보고의 핵심은 구성원들의 참여를 촉구하고 활동하게 만드는 정보제공에 있다. 직원들은 동료들이 수행한 업무성과를 바라만 보지 않는다는 점에서 자신이 수행한 업무 또한 성과가 높고 더 인정받는 업무수행을 기대한다. 누가 인정받은 직원인지는 이미 발표가 난 시점부터 주변의 동료로부터 들었고 알고 있다.

대부분의 직원들은 이렇게 자랑스런 자신감을 갖기 원한다. 이미 성과가 높은 동료들의 자신감 넘치는 얘기와 태도 등을 통해 확인하였기 때문이다. 성취가 높고, 성취감이 많은 직원은 자신의 경험을 확신하듯 말하고, 긍정적으로 평가한다. 그를 주목하는 직원 또한 부러워하면서 더 성과를 내기 위해 열심을 낸다. 이를 볼 때 성과 도출에 최선을 다하는 직원들이 많으면 부서가 변화되고 결국에는 조직의 조직문화에도 긍정적으로 영향을 미친다. 따라서 성과가 높다는 상급자의 인정 어린 칭찬은 조직의 관리전략이라 할 수 있다.

5) 업무의 성공 가능성 예측

업무를 수행하면서 결정하기 어려운 상황에 종종 직면하기도 한다. 판단하지 못할 때가 있고 판단하기 애매하여 보류할 때도 있다. 물론 상당히 많은 고민을 갖고 해결해야 할 일들은 일일이 열거하지 않더라도 많을 것이다. 수행업무의 성공은 성과를 의미하는데 성과는 진행과정에서 늘 좋은 결과만을 의미하지 않는다. 오히려 부정적인 요인과 방해요인 등 장애물을 해결하고 있는지를 알리는 것이 더 좋은 보고다. 보고할 때는 성과를 보고하고, 장애물을 제거하기 위한 상급자의 개입을 요청하는 방식이 적절하다.

간혹 알아서 처리하라는 지시를 받을 때가 있다. 처리사항과 마감 일자를 확인하고, 재보고하겠다는 것을 얘기한 후에 보고를 마친다. 여기에서 판단할 사항과 어떤 자료를 수집해야 하는지 외에 처리할 사항을 파악한다. 이것을 확인해야만 해결방법을 모색할 수 있기 때문이다. 자료 수집을 즉시 시행하고 지시한 사항을 수행하고 있다는 것을 알리기 위해 중간보고를 한다. 이후 해결된 사항과 미해결 사항을 구분하여 상급자의 개입을 요청한다. 그러면 중재 등을 통해 조치할 것이다.

업무수행은 당초 계획과 달리 예측하지 못한 장애물이 생길 수 있다는 것을 상급자도 알기 때문에 처리과정과 결과물을 주목하는 것이다. 만약 예측한 성과가 도출되지 않거나 성과가 미흡하다면 즉시 개입해야 할지, 또는 좀 더 두고 볼 건인지를 판단한다. 업무기술을 활용해야 하는데, 잘될 것이라는 확신을 제시하는 것도 중요하지만 수행의 어려움을 적극적으로 제안하는 것 또한 중요하다. 이것은 요령이 아니다. 보고된 정보를 자기식으로 이끌어 가기 위해 상급자를 움직이는 보고기술에 해당하기 때문이다.

3. 업무능력 향상과 보고업무

1) 보고업무 전문성 신장

전문성을 갖춰야 살아남는다. 자신의 전문성을 점검하고 역량을 개발하기 위한 미래를 준비해야 하는데 다음의 사항을 검토하면 전문가의 자질과 역량을 갖추게 될 것이다.

(1) 동료의 업무처리 방식 확인

업무처리가 능숙한 직원을 살펴보라. 분명 있다. 매번 단번에 결재를 받고 시행하는 동료가 있다. 평소 업무를 승인받는 준비과정을 살피고 업무처리 방식을 확인한다. 사실 승인받는 직원은 탁월한 것도 있지만 사전에 승인받기 위한 준비가 철저하다. 제시간에 보고하고, 처리과정을 중간마다 열심히 보고한다. 또한 성과를 예측하기 위해 상급자와 수시로 상의한다. 칭찬받는 동료의 승인의 단초가 무엇인지를 확인하고 그의 방식과 나의 준비가 어떤 차이가 있는지를 확인한다.

진급을 하고 성장하는 직원 또한 말을 아끼고, 자신의 수행 업무를 상급자와 동료에게 알리기 위해 노력하고 보고에 투자하는 시간이 많다.

독자는 성공하는 직원으로 성장하고 싶은가? 보고에 관한 자신만의 철학과 원칙을 만들어야 한다. 보고받는 상급자의 업무성향과 스타일을 파악하고 그에 걸맞은 보고방식 또한 찾아야 한다. 이는 자신만이 갖고 있는 탁월한 지식을 통해 영향을 미칠 수 있는 전문가로 성장해야 한다는 의미다. 따라서 상급자에게 인정을 받으면서 유능한 직원으로 영향력을 발휘하기 위해서는 자신의 가치를 인식하고 유능성을 발휘해야 한다.

(2) 확실한 비전수립

비전은 미래를 위한 준비를 통해 성취할 것들을 말한다. 따라서 비전을 품은 사람은 겸손하고 사람들과의 관계가 좋으며, 사람들의 신망을 얻기 위해 노력하고 꿈을 품고 생활한다.

그래서 비전을 품은 사람은 특별하다. 사람을 사귀더라도 긍정적인 미래를 제안하고, 힘들고 어려운 일에 직면하여도 극복하기 위해 노력하고, 인내하면서 사람들의 도움과 동정을 구별하면서 할 일을 찾기 위해 힘쓴다. 대화하다 보면 특별한 도전을 받게 되어, 지금껏 생활해 온 방식과 사고를 바꿔야 한다는 것과 자신의 부족을 채우기 위해 노력해야 한다는 것을 알게 된다. 삶에 애착을 갖는 것은 물론 도전하는 삶을 살기 위해 최선을 다해 준비해야 한다는 것을 사명으로 확신하게 된다.

독자는, 남과 다른 특별한 비전이 있는가? 직원은 생각을 많이 하고, 행동이 앞서서도 안 되며 중도적인 입장을 취하면서 할 일을 찾아 도전하는 청년정신을 가지라는 말에 집착해서는 안 된다. 하지만 생각하고 신중한 태도를 견지하면서 미래를 준비하기 위해 무엇을 준비하는 것은 분명 옳은 논의다.

따라서 지금 하지 않으면 후회할 것이 무엇인지를 고민하면서 실행할 수 있는 자신의 일을 찾아야 한다. 그래야만 비전을 품고 자신의 모습에 걸맞은 미래를 준비할 수 있기 때문이다.

(3) 기대성과 도출

지금껏 다양한 요구를 받으며 생활해 왔을 것이다. 무엇을 기대하며 살았는가? 주변의 요구는 상급자와 동료들의 원함이고, 이러한 기대는 조직에 속하면서 요구받는 것들이다. 상급자의 요구는 당연한 것이며 직원은 요구에 반응해야 한다. 끊임없이 부응하기 위해 무언가를 해내야 한다.

조직은 목적을 통해 움직이는 사람들이 모인 곳이다. 취업한 직장이 적성에 맞지 않아 어쩔 수 없이 다닌다는 말도 할 수 있지만, 사회생활의 성공을 가늠하는 토대이므로 성공하기 위해 노력해야 한다.

상급자가 기대하는 바를 분명히 알고 기대를 목표로 바꾸고 습득한 지식과 기술을 활용하면서 자기 개발에 전력하면서 성장해야 한다. 조직은 분명 취업하기 이전부터 있었고, 이전부터 해 온 나름의 노하우를 갖고 있다. 그것을 얻기까지 분명 기대에 부응해야 한다.

사실, 상급자가 되기까지 많은 관리자들이 어려움을 겪는다. 말단 사원으로 입사하여 주임이 되고, 대리로 진급하고 팀장으로 진급하는 것은 십 여 년의 기간이 필요하다. 물론 인정받아야만 진급한다는 전제가 있다. 진급에 실패하면 일 년의 시간을 또다시 고군분투해야 한다. 과장이 되어 부장이 되고, 국장이 되어 최고관리자가 되기까지는 사실 개인의 역사적 사건으로 이해하는 것이 맞는 것 같다.

지금 일반 사원이라면 차석의 상급자를 대하는 것이 어려울 것이다. 팀장이라면 부장과 미팅하는 자리가 부담스러울 것이다. 상급자는 미팅, 회의시간에 움츠러드는 직원을 주목하지 않는다. 어느 조직도 말없이 묵묵히 자기 일만 하는 직원을 귀중하게 여기지 않는다.

2) 보고업무능력 갖추기

사회 현실은, 사회적 요구를 무시할 수 없는 상황이다. 생애주기에 따라 모든 사람을 대상으로 역할하면서 이제 이러한 방식은 마케팅으로, 홍보 전략으로 자리매김하였다. 때문에 조직의 전략적인 과업은 지역에서 생활하는 주민들의 요구에 부응하면서 조직의 핵심성과를 도출하기 위한 전략을 새롭게 구상해야 한다. 현재를 보면 언제든 서비스를 제공할 수 있게 준비해야 한다는 것이다. 개인의 욕구에 기반하여 맞춤형으로 지원해야 한다는 서비스 요구는 직원의 역할로 인식되었고, 이러한 역할은 조직의 핵심 기능으로 요구받는 것들이다.

자신만이 추진할 수 있는 서비스를 개발하기 위해 업무이해를 높이고 새로운 방법을 구상해야 한다. 평소에 관리해야 할 업무를 수행하기 위해 문서를 검토하고 자료를 수집한다. 선임자가 작성한 문서를 파악하고 계절별, 또는 시기별로 시행하였던 업무를 파악한다. 검토과정에서 문서목록을 만들고, 시행시기와 장소, 참여인력, 예산지원 사항을 메모하되 일정별로 시행 이유 등을 기록하면 업무파악 시기를 단축하는 것은 물론 수행사항을 구별하게 되어 업무파악이 용이해진다. 이러한 준비는 상급자에게 업무이해가 빠르고 필요한 직원임을 알게 한다.

Tip 수요자의 요구사항 반영

안타까운 것은 현대사회의 많은 조직이 잠재적 고객의 발굴에 실패하고 있다는 것이다. 많은 원인 중 한 가지는 물품을 구매한 고객을 대상으로만 제한적인 서비스를 제공하고 있다는 것이다. 많은 사람을 대상으로 홍보를 하지만 조건에 부합해야만 서비스 지원이 결정되는데, 자사 제품을 구매한 사람이 아니라면 서비스를 제공하지 않고 어떠한 조치도 취하지 않는다. 그나마도 일년 내에 구매하였는가, 또한 고객의 중대한 실수로 인해 수리가 필요한가 등을 따져 가며 책임이 고객에게 있다면 서비스 제공을 거절하는 등 제한된 서비스를 제공하는 것이다.

그래서 일부의 고객들은 구매를 후회한다. 심지어는 제품을 확인한 즉시 반품을 한다. 왜 반품이 안 되는지에 대한 항의는 이미 일상적인 것이 되었다. 판매를 하는 데 전력을 쏟았지만 하루도 안 되어 반품하는 소비자의 구매욕구를 상실하게 하는 제품이 과연 제대로 된 제품일까? 이는 소비자의 잘못된 판단으로 보기에는 적절하지 않다. 이런 조직의 제품은 뻔하다. 지역의 사람들에게 두고두고 회자되고 몇 년이 안 되어 경영의 어려움을 겪을 것이다. 주변 사람들인 이웃들과 친척들에게 먼저 회자되어 소문으로 전파되고, 종래에는 지역의 사람 모두에게 부정적으로 인식될 것이다.

디자인이 훌륭하고 멋진 제품이라는 평가는 오직 구매한 사람들의 만족에 의한다. 구매하고 싶고, 구매를 결정한 소비자가 더 사용하고 싶은 욕구를 유발하지 못하는 제품을 누가 더 구매하려 하겠는가? 이러한 판단은 누구나 하는 것이다. 결국 소비자의 입장에서 제품을 생산하고 판매하는 기업만이 도태되지 않는다는 점에서 고객의 편에 서야만 좋은 기업으로 인식될 것이다.

3) 보고업무역량 강화

보고를 실패한 직원은 성공하기 어렵다. 조직에는 다양한 사람이 있고 그 가운데 일부, 아니 단 한 명만이 진급하여 결재할 수 있는 권한을 부여받기 때문에 진급의 대상이 아니라면 여전히 결재받기 위해 보고하는 위치에 머무른다.

많은 직원들이 보고원칙을 이해하지 못해 상급자의 기대에 부응하는 보고를 못해 어려움에 처한다. 보고에 실패하기 때문이며 극복하지 못한다면 매일 실패를 겪을 수밖에 없다. 실패는 개인에게 상처가 되어 업무를 수행할 동력을 상실하게 만든다.

보고가 무엇인가? 지금까지 논의한 사항을 토대로 생각해 보라. 보고는 승인받기 위한 업무수행의 결과에 대한 상급자와 동료들의 반응을 확인하는 업무절차로 상급자와 동료를 행동하게 만들기 위한 결과물 도출이 목적이다. 따라서 인정받는 인물로 두각을 나타내기 위해서는 능력과 결부된 개인의 역량을 강화해야 한다.

한 해의 시작을 보고과정에서 질타와 미흡하다는 핀잔으로 시작한다면 많은 노력을 하여도 실수가 많은 직원이라는 오명을 벗기 어렵다. 그러므로 보고를 성공시켜야 한다. 결론부터 보고하고, 지시 사항을 어떻게 진행하였는지를 보고한다. 성과가 미흡한 사항을 설명한다. 그러면 상급자가 판단할 것이다.

4. 성장하는 직원의 보고업무

1) 소통 중시

(1) 유능한 직원의 업무수행특성

① 전공분야 개척

업무능력을 드러낼 수 있도록 전문성을 갖추어야 한다. 신규 사업을 언제든 개발할 준비를 갖추고 공공조직에서도 수행하는 여러 업무의 절차와 과정을 이해하고 부족한 점과 새로운 개선 대안을 코멘트할 역량을 기르며 다양한 사례를 언제든 대응할 수 있는 역량 또한 필요하다. 이러한 경험이 많을수록 복잡하고 어려운 업무를 담당할 수 있기 때문에 노하우를 축적해야 한다. 새로운 업무에 대한 부담이 가중될 수 있어 노력하지 않는다면 극복하기 어렵다.

분명한 것은 직원이 시행한 모든 활동은 평가받는다는 것이다. 조직의 평가는 지난 시간의 업무수행 사항을 토대로 평가하는 구조여서 충분히 공감할 것이다. 만약 문제가 된다면 직원의 잘못으로 평가된다. 그러므로 부정적인 평가를 받지 않으려면 지금 할 일을 찾아 충분히 검토하고 문제가 없는지를 확인하는 등 부정적인 회자의 대상이 되지 않기 위해 철저하게 업무를 수행해야 한다.

전문성이 필요한 업무는 조직의 사명과 관련되기 때문에 기대를 만들어 가려면 관심 있는 분야에 대한 전문지식을 습득하기 위해 자기개발에 전력해야 한다. 업무능력을 확신하면서 업무 전문성을 갖추기 위해 업무를 분석한다. 자신의 역량을 강화하고 그들이 나를 주목하게 만드는 것이 나은 선택이다.

② 배움의 추구

정말 배울 것이 많은 사람이 있다. 그는 자신의 직위를 통해 무언가를 고민하고 불가능한 상황을 도전하며 시도한다. 이런 유형의 상급자는 현상보다 개선될 상황을 우선한다. 그와 대화하다 보면, 고민이 무엇인가라는 질문에 출발하여, 무엇을 해야 하는지에 대한 배움을 갖는다. 업무에 대한 가치를 생각하고 실현하기 위한 대안을 알게 된다.

이러한 상급자는 끝까지 돕는다. 진정성을 이야기하면 금세 연락하고 필요한 것들을 지원한다. 그의 업무열정, 추진방법, 자원과 문제를 해결해 내는 방식을 배워야 한다. 그 이상은 없다. 왜냐하면 아무리 많은 애기를 듣는다 해도 업무를 추진하는 상황에서 적용할 수 있는 것들은 제약이 있기 때문에 가급적 자주 만나 교제하는 것이 도움이 된다. 업무처리방식의 차이를 확인하고, 할 수 있는 것부터 천천히 찾아보라. 그러면 방법을 알게 된다.

③ 협의지속

무언가를 해 보려고 하는데 할 일을 모른다면 상급자가 자신의 경험이 대안이라며 강요할 수 있다. 직원들은 업무를 효과적으로 처리하는 방법을 알고 싶지만, 알려 주지도 않으면서 해온 것들이 이렇다는 강요만 한다면 동조할 직원은 없다. 자신도 해결할 대안이 없으면서 알아주기만을 바란다면 누가 따를 것인가? 업무는 과중된 게 아니라 그 자체로 주어지는 것이기 때문에 과중된다고 인식하는 것이 문제다. 과중하다고 느끼는 자신의 문제이지, 월급을 주는 만큼 일을 시킨다는 상급자의 시각은 변하지 않는다. 업무가 과중된다고 인식하는 것은 나의 생활에 방해가 되는 어려움, 힘들다는 인식이 매일 같이 생각되기 때문이다. 힘내야 한다. 우리 주변에 지지하는 사람이 분명 있다.

후임직원이 조언을 요청하면, 상황에 적합한 조언을 하고 지지할 수 있겠는가? 도움이 될 만한 것들을 제안할 수 있겠는가? 도움은 주는 자와 받는 자의 생각이 일치하면 협력하게 되는데 이는 동의에 기반한다. 그래서 도움을 주려 해도 받지 않겠다고 거절하면 도움을 제공할 명분이 없다. 분명한 것은 이상의 논의의 대상이 우리의 고객이고 성과 도출에 영향을 미치는 상대라는 것이다.

관계를 두려워하지 말고 관계를 만들어 가는 것이 현명하다. 분명 지지하는 사람과 하고 싶은 것들을 협의하라. 공통의 관심사를 찾아 논의하고 해결할 방법을 모색하라. 그래야만 기회가 오기 때문이다.

Tip 누구에게나 기회가 온다

어느 날 코리아 갓 탤런트라는 방송을 시청하게 되었다. 방송에 출연한 청년은 세 살 때 보육원에 입소한 후 다섯 살 때 구타를 피해 도망쳤고, 껌팔이를 전전하며 노예로 팔려 간 경험을 말하였다. 지금껏 막노동으로 생계를 유지하면서 하루하루를 살았다고 한다. 이런 생활을 이십 년 동안 했으며 계단이나 공동화장실 등에서 하루살이처럼 살았다고 하였다.

왜 성악을 하게 되었냐고 심사자가 묻자 나이트클럽에서 아르바이트를 하는데 어떤 분이 성악을 하는 모습을 보았고, 그것이 멋있어서 혼자 음악을 들으며 연습했다고 한다. 그는 초등학교와 중학교를 검정고시로 졸업하였고 생애 처음으로 고등학교에 다닌다고 하였다. 그의 나이는 이십 대 중반인 듯하다.

이러한 질문을 마친 후 그가 첫 소절을 시작할 때 관중들은 환호성을 질렀다. 성악을 전공한 수준의 실력이었기 때문이다. 노래가 마칠 때까지 관객들과 심사자는 눈물을 흘렸고, 마침내 노래가 마쳤을 때 또 한 번의 환호성을 질렀다.

(2) 확신하는 업무관철

① 자기 확신

독자는 조직에서, 부서에서 없어서는 안 될 소중한 인재라는 자기 확신을 갖고 있는가? 이를 확신해야 한다. 이제부터 해야 할 일은 기대에 부응하는 것이다. 동료들이 기대를 갖는 것은 나의 지식과 기술 때문이다. 결코 동정이 아니다. 해온 것들을 돌아보고 기여할 것이 무엇인지를 분석하여 지식을 훈련하라. 그러면 성공한다.

자기 확신이 없으면 일에 몰두하고 지칠 정도로 업무에 투신해도 자신감을 갖지 못한다. 힘든 것은 자신만이 경험하는 안타까움에 불과하기 때문에 자신이 해결할 일이다. 부정적인 생각을 자주 하면 벗어나기 어렵다고 생각하게 되어 장점을 발견하지 못한다.

꼭 말해 주고 싶은 한 가지는 누구를 위해 일을 하려는 것인가? 누구를 위해 무엇을 하려는 것인가에 관한 자신만의 확신을 가지라고 얘기하고 싶다. 위의 사람들에게 여러 가지 대안을 제시할 수 있지만 12월 마지막 날 찜질방에서 삼일을 보내야 하는 생활이라고 하면 그들의 논의는 나의 얘기가 아니라는 회피에 불과하다. 독자가 이렇게 되지 않으리라는 것은 없지만, 현재의 조직에 만족하지 못하면서 업무에 충실하지 않는다면 정말 현실이 될 수 있다는 것을 간과해서는 안 된다.

② 자기쇄신

자신의 재능을 알지 못한 채 살아왔다면 이제부터 달라져야 한다. 다른 이를 따르는 것보다 따르도록 만드는 고민은 어떤가? 직원의 보고가 그의 마음을 움직이게 한다는 것을 명심하자. 이를 아는 직원은 인정을 받는다.

직원은 현재보다 나은 미래를 계획할 수 있다. 이후를 도모할 기회를 엿보라. 업무를 보여지도록 하는 것도 특성이다. **상급자의 옳은 결정은 보고가 좌우하**

기 때문에 업무관철을 성공시키는 직원은 다음의 업무특성을 갖고 있다. 먼저, 사전 준비가 치밀하다. 그래서 지시사항을 수행하기 위한 자료 준비가 철저하다. 둘째, 성과 도출을 위한 과정이 이해되는 등 구체적이다. 셋째, 업무 타깃을 명확하게 분석한다. 마지막으로 수행하는 업무를 철저하게 분석한다. 이런 식으로 업무를 처리하는 직원은 업무에 대해 냉정하고 엄격하게 처리한다는 특성이 있다.

업무를 수행하면서 부딪히는 문제들은 해결이 가능한 것들이다. 주저해서는 안 된다. 이를 해결할 전문가가 바로 자신임을 기억하기 바란다.

③ 확실한 신념

지금이 힘든가? 그렇다면 힘든 것을 이겨낼 방법을 생각하고 실행하라, 그리고 그것을 즐겨라. 상황이 빨리 달라지지는 않겠지만 분명 내일은 내일이다. 어떻게 대처할 것인지를 고민하는 것이 더 낫다는 것이다. 모든 것이 옳을 수는 없지만 지금 내린 결정이 옳은 선택이라고 확신해야 한다.

신념은 동료들의 인정을 통해 완성된다. 현재 수행하는 업무에 대한 숙련된 기술이 있는지를 확인하라. 부하직원과 업무처리가 미숙한 동료를 가르쳐라. 그러면 주변에 사람이 모일 것이다. 따라서 배우려는 사람을 거부해서는 안 된다. 오히려 그들은 지식과 기술을 배우기 위해 나의 편에 설 수 있는 사람이다. 자신의 뜻을 관철하려면 행동하는 사람들이 많아야 하는데, 숙련된 기술과 지식만이 사람들을 모이게 한다.

그럼 신념을 업무에 연계시키는 것도 연습으로 가능할까? 가능하다. 하지만 업무경험이 풍부해야 한다. 경험이 숙련으로 이어질 때 사고가 성숙해지고 유능성을 갖추게 된다. 따라서 생각을 논리로 관철하는 역량을 키워야 한다. 그러기 위해서는 자신만의 업무 전문성을 갖추어야 한다. 전문성이 없는 직원은 경험을 얘기하고 경험이 가장 소중한 것처럼 말하지만, 사실 전문성은 경험과 지식, 숙련된 태도로 완성된다. 전문성은 숙련된 기술을 적용하고 활용할 때 빛을 발하고, 지식이 충분하고 출중할 때 주변을 놀라게 한다.

④ 진취적인 사고

좋은 직원은 친화적이고 수용적이다. 상대의 마음의 문을 열고 따뜻함을 선사한다. 어떤 상황에서도 미소를 잃지 않는 직원을 좋은 직원이라고 하는 이유는 진취적인 생각을 하면서 부서와 조직에 기여하면서 궁극적으로는 제품을 이용하는 사람들의 이익을 위해 활동하기 때문이다. 또한 생각한 것들을 태도로 보이고, 환대하는 서비스를 제공하는 주체로 역할하기 때문이다.

독자가 조직에서 능동적으로 업무를 수행하는 좋은 직원이 되고자 한다면 리더가 갖추어야 할 자신만의 관점을 가치로 승화시켜야 한다. 또한 가치적인 생각을 매일 실천해야 한다. 습관이 가치고, 가치적인 생활이 습관으로 실천될 때 좋은 직원으로 성장하기 때문이다. 좋은 태도와 바른 자세를 갖추기 위해 노력하면서 성과 도출을 위해 활동한다면 좋은 직원으로 성장할 수 있다.

좋은 직원은 사소한 일에 연연하지 않으면서 비전을 품고 미래를 바라보는 안목을 갖기 위해 깊이 있게 사고하고 매사 신중하다.

⑤ 비전수립

조직의 구성원들에게는 더욱 그러하다. 분명, 좋은 관리자가 리더역할을 수행하면 진취적인 생각을 하고 생각한 것들을 실천한다. 그래서 구성원들로부터 신뢰를 받는다. 신뢰를 받는다고 하여 안주하지 않고 완전한 신뢰를 얻기 위해 꾸준히 노력한다. 이것이 좋은 직원의 자질이고 리더로 성장하는 옳은 걸음이고 구성원과의 차이다. 즉 좋은 직원은 인정받는 순간, 더 인정받기 위해 노력한다는 것이다.

좋은 직원은 조직의 전체 상황을 본다. 생각했던 것을 실천하기 위해 대안을 고심하면서 결단하는데, 실천했을 때를 가정하여 실행 가능성을 타진한다. 조직의 전체적인 대응방향을 비전으로 제시하는 것을 매우 중요한 과업으로 인식한다. 반면 리더의 자질을 갖고 있지만 자질만 있는 리더는 업무단위에 집중한다. 그는 업무내용과 과정이 충실했는지에 관심을 두고, 전체적인 조화, 즉 조직상황에 적합한 비전을 제시하지 않는다.

진정한 리더와 리더인 듯 하지만 관리업무에만 집중하는 직원은 어떤 차이가 있을까? 누구나 업무수행이 충실해야 결과가 좋아진다는 것을 알고 있다. 하지만 단위업무에 집중하면 부서 전체와 직원들 간의 역할은 제한을 받는다. 업무상황에만 몰입하면서 해결이 필요하다는 판단이 서면 행동한다. 이렇다면 향후 나아갈 방향이 조직보다 개인의 업무수행에 머문다. 분명한 것은 문제가 드러난 상황이 아니라 해결된 이후 구성원들이 가져야 할 비전에 목표를 두고 진행해야 한다는 것이다.

2) 문서작성숙달

매우 중요한 업무를 처리하기 위해 많은 시간을 투자하여 보고한 기획안이 상급자로부터 반려된 경험이 있는가? 사실 이런 경험이 한두 번은 있을 것이다. 하지만 반려될 때에는 분명 요인이 있다. 작성 방법을 준수하지 않거나 또는 예상되는 성과를 잘못 예측하는 것 등이다. 중요한 것은 조직의 업무는 개인의 업무차원을 넘어 부서 및 조직을 대표한다는 것이다. 이를 간과하게 되면 자신의 업무에 대한 영향력을 과소평가하게 된다. 단순한 업무라고 하여도 분명 결과에 따라 성과에 영향을 미친다. 이를 대수롭게 여기지 않게 되면 반복되는 실수를 하게 된다.

다수의 직원들은 상급자의 거절만을 논의할 뿐 더 뛰어난 아이디어와 창의력을 부각하지 않는다. 회의를 통해, 또는 결재과정에서 지적한 사항만을 문제 삼고 비공식적인 자리에서 상급자에 대해 불만을 말하면서 무엇이 부당한지만을 주장하고 동료들이 들어주기를 기대하면서 설득하는 데 많은 에너지를 쏟는다. 하지만 상급자가 업무평가자임을 잊고 있다. 자신이 드러낼 수 있는 충분한 능력이 있음에도 불구하고 시도도 못한 채 상황을 말하며 힘들다는 것만을 얘기하는 정도라면 비중 있는 업무에서 제외될 것이 뻔하다.

적시에 시행하는 보고는 상황을 능동적으로 대처하게 한다. 한편 시기를 놓친 보고는 보고의 핵심기능을 상실하여 가치 없는 정보를 보고한다. 그래서 좋은 정보는 적시에 보고된다. 보고 시기를 놓친 정보는 상급자가 긍정적으로 받아들이지 못할 확률이 높다. 시기를 놓친 보고는 중요정보라도 관심을 두지 않는 것이다. 따라서 상급자가 보고받을 상황인지를 파악해야 한다. 상급자가 에너지를 가장 많이 쏟는 시간을 확인하고 보고를 받을 수 있는 최적의 시간을 확인한다. 집중할 수 있는 시간을 찾아 충분히 보고하기 위해서다.

상급자는 하루 종일 문서에 집중하면서 여러 직원들에게 슈퍼비전을 하는 등 쉴 틈이 없기 때문에 수행할 업무를 검토하는 과정에서 관심을 집중하게 만드는 보고 외에는 관심을 두지 않는다. 중요한 보고라 하여도 직원들의 보고를 일일이 확인하면서 검토하는 것은 엄청난 에너지를 소모하기 때문에 직원들의 모든 문서를 확인하기는 불가능하다.

승인이라는 성과를 얻기 위해서는 흥미진진하게 관심을 높이는 문서여야 하고 읽게 만드는 것 외에는 방법이 없다. 따라서 상급자의 문서작성 방식을 익혀야 한다. 기록부족은 업무능력부족으로 오해될 소지가 있어 능력을 인정받기 위해서는 자신의 기록방식을 점검하고 발전시켜야 한다. 상급자가 관심을 갖도록 글쓰기를 연습하고 완성된 보고서를 점검받는다. 최적의 시간과 시기를 찾아 그 시간에 집중하도록 보고하는 것만이 설득시킨다.

3) 변화주도

(1) 업무주도

해 보지 않은 업무 때문에 고전한 경험이 있는가? 이유는 간단하다. 수행한 경험이 없는 업무는 누구나 고민하는 것들이다. 자신을 드러내지 못하면서 타인을 평가하기는 불가능하다. 그렇다면 자신의 수준을 알아야 한다. 변화를 위한 노력도 없이 상급자로부터 신뢰를 받기는 불가능하다. 오히려 변화가 더딜지라도 꾸준히 성장하고 있음을 알린다면 그 직원은 성장한다.

하지만 해 본 업무는 수월하게 처리한다. 다양한 아이디어를 반영하여 응용도 가능하다. 따라서 변화될 시기임을 확신하고, 업무가 과중하다 해도 자신감을 가져야 한다. 해 보지 않은 상황을 억지로 만들자는 것이 아니라 역량을 강화하고 능력을 발휘할 기회를 찾고 더 나은 성과를 도출하기 위해 노력하면서 업무의 주인공임을 드러내야 한다는 것이다.

(2) 노하우 축적

직원은 다른 사람으로부터 생각지도 않은 평가를 받을 때가 종종 있다. 그들은 행동과 태도를 문제 삼는 경우가 있어, 자신의 태도가 동료들에게 어떻게 비쳐지고 있는지를 간과한다.

어쩌면 이러한 자기인식은 바쁜 세상에서 당연할 수 있지만, 중요한 것은 나의 이미지가 어떻게 투사되고 있는지에 따라 다른 이도 평가한다는 사실이다. 이를 고려한다면 직원의 모습을 이미지화하기 위해 무엇을 해야 할지를 알게 된다.

사회는 냉정, 냉철, 혹독한 경제논의에 의해 빈곤과 가난한 사람들을 다른 이들로 호칭하며 처우해 왔다. 그래서 모처럼 봉사해 볼까 하는 자원들의 활동이 가치로 인정받는 것이다. 먹고 사는 문제가 심각하여 시간을 내어 자신의 것을 내어주면서 생활하기 어려운 시대이기 때문에 이러한 활동이 환영받는 것이다.

많은 사람은 특별한 의미를 찾기 위해 봉사를 하지만, 그렇다고 정신적 만족이 충족되는 것이 아니며, 일시적일 뿐 지속되지 않는다. 그럼에도 지속적인 봉사를 하는 사람들이 대단한 것은 생계를 포기하는 이도 있는가 하면 자녀를 양육하고 가계를 안정시킬 수 있는 가족성원의 또 다른 헌신이 있어야만 가능한 일이기에 이러한 얘기가 훈훈한 것이다.

분명한 것은 이러한 활동을 꾸준하게 해 온 사람은 자신의 부족을 인정하고 더 나은 서비스를 개발하기 위해 많은 노력을 한다는 것이다. 다양한 경험과 기술을 가지고 있을 뿐만 아니라 다른 사람이 못하는 자신만의 특별함을 개발하기 위해 노력해 왔다는 것이다. 사람들은 요리사가 만든 음식을 돈을 내고 먹지만 집사람이, 아내가, 엄마가 해 준 음식을 더 선호한다. 왜 유명한 맛집은 토속적이고 옛날 생각을 하게 하는 음식인가?

남과 다른 특별함은 축적된 노하우와 경험이 쌓일 때, 그리고 인정하는 사람을 만났을 때 빛을 발한다. 따라서 자신의 전문성을 함양하고 역량을 강화하면서 현재의 직장에서 인정받기 위한 자신만의 전문성을 개발해야 한다. 자격증을 취득해야 한다는 생각이 든다면 도전해라. 언젠가 취득한 자격증이 인생의 위기, 또는 새로운 시작을 도약하게 할 것이다. 해당 분야의 지식이 부족하다면 공부해야 한다. 축적된 경험을 전문지식으로 제시하는 사람이 전문가로 인정받는 세상이다.

경험만을 얘기하면 직원들의 공감을 얻어낼 수 없다. 개인의 지식은 개인적 경험에 한정된 것에 불과하기 때문에 자신의 전문성을 확장하려면 직업분야, 또는 관심 있는 분야의 전문지식을 습득하는 것이 좋은 방법이다. 이왕 업무를 수행해야 한다면 정말 가치 있는 일을 해야 하지 않겠는가? 독자는 가장 멋진 일을 해낼 전문가이다.

4) 상급자의 업무지식습득

상급자의 업무스타일을 파악하는 것은 자신의 업무역량 강화에 도움이 된다. 다수의 직원들은 상급자를 어려워하고, 눈여겨본다고 착각하면서 가벼운 대화조차 업무지시로 받아들이는 경향이 있다. 어리숙한 직원은 상급자와 친해질 수 없다. 오히려 자신의 성격 탓을 하며 '난 그런 것들을 못 해'라는 말을 하며 실수를 한다. 하지만 유능한 직원은 상급자의 업무스타일을 파악하고 그가 원하는 기대가 무엇인지를 확인하는 등 노력한다.

상급자는 우리에게 피해를 주는 대상이 아니라 우리가 힘에 겨워 수행하지 못하는 일을 지원하는 협조자다. 오히려 그와의 대화를 즐기고 미팅할 시간을 더 가져야 한다. 따라서 내편으로 만들어야 한다는 분명한 목적이 있어야 한다.

그의 업무스타일을 파악하는 것이 먼저다. 보고서의 문장을 꼼꼼히 살피는 스타일인가? 그렇다면 문장을 세련되게 기술하기 위해 노력해야 한다. 구두보고를 즐기는가? 차 한 잔을 들고 그를 방문하여 중요한 논의가 있는데 시간이 괜찮은지를 물어보고 보고할 것이 있다는 것을 어필하면 반응을 얻어낼 수 있을 것이다.

5) 업무관점정립

(1) 역할정립

업무를 인정받기 위해 보고 자료를 검토하면서 문제와 상황을 대처하기 위한 준비과정을 점검해야 한다. 타인의 글을 인용하는 수준에서 보고하였더니 인정을 하던가? 이러한 방식은 언젠가 역량의 한계를 겪게 하는 요인이 되어 발목을 잡는다. 요령이 늘어 더 이상 발전이 없는 자신을 알게 하고 더 이상 성장도 못한다.

극복하지 못할 상황에 처해 있는가? 걱정하고 근심만 하지 말고 자신을 드러내기 위해 철저히 무장하는 것이 현명하다. 상급자가 인정할 때 성장한다는 것을 알게 된다면 직원의 보고는 분명 달라진다.

성실한 직원이 인정을 받는다. 성실하게 업무에 임하면 언젠가 기회가 온다. 두려워 말라. 상급자는 우리의 지지자이지 감독자가 아니다. 물론 이러한 경향도 있지만 실수를 해도 그가 책임질 위치에 있으므로 관리를 소홀히 할 수 없기 때문에 나타나는 태도인 것이다. 상급자는 직원들을 관리하고 더 성과를 내도록 역할해야 할 책임이 있다.

보고하였는데 반려되었는가? 그래서 업무처리에 차질이 발생했는가? 그렇다면 본인의 잘못이 아니라 제때 지원하지 않은 상급자의 잘못이다. 그러므로 '성실한 직원이 가장 좋은 직원이다'라는 말은 옳은 주장이다.

동료 및 상급자와의 관계는 평소에 형성된다. 업무 시간에 도드라지게 두각을 나타내지 않더라도 직원의 보고가 조리 있는 말, 업무관점을 명확하게 제안하면 존중받는 직원으로 성장하기 때문에 지금보다 내일을 준비하는 자세로 최선을 다해야 한다.

문제를 극복할 수 있는가의 업무능력은 직원의 노력과 조직의 지원 여부에 따라 또는 업무숙달 정도에 의해 단축되고 길어진다. 이러한 문제에 직면한 직원은 빠른 시일 내에 업무를 이해하고 파악한다. 업무이해가 미흡한 직원은 인정받지 못하고, 노력을 해도 이미 업무능력을 의심받기 때문에 질이 낮은 업무를 배정받거나, 또는 단순 업무만을 수행한다는 점을 간과하지 말아야 한다.

(2) 생존전략모색

개인들이 집단에 소속되고, 조직에 순응하며 살아가는 구성원들의 활동을 통해 조직은 발전해 왔고 현재에도 이런 식으로 발전해 간다. 사람들이 사는 곳에는 조직이 만들어지고 조직에 속한 사람들이 이상을 실현하기 위해 조직을 만들면서 발전해 왔다. 조직은 앞으로도 계속 생겨나고 발전할 것이다. 그리고 소멸될 것이다. 개인은 생존하기 위해 조직에 속하고 조직 또한 유능한 직원을 통해 생존력을 갖는다.

하지만 조직이 소멸되면 구성원들 또한 도태된다. 그래서 자기 개발은 조직이 위기에 처해졌다 해도 생존하기 위한 개인의 미래준비이고, 생애설계에 속하는 전략이라고 하는 것이다.

(3) 재능개발

해야 할 일이 많아 업무가 힘들어도 관심이 많은 업무는 지치지 않고 수행할 수 있다. 해도 안 된다는 선언은 한계를 인정한 것이 아니라 포기한 것이다. 이런 답답함을 때때로 토로할 때가 있지만 가능한 한 포기하지 말아야 한다.

조직은 두각을 나타내는 직원이 상급자로 승진하고, 승진한 사람이 부서를 책임지는 구조로서 역할이 정해져 있다. 한 직장에 십 년을 넘게 근무했음에도 팀장 진급이 전부라면, 이는 성장을 위해 준비해야 할 때임을 알려 주는 경고다. 여기에서 경고는 그동안 해온 여러 역할을 고려해서 할 수 있는 것들을 발견하라는 의미다. 업무를 열심히 수행해 왔다면 자신의 재능이 무엇인지를 찬찬히 생각해 보라. 분명 잘할 수 있는 것이 있을 것이다.

조직이 생존할 가능성이 있는가 아닌가는 개인의 생존과 직결되는 중차대한 문제이므로 미래의 생존전략은 개인의 것이지 직장을 떠난 직원들에게 살 길을 마련해 주지는 않는다. 그렇다면 자신의 생존을 위해서라도 미래를 대비하는 것은 당연하다. 미래를 대비한다는 것은 미래의 할 일을 준비하는 것이고, 먹고 살 수 있는 역량의 개발로서 미래설계를 위한 준비이다. 따라서 학력이 부족하면 진학을 하는 것이 현명하다. 취업을 하지 못했다면 자격증을 취득하기 위해 배워야 한다. 유능하기 위해, 또는 자기개발을 위해 노력하고 자신만의 독특한 경험과 기술을 체득해야 한다.

적성에 맞는 내일을 준비하기 위한 것들을 준비하라. 그것만이 방법이다. 영원히 조직에 속할 수는 없다. 사람들은 자신의 미래를 위해 조직을 이직하면서 생존해 왔고 앞으로도 그럴 것이다. 그렇다면 할 수 있는 것을 지금 준비하는 것이 지혜롭다 하겠다.

Tip 힘든 상황을 극복하는 방법

인간은 감정에 의해 상황을 극복할 수 있는 능력이 있다. 힘든 상황에 처해진다 해도 긍정의 동기가 부여되고 의지를 가지면 극복하기 위한 방법을 찾고 이겨내려 노력한다. 바쁘고 어려운 상황이라 해도 기대가 있으면 힘든 것이라 생각하지 않는다. 오히려 성장의 기회라 여기며 극복하기 위한 대안을 찾는 데 전력한다.

참고문헌

국립국어원. 인터넷 누리집.

경기도장애인복지시설협회 · 경기도사회복지공동모금회(2006). 사회복지시설 운영매뉴얼. 미디어하우스.

김기인(2014). 사무관리. 서울: 삼영사.

김병기 · 이정훈(2007). 사무관리의 이해. 서울: 청목출판사.

김세중(2012). 사무관리실무. 대전: 대경.

김성국 · 김정미(2013). 사회복지시설 중심으로 풀어쓴 사회복지시설 회계실무. 경기: 공동체.

김영호 · 이은경 · 이상주 · 최광주(2006). 사회복지현장사무관리. 경기: 양서원.

김원규 · 이상식(2013). 사무관리. 서울: 남두도서.

김재득(2013). 의사소통과 협상론. 서울: 대영문화사.

나영길(1999). 새로운 사무관리론. 서울: 학문사.

문홍열(2007). 행정사무관리론. 서울: 학문사.

민진(2011). 조직의 건강과 질병. 서울: 대영문화사.

박철하(2011). 문서사무관리. 경기: 21세기사.

보건복지부(2011). 2011년도 사회복지시설 관리안내.

보건복지부(2018). 2018사회복지시설관리안내. 21-22 참조.

사회복지사업법.

사회복지사업법시행령시행규칙.

사회복지법인 재무회계규칙.

사회복지시설 재무회계 규칙.

이금복 · 유미영 · 김광세 · 전익준 · 위선경 · 윤연옥 · 김인옥 · 사회복지협의회 · 서울특별시 사회복지협의회(2005). 사회복지 재무 · 회계 매뉴얼. 서울: 서울특별시사회복지협의회.

신구범 · 박봉규 · 송경수 · 정동섭(2010). 조직관리론. 서울: 형설출판사.

오석홍(2016). 행정학. 서울: 박영사.

이상철(2012). 가치창조 조직론. 서울: 대영문화사.

이석호(2008). 실전 사무관리. 서울: 선학사.

이승기 · 이장희 · 이기표 · 정상완 · 황선욱(2014). 새로운 사무관리론(제4판). 서울: 대왕사.

이재용(2015). 보고사무의 실제. 서울: 창지사.

이종두(2010). 행정사무관리. 서울: 대영문화사.

조경덕 · 장성화(2012). 대인관계의 커뮤니케이션. 서울: 동문사.

채수경 · 한지연(2008). 사무문서관리. 서울: 두남.

최영식(2010). 2010년도 사회복지 직무능력 향상교육 건축실무과정. 한국사회복지협의회.

최혜림(2012). 자기 브랜드 리더십. 경기: 양서원.

한승주(2014). 의사소통기술 그 이론과 실제. 서울: 청목.

행정안정부(2017). 2017 행정업무운영 편람.

_________(2018). 2018 행정업무운영 편람.

행정자치부(2016). 2016 행정업무운영 편람. 경기: 휴먼컬처아리랑.

행정 효율과 협업 촉진에 관한 규정.

행정 효율과 협업 촉진에 관한 규정 시행규칙.

홍순이(2001). 비즈니스 커뮤니케이션 실무론(개정판). 서울: 대영문화사.

Alfred, K.(2000). 사회복지실천과 수퍼비전. 조휘일 역. 서울: 학지사.

Aubrey, C. D., & James, E. D.(2009). 직무수행관리: 조직의 효율성을 이끌어 내는 행동변화. 오세진 · 이요행 · 문광수 · 김성은 · 소용준 · 유은정 역. 서울: 학지사.

Bradford, W. S., & Charles, R. H. (2005). 사회복지실천 기법과 지침(개정판). 남기철 · 변귀연 · 양숙미 · 정선욱 · 조성희 · 최승희 역. 경기: 나남출판.

Duke Corporate Education(2009). 중간 관리자의 성과 코칭 스킬. 박정민 · 김용운 · 임대열 역. 서울: 이너북스.

Gary, Y. (2013). 현대조직의 리더십 이론. 강정애 · 이상욱 · 이상호 · 이호선 · 차도욱 역. 서울: 시그마프레스.

Jill. D. K., & Sandra, K.(2010). 사회복지기록(제3판). 홍순혜 · 한인영 역. 서울: 시그마프레스.

Julius, R. B., & George, M.(1999). 사례관리. 권진숙 · 전석균 역. 서울: 하나의학사.

Robert, S. K.(2012). 사람을 이끄는 힘: 무엇이 그들을 움직이게 하는가?. 한수영 역. 경기: 교보문고.

저자소개

이재용 교수

문학박사

송호대학교 사회복지학과 교수

송호대학교 평생교육원장, 지역협력센터 센터장

주요강의: 장애인복지론, 보고사무의 실제, 사회복지프로그램개발과 평가, 고급통합사례관리, 인권과 복지, 리더십과 의사소통, 사회복지현장실습 외

정재필 교수

사회복지학박사

수성대학교 보건복지경영과 교수

주요강의: 사회복지개론, 청소년복지론, 가족복지론, 노인복지론, 인간행동과 사회환경, 사회복지법제론, 케어복지론, 사회복지경영리더십론, 사무관리 외

업무능력향상을 위한

보고행정업무 운영의 실제

초판 1쇄 인쇄 2019년 9월 2일
초판 1쇄 발행 2019년 9월 5일

지 은 이 | 이재용 · 정재필
펴 낸 이 | 김기섭
편 집 인 | 이초롱
펴 낸 곳 | 창지사 www.changJisa.com
08589 서울시 금천구 가산디지털 1로 83 파트너스타워 1차 9층
전화 (02)719-2211~3
팩스 (02)701-9386
등 록 | 1977년 4월 28일 · 제1-421호

ISBN 978-89-426-1242-0 (93330)

값 22,000원

이 도서의 국립중앙도서관 출판예정도서목록(CIP)은 서지정보유통 지원시스템 홈페이지(http://seoJi.nl.go.kr)와 국가자료공동목록시스템(http://www.nl.go.kr/kolisnet)에서 이용하실 수 있습니다(CIP제어번호: CIP2019032095).